人物叢書

新装版

阪谷芳郎《さかたによしろう》

西尾林太郎

日本歴史学会編集

吉川弘文館

阪谷芳郎

阪谷家蔵

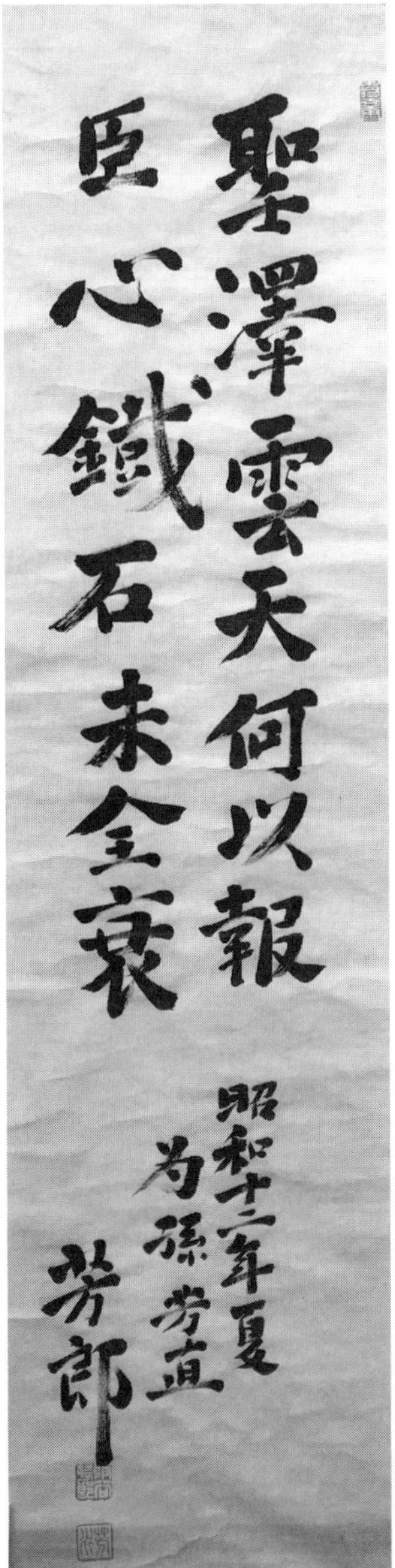

阪谷芳郎筆跡

阪谷家蔵
昭和12年夏に孫芳直に
書き与えたもの

はしがき

阪谷は、明治・大正・昭和の三代を生き、明治憲法体制の樹立にも関わり、近代日本という時代を代表する官僚政治家の一人であった。それも旧体制である幕藩体制の枠組みの中で教育を受け、実務を通じて行政官としての経験を積んで見識を身につけた井上《いのうえ》毅《こわし》（法制官僚、法制局長官、文部大臣（文相）、子爵）、清浦奎吾《きようらけいご》（内務官僚、司法大臣、枢密院議長、首相、伯爵）、田健治郎《でんけんじろう》（逓信《ていしん》官僚、農商務相、台湾総督、男爵）らのような官僚政治家ではない。阪谷は生年こそ旧時代だが、教育は明治維新以降の近代教育、特に明治国家の最高学府である東京大学（明治一九年に帝国大学、明治三〇年東京帝国大学と改称）を卒業して、まさしく明治国家の要請に応えるべく官僚となった学士官僚である。

彼は「日本資本主義の父」ともいうべき渋沢栄一《しぶさわえいいち》を岳父とし、法律学者にして東京帝国大学教授の穂積陳重《ほづみのぶしげ》（のち枢密院議長、男爵）を義理の兄とするなど、華麗な姻戚関係を持つ一方、その官歴・経歴も華麗である。彼は今日の財務省である大蔵省に入省後、主《しゅ》計局《けいきょく》調査課長、主計局長、大蔵次官に累進し、大蔵大臣に就任した。退官後、東京市長、連合国経済会議日本政府代表を務めた。彼の東大・大蔵省の同期に添田寿一《そえだじゅいち》（大蔵次官、日本興業銀行総裁、貴族院議員）、同じくその後輩に若槻礼次郎《わかつきれいじろう》、浜口雄幸《はまぐちおさち》がいる。東大と官僚のルートを経て大臣になった最初の人物は、三菱《みつびし》・岩崎弥太郎《いわさきやたろう》を岳父とする加藤高明《かとうたかあき》（外務大臣、のち首相）で、二番目が阪谷芳郎である。その後、若槻、浜口らが続く。

さて、阪谷は官に在る時、元老松方正義《まつかたまさよし》の下、明治憲法体制下の国家財政の根幹創出の一翼を担い、日清戦争の戦時財政と戦後経営を担当し、さらに日露戦争では戦時財政を一手に引き受け、その功績により華族に列せられ、男爵に叙せられた。官を辞して以降、ベルン平和会議に委員として招請され、第一次世界大戦においてはパリ連合国経済会議に日本政府代表として出席した。これらを機会に、彼は国際的にも人的ネットワークを築き、日本を代表する官庁エコノミストとして国の内外に知られた。またその間、東京市長に就任し、明治神宮の「誘致」と造営に尽力、今日の広大な神宮内・外苑の基礎を作った。阪谷が理事長として主導した明治神宮奉賛会は、大都市東京に、広く国民の献金や献木によって人工の森厳《しんげん》な風致を創り出すことに成功し今日に至る。外苑の神宮球場や神宮競技場は、昭和戦前期日本の最も重要なスポーツ施設であり、後者は一九六四年東京オリンピックのメインスタジアムである国立競技場の前身的存在であった。

退官後、彼の主な活動の舞台は貴族院であった。多くの高級官僚のように、阪谷は貴族院議員に勅選されることはなかったが、互選による男爵議員として、大正六年(一九一七)一月から昭和一六年(一九四一)一一月一一日(死の三日前)まで、二四年一一カ月の間、貴族院に議席を持ち、第三九議会から第七六議会まで、都合三八回の帝国議会を経験した。貴族院における男爵議員の会派「公正会」の領袖として、政界・官界にその名が知られた。議員在職中、本会議・委員会・分科会での演説を含む議会での発言は、帝国議会議員として最多の四一二回に及んだ。

さらに帝国飛行協会、帝国自動車協会、東京市政調査会、東京統計協会、国際連盟協会、日米協会など数多くの公益団体の代表などを務め、「百会長」と称された。その主なものは巻末の略年譜に記載した。

他方、阪谷は教育者であり、研究者であった。彼は大蔵省入省後間もなく、専修学校(明治一三年設立、現在の専修大学)や海軍経理学校の教壇に立った。田尻稲次郎や目賀田種太郎ら大蔵官僚が設立した専修学校の教育に長く関わり、後年、専修大学総長に就任するなど、経済学・財政学の教育・研究に大きな足跡を残している。

こうした阪谷であるが、同世代あるいは後輩の官僚出身の政治家たちと比べ、研究対象となることは少なかった。原敬《はらたかし》、高橋是清《たかはしこれきよ》、加藤高明、若槻礼次郎、浜口雄幸など、官僚から政党政治家に転じ(ただし、高橋は第二次護憲運動まで貴族院勅選議員、加藤と若槻は同勅選議員として衆議院ではなく、貴族院に議席を有する党首）、大臣となり、さらに首相となった人物が注目される一方で、官僚から〈貴族院政治家〉に転じた人物―清浦奎吾、田健治郎、阪谷ら―については、注目されることが少ない。

たしかに阪谷は、原らのように政治家としてトップリーダーではなかった。彼は権力の中核にこそ身を置かなかったが、明治憲法体制下において衆議院とほぼ対等な権限を持った貴族院の議員として、歴代の政府を質し、社会に情報を発信し続けた。いわば彼は政界のサブリーダーであり、脇役プレイヤーであった。その彼が、近代日本の展開とどのように関わったのか。官僚出身の政党政治家とは、どのように異なった道を歩んだのか。本書は、この点に留意しつつ、阪谷の生涯を描こうとするものである。

阪谷に関する伝記としては、昭和二六年（一九五二）に故阪谷子爵記念事業会が編纂・刊行した浩瀚な伝記①『阪谷芳郎伝』（全七一四頁）がある。また、伝記ではないが、②櫻井良樹・尚友倶楽部編『阪谷芳郎東京市長日記』には、東京市長時代の阪谷の日記と関連資料、および櫻井氏による充実した解題が付され、東京市長時代を中心に阪谷の生涯にふれている。また、孫の故阪谷芳直《よしなお》（日本輸出入銀行営業第三部長、神奈川大学教授）氏による③『三代の系譜』は、芳郎をはじめ、舅の渋沢栄一ら芳郎を取り巻く人物群や、芳郎の長男・希一《きいち》（南満洲鉄道株式会社理事、中国連合準備銀行顧問）に関する論稿を集めたものである。それは、阪谷家の家族によって書かれた晩年の阪谷芳郎論として貴重である。さらに、平成二五年（二〇一三）一〇月に明治神宮で阪谷芳郎に関するシンポジウムが開催されたが、その講演記録等を纏めた④第一五回国際神道文化研究会「帝都東京と明治神宮造営―阪谷芳郎から読み解く近代日本―」（明治神宮国際神道文化研究所編刊『神園』第一一号、所収）は、最新かつ多面的な阪谷芳郎研究である。

ところで、阪谷は日記や書簡などの私文書や、公文書を中心とした膨大な資料を遺した。それをふんだんに利用して①の『阪谷芳郎伝』は書かれている。資料の引用も豊富で、今日散逸してしまって見られなくなっている資料もそこに引用されている。その意味でも、浩瀚かつ網羅的なこの伝記は、今日においてもなお、資料的にも重要である。

彼の七七年にわたる人生の大半は、大蔵大臣時代を含む大蔵官僚時代と貴族院議員時代である。本書ではこの二つの時代に焦点を合わせつつ、彼の唯一の纏まった伝記『阪谷芳郎伝』で使われていない資料や近年の研究成果を踏まえて、彼の人生の一端を描きたい。

阪谷の関係資料群は今日、国会図書館憲政資料室が所蔵する「阪谷芳郎関係文書」を中心に、専修大学図書館、学習院大学東洋文化研究所、東京大学社会科学研究所、明治神宮、渋沢史料館等に散在する。これらに加えて、平成三〇年（二〇一八）八月、芳郎曽孫阪谷綾子氏より、五七〇〇点余の芳郎とその妻琴子の関係資料が国会図書館憲政資料室に寄贈され、第二次受け入れ分として「阪谷芳郎関係文書」に加えられた。この新たな資料群にも出来うる限り目配りしたい。

なお、史料引用にあたり、原則としてカタカナは平仮名に、旧漢字は新漢字にそれぞれ改め、史料中における〔　〕は筆者が挿入・加筆した。帝国議会本会議・各委員会などの会議議事速記録については、国立国会国会図書館「帝国議会会議録データベースシステム」によるもので、引用にあたり発言のあった会議の種類と日付を記すに止めた。国立国会図書館憲政資料室所蔵「阪谷芳郎関係文書」所収「阪谷芳郎日記」（「家庭日記」と表紙に書かれていることが多い）については「阪谷日記」、櫻井良樹・尚友倶楽部編『阪谷芳郎東京市長日記』は『東京市長日記』、故阪谷子爵記念事業会による『阪谷芳郎伝』は『阪谷伝』とそれぞれ略記した。

二〇一八年一一月

西尾林太郎

目次

はしがき
第一　誕生から東京英語学校卒業まで……一
一　生い立ち……一
二　広島移住、そして上京……三
三　洋学三叉学舎への入塾と東京英語学校入校……五
四　東京英語学校の教育……七
第二　東京大学文学部政治学理財学科に入学……九
一　経済学への関心と学友たち……九
二　履修科目……一一
三　カール・ラートゲンとの出会い……一三

四　ラートゲンの教育……一六
五　明治一四年の政変の余波……一八
六　ラートゲンの補佐と歴史観形成……二〇
七　政治学理財学科の教授陣……二三
八　卒業後の進路……二五
第三　大蔵省時代……二九
一　調査局―主計局に配属……二九
二　会計法制定に向けて……三〇
三　会計原法草案……三三
四　渋沢琴子との結婚と岳父栄一……三六
五　清国に幣制意見書を送る……四〇
六　『憲法義解』……四三
第四　日清戦争と戦後経営……四六
一　日清間の対立……四六

二　日清戦争の戦費……四七
三　大本営の広島設置と臨時軍事予算の作成・管理……五〇
四　阪谷の日清戦時の経済体験……五三
五　講和条約締結と三国干渉……五五
六　「アームドピース」思想と戦後財政……五六

第五　金本位制度の導入……六二
一　明治前期の貨幣制度……六二
二　貨幣制度改革をめぐる議論……六四
三　第二次松方内閣の成立と金本位制度の導入……六八
四　政党内閣成立の衝撃と大蔵省……七〇
五　隈板政党内閣下の大蔵省と次年度予算……七五
六　立憲政友会内閣……七八
七　緊縮財政をめぐる閣内対立……八一
八　桂内閣の誕生と日英同盟……八三

第六　日露戦争と戦時財政……八七
一　開戦前夜と大蔵省……八七
二　日露戦争の戦費—非常特別税—……八九
三　第二次非常特別税……九三
四　内債発行……九五
五　外債発行と正貨危機—高橋是清の欧米派遣—……九八
六　ポーツマス講和条約締結……一〇四
第七　日露戦後経営と大蔵大臣阪谷……一〇六
一　桂園時代の幕開けと入閣……一〇六
二　鉄道国有化法案……一一〇
三　ウォール街の投資銀行家J・H・シフの来日……一一一
四　第二三議会と明治四〇年度予算案の編成……一一五
五　男爵への叙爵と明治四一年度予算案……一一八
六　大蔵大臣辞任と大蔵省退官……一二四

第八　二度の外遊……一二八
一　初めての洋行……一二八
二　仲裁裁判条約をめぐる列強の動向……一三四
三　ベルン平和会議に出席……一三六
四　ベルン平和会議帰国後の活動……一三九
第九　東京市長時代……一四三
一　就　任……一四三
二　明治天皇崩御と「御陵」誘致運動……一四五
三　明治神宮建設と神宮の森……一四八
四　阪谷の東京都市構想……一五二
五　東京港の築港構想……一五四
六　東京市の電気事業問題……一五六
七　電力三社合同の調停失敗と辞任……一六〇
第一〇　第一次世界大戦と連合国パリ経済会議……一六五

一　阪谷の第一次大戦観……一六五
二　連合国パリ経済会議に出席……一六八
三　欧米視察とアメリカの対日不信—対華二一カ条要求の影響—……一七〇
四　日米共同による中国投資……一七二
五　アメリカの参戦……一七五
第一一　幻の中国幣制顧問……一七九
一　辛亥革命後の中国……一七九
二　清末～中華民国初頭の貨幣制度……一八二
三　中華民国の幣制顧問への就任問題……一八五
四　石井・ランシング協定とアメリカの「変節」……一九〇
第一二　貴族院議員になる—「公正会」を設立—……一九四
一　貴族院という舞台……一九四
二　貴族院入りまで……一九六
三　新人議員の「心得」を無視……一九九

四　第四一議会—田中光顕問題—……二〇四
五　新会派「公正会」の創設……二〇七
六　「公正会」発足後の貴族院の変化と第四二議会……二一一
七　「公正会」崩壊の危機……二一五
八　最多発言者—内閣批判—……二一七
第一三　関東大震災からの東京復興と昭和戦前期の貴族院……二一九
一　震災復興予算……二一九
二　清浦内閣……二二六
三　議院法改正問題……二二九
四　田中義一内閣—金融恐慌と「優諚問題」—……二三五
五　金解禁とロンドン軍縮条約会議……二四二
六　博覧会開催構想……二四六
七　柳条湖事件……二四九
八　高橋財政への疑問……二五二

第一四　「紀元二千六百年」奉祝に向けて……二五七
一　皇紀二千六百年記念万国大博覧会……二五七
二　貴族院で訴える……二五九
三　準備委員会……二六二
四　「割増金」抽選券付回数入場券……二六九
五　東京・横浜万博の「延期」と妻琴子の死……二七五
第一五　日米開戦直前の突然の死……二七九
一　「日中戦争の国際化」への懸念……二七九
二　財政への懸念……二八一
三　阪谷芳郎の死……二八三
おわりに……二八七
略　系　図……二九二
略　年　譜……二九四
主要参考文献……三〇九

口絵

阪谷芳郎

阪谷芳郎筆跡

挿図

学生時代の阪谷……一〇
ラートゲン……一四
相翁松の碑……二七
渋沢栄一……三七
穂積陳重……三九
松方正義……五七
松尾臣善……七二
田尻稲太郎……七四
添田寿一……七六

井上　馨……九〇
高橋是清……一〇〇
シ　フ……一一三
阪谷とその家族……一二〇
桂　太郎……一三六
明治神宮の森と表参道……一五一
演壇上の阪谷……二一七
阪　谷　邸……二二〇
小野塚喜平次……二三三
皇紀二千六百年祝典奉祝所管系統……二六七
回数入場券……二七二

第一　誕生から東京英語学校卒業まで

一　生い立ち

芳郎と父

阪谷芳郎は文久三年（一八六三）一月一六日、父阪谷素《しろし》と母恭の四男として備中国後月《しづき》郡西江原村（岡山県井原市）に生まれた。後月郡は一橋《ひとつばし》家の所領で、西江原村に代官所があった。父阪谷素（通称希八郎）は朗廬《ろうろ》と号し、江戸幕府の学問所であった昌平坂学問所の教授を務めた古賀侗庵《こがどうあん》のもとで朱子学を学んだ儒学者として令名高く、帰郷後、後月郡梁瀬村桜渓に家塾を開いた。その後、代官手代の委嘱により、同郡西江原村で郷校興《ごうこうこう》譲館《じょうかん》（現在、私立興譲館高校）を主宰した。

郷校興譲館

興譲館では、朱子学の祖とされる南宋の儒学者朱熹《しゅき》（一一三〇—一二〇〇）が白鹿洞書院《はくろくどうしょいん》（宋代の学校）に掲げた訓言《くんげん》「白鹿洞書院掲示」を塾生一同が毎朝唱和し、教学の根幹としていた。それは「父子ニ親有リ、君臣ニ義有リ、夫婦ニ別有リ、長幼ニ序有リ、朋友ニ信有リ」の五教に始まり、「己ノ欲セサル所ヲ人ニ施《ほどこ》スコト勿《なか》レ、行ヒテ得サルコト有ラハ諸《これ》ヲ己ニ反リミ求ム」とする「物ニ接スル要《かなめ》」で終わる。

母　恭

他方、母の恭は、父と同じく後月郡梁瀬村在住の山成直蔵の次女として、天保三年（一八三二）一二月二六日に生まれた。山成家はこの地方の旧家であり名望家《めいぼうか》であった。直蔵の次兄の山成（山鳴）大年（一七八六―一八五六）は、頼山陽《らいさんよう》など当時の知識人と交流を持つ一方、医業の大家として聞こえ、当時死亡率が高かった天然痘を予防する種痘《しゅとう》をこの地方に伝えた。また、その子弘斎は、緒方洪庵《おがたこうあん》の門人であり、蘭学者であった（阪谷芳郎『余が母』一頁）。

兄と弟

さて、素と恭との間には五人の子供があった。長男礼之助、二男次雄、三男達三、四男芳郎、五男時作である。礼之助は明治六年（一八七三）八月に、病気のため二二歳で死去した。次雄は薬学修行のため大学東校（のちの東大医学部）に入学したが、幼少より病弱で学業を続けることができず同校を退学し、雑誌の経営を志したが挫折、内務省衛生局に入った。結婚後二人の子を儲けたが、明治二〇年九月、病気再発のため三四の若さで死去した。達三は商業学校を卒業し「起立工商会社」に入社したが、明治一九年四月、派遣先のニューヨークで病を得、二八歳で死去した（同前、八頁）。こうして芳郎は明治一九年から翌年にかけ、相次いで兄を失った。なお、五男の時作は慶応三年（一八六七）に赤《せき》痢《り》のため、二歳で亡くなっている（同前、二六～二七頁）。

二　広島移住、そして上京

渋沢栄一と父

芳郎は幼少時代を、父が塾頭を務める興譲館で過ごした。多くの文人墨客・士人が、漢学者・儒学者として著名な朗盧を興譲館に訪ねてきた。後年、芳郎の岳父となる渋沢栄一もその一人であった。

維新後、渋沢は五〇〇に上る会社を立ち上げ「日本資本主義の父」と称されたが、朗盧を訪ねた時には一橋家家臣であった。彼は主人慶喜が禁裏護衛総督に就任したのを機に、一橋家自前の軍隊の整備を構想し、一橋家の領地であったこの地の有力者朗盧に歩兵募集への協力を依頼したのである。この時、渋沢と朗盧は一夕の交歓の場を持ち、大いに語り合った（『阪谷伝』一五〜一六頁）。阪谷家と渋沢家の縁はここに始まる。

広島移住

朗盧の異才ぶりは渋沢によっても慶喜に伝えられたであろう。まもなく朗盧は一橋家への仕官の機会が与えられるが、朗盧はそれを断った。戊辰戦争の折、一橋家領地の西江原村の代官所は、朝廷軍である広島藩の軍勢に包囲されたが、朗盧の代官への献策により代官所が引き渡され、西江原村は窮地を脱した。これを機に、明治元年（一八六八）一〇月、朗盧は広島藩に顧問として迎えられ、家族ともども広島に移住した。芳郎、五歳の時である。彼が広島でどのような幼少期を送ったかは、資料を欠き不明である。

上京

明治二年、政府より召命があり、それを辞退した朗盧であったが、明治四年の廃藩置県にともない東京移住を決意した。これに対し、旧主浅野長勲《ながこと》は自ら屋敷を求め、朗盧に貸し与えたという（『阪谷伝』二五頁）。朗盧は上京当初、陸軍省に地理書編纂官として勤めたが、半年ほどして正院（のちの内閣に相当）に転じた。その後、彼は大審院（旧司法制度における最高裁判所）、司法省、警視庁、内務省（警察・地方行政などを統轄）と下級官吏の職を転々としたが、総じて上京以来、死去するまでのほぼ一〇年間の東京での生活は、経済的には恵まれたものではなかった。

明六社結成

明治六年、父朗盧は津田真道《つだまみち》、中村正直《まさなお》、西周《にしあまね》、福沢諭吉、森有礼《ありのり》、箕作麟祥《みつくりりんしょう》、箕作秋坪《しゅうへい》ら洋学者と明六社《めいろくしゃ》を立ち上げ、『明六雑誌』を刊行して啓蒙活動に尽力した。彼は明治七年六月以降、「国語及国字論」「民選議員を立つるには先政体を定むべきの疑問」ほか一七編の論稿を同誌に寄せたが、これは津田の二九、西の二五に次ぐ数字である。しかも、その中身も斬新であった。

徳富蘇峰

徳富蘇峰《とくとみそほう》は、朗盧没後五〇年祭に際し、故人を評して「この漢学の大家、特に漢文の大家たる先生は口語体をもて文を綴つた。世界共通語論を唱道した。小学校の体操科に兵式教練を採用すべしと主張した。総ての調子はこの通りであつたから、漢学者は固《もと》より、洋学先生からさへ聊《いささ》か変物視せられた」（徳富『諸窓雑記』、三六四〜三六五頁）と述べている。

万国共通語

朗盧の主張は、蘇峰が言うようにきわめて斬新であった。たとえば万国共通語の必要性を説き、「各国旧習の字語を私用とし、新定の字語を公用とし」と、各国とも私用には自国の言語を使い、公用で新たに定めた共通語を使用するようになれば、徐々に私用としての各国語が衰えていくのではないか（「質疑一則」『明六雑誌』上、三四八〜三五一頁）と論ずるなど、具体的でもあった。ちなみに、ザメンホフが世界語としてのエスペラント語を作り出したのは、朗盧の主張より一〇年あまり後のことである。

三　洋学塾三叉学舎への入塾と東京英語学校入学

三叉学舎に入学

父朗盧は東京にあって、芳郎の教育のため、箕作秋坪が主宰する洋学塾三叉学舎に彼を預けた。明治六年（一八七三）のことである。箕作秋坪の養父は、著名な蘭学者の箕作阮《げん》甫《ぽ》であった。朗盧と秋坪とは漢学塾の同門であり、明六社結成に至る学者仲間の一人であった。人間形成において、洋学とともに漢学を重視する箕作阮甫の学燈を受け継ぐ三叉学舎に、朗盧はわが子を託したのである。

この塾には、のちに歴史家として名を成す箕作元八（秋坪の四男、のち東京帝国大学教授）や、平沼淑郎（のち早稲田大学教授・経済学者）・騏一郎（のち法相、首相、枢密院議長、男爵）兄弟も学んでいた。彼らは語学の基礎学習を終えると、たとえばアダム・スミスの『国富論』などの原書をそれぞれの学力に応じて購読したが、師の箕作秋坪は「漢学の出来ない洋学者は役に立たぬ」と、漢学学習を推奨した（『阪谷伝』五五頁）。明治八年九月には、元八、淑郎、芳郎の三人は揃って神田一ツ橋にある東京英語学校に入学した。当時、榊原家の旧藩邸の一部が改造され、校舎に充てられていた。阪谷は入学試験について、晩年次のように回顧する。

東京英語学校に入学

入学試験には米国人教師スコットと云ふ人が英語の試験をして呉れた。スコットさんがCan you speak English？と云ふから余はYesと答へた。又数字は14と15と黒板に書いて之を加算すれば幾何かと云ふから29と答えたら宜しいと云うて及第した（阪谷芳郎「昔物語り」『一高同窓会』第二四号、六二頁）。

また、入学年齢は一五歳以上であったが、当時一四歳であった阪谷は「届書」に一五歳と記し、入学を許されたという（同前）。この東京英語学校は、開成学校に進学する学生の予備教育機関であった。明治一〇年、開成学校は東京医学校と合併し、東京大学となった。これにあわせて東京英語学校は東京大学予備門と改称され、さらに第一高等学校とその名を改めた。

四　東京英語学校の教育

東京英語学校の教育はどうであったか。阪谷は回顧して言う。

当時は今日の様に学制を踏んで学習したのでないから同期の学生でも学力は区々で、編成は甚だ混雑したもので、余の如き漢学や英語訳読の力は上達して居つたから此方ではずつと上の級に編入された。余は英語の方では四級丙の組に編入せられ担当教師は英国人ストレンジと云ふ好人物であつた。此人はスポーツが好きで今日我邦流行のスポーツの基を開いて呉れた事に就いては功績がある（同前、六三頁）。

ストレンジの指導

ストレンジは阪谷を、「とても勤勉で、できる少年」a very industorious good boy（「成績表」、「阪谷芳郎関係文書」所収）と評した。阪谷がストレンジの指導でスポーツに励んだかどうかは不明である。しかし、彼が大学予備門在籍中、同窓の仲間たちと「成器社」なる団体を作り、演説会や勉強会を定期的に開催したことは明らかである。この頃、阪谷は数多くの論稿や随筆を和文や漢文で作成している。彼は課外学習にも熱心であった。

卒業

東京英語学校—大学予備門での教育は厳しく、二百余名いた阪谷の同期生のうち、阪谷らとともに卒業できたのは、わずか二〇名あまりであった（前掲「昔物語り」六三頁）。阪谷の回顧によれば、入学試験はそれほど難しくはなかったようである。しかるに卒業は厳しく、九割の同期生が淘汰された。

第二　東京大学文学部政治学理財学科に入学

一　経済学への関心と学友たち

東京大学に入学

明治一三年（一八八〇）九月、阪谷は東京大学（明治一九年に帝国大学、明治三〇年、東京帝国大学と改称）文学部の政治学理財学科に入学した。当時の東京大学は法学部、文学部、理学部、医学部の四学部から成り、工学科は理学部に、政治学理財学科は文学部にそれぞれ所属した。

志望理由

先述した東京大学予備門の卒業生二十余名のうち、ほぼ半数の一二名が政治学理財学科に入学した（前掲「昔物語り」、六三頁）。理財学とは経済学のことであり、阪谷は今日の政治経済学科に学んだのである。この時、彼がこの学科を志望した理由は、欧米の経済と我国のそれとの格差を認識し、それを是正したいと考えたからであった（阪谷「日本将来の経済を論す」『進歩党党報』第四号、一四頁）。

東京経済学協会に加入

またこの頃、阪谷は東京経済学協会に加入している。東京経済学協会とは、『東京経済雑誌』を刊行していた田口卯吉《たぐちうきち》が、明治一三年五月に演説や討論、そして講義を通じて「経済上の真理」考究のため設立した団体である。阪谷は大学予備門時代から田口と交流があったようで、後年、明治一二～一三年の頃から始終一緒に経済学の議論を闘わせて交わっていたと語っている（阪谷「所感」『東京経済雑誌』第一八三四号、六六頁）。

学生時代の阪谷
「阪谷芳郎関係文書」所収

阪谷は大学卒業後、この協会主催の講演会や討論会の常連であった。しばしば自ら講演もした。その講演の速記録や記録は『東京経済雑誌』に掲載された。

同級生たち

さて、阪谷が大学に入学してからであるが、同級に平沼淑郎、添田寿一（のち大蔵次官・日本興業銀行初代総裁）、久米金弥（のち農商務次官）が、一つ上級には三宅雪嶺《みやけせつれい》（ジャーナリスト）、坪内逍遥《つぼうちしょうよう》（のち英文学者、早稲田大教授）や穂積八束《ほづみやつか》（のち憲法学者、東京帝国大学教授）がいた。

父の死

なお、阪谷が東大に入学した翌年、すなわち明治一四年の一月、父の朗盧が死去した。享年六〇であった。この時、病弱の兄や商社勤務の薄給の兄が今後の阪谷家の家計を担い、芳郎の学資を支弁することは困難であった。母の恭は、父朗廬が遺した邸宅を売却し、小さな住宅に居を移すことによって得られた収入に、わずかな預金などを加算して得られた資金によって将来の家計を立て、そこから芳郎の学資を捻出した。

二　履修科目

履修科目と授業担当者

阪谷が東大で履修した科目とその授業担当者は、『阪谷伝』（七五～七六頁）によれば次の通りである。なお、二年生の哲学は、筆者が加えた。

〈一年生　明治一三年七月～一四年六月〉

英文学	ホートン	論理学・心理学	外山正一
史学	クーパー	和文学	木村正辞
和文学	黒川信頼	漢文学	島田重礼
仏蘭西語	古賀護太郎		

〈二年生　明治一四年七月～一五年六月〉

理財学	田尻稲次郎	史学	外山正一
和文学	木村正辞	和文学	飯田武郷

漢文学	島田重礼	英文学	ホートン
独逸語	レーマン	〔哲学	フェノロサ〕

〈三年生　明治一五年七月〜一六年六月〉

日本古今法制論	飯田武郷	国法学	ラートゲン
理財学	フェノロサ	日本財政論	市川正寧
日本財政論	佐伯惟馨	日本財政論	渋沢栄一
国際公法	栗塚省吾	和文学	木村正辞
和文学	大津清臣	漢文学	三島毅
独逸語	セン		

〈四年生　明治一六年七月〜一七年六月〉

日本古今法制	宮崎道三郎	行政学	ラートゲン
理財学	フェノロサ	日本財政論	市川正寧
日本財政論	佐伯惟馨	日本財政論	石川有幸
日本財政論	渋沢栄一	法理学	穂積陳重

阪谷は、大蔵官僚であった田尻稲次郎や、欧米への日本美術の紹介者として名高いフェノロサに哲学や経済理論を学び、市川正寧・佐伯惟馨ら現職の大蔵官僚や、元大蔵官

僚であり経済界で活躍する渋沢栄一から、日本財政の実態について学んだ。また木村正《まさ》辞《こと》（のち東京帝国大学教授）は、国学に造詣が深く、『万葉集』研究で広く知られていた。

三　カール・ラートゲンとの出会い

三人の師

この東大時代、阪谷にとって生涯の出会いがあった。それは学友もさることながら、良き師との出会いである。渋沢栄一、田尻稲次郎、穂積陳重そしてドイツ人教師ラートゲンである。既述のように、のちに渋沢は阪谷の岳父となり、穂積は義兄となる。田尻であるが、阪谷は大蔵省入省後、上司として彼を支え、松方財政を担った。後述するが、田尻は長らく大蔵次官として明治国家の財政を運営し、添田・阪谷らが次官となってからは、会計検査院長として明治国家の財政規律の確保に努めることになる。言うならば、渋沢と穂積は恩師でもあり、その後の阪谷の家族の一員である。田尻は恩師であると共に、大蔵省の先輩であった。これに対し、ラートゲンは純粋な学問的恩師であった。

カール・ラートゲン

カール・ラートゲン（Karl Rathgen, 1856～1921）は、ドイツのワイマール生まれの国法学・財政学者である。彼は明治一五年（一八八二）に東京大学の招きで来日し、明治二三年五月に帰国するまで、八年あまりにわたって東大文学部や法学部、そして独逸学協会の学校

ラートゲン
フンボルト大学・ベルリン：地理学研究所蔵

で教鞭をとるとともに、農商務省の嘱託として取引所関係法規の整備に尽力した。帰国後は、『日本の国民経済と国家財政』（Japans Volkswirtschaft und Staatshaushalt, Leipzig: Duncker & Humblot, 1891）を刊行し、マールブルク大学やハイデルベルク大学の教授を勤め、ドイツをはじめヨーロッパにおける日本研究に大きく貢献した。同時にこの著作は、マックス・ウェーバー（Max Weber）の日本論にも大きな影響を与えたという（野崎敏郎「カール・ラートゲンとその同時代人たち」、長妻廣至「マルクス、ヴェーバー、ラートゲン」、同「カール・ラートゲンの明治期日本経済論」長妻『農業をめぐる日本近代』参照）。

協力者第一グループ

このラートゲンの著書は、第一部「国家」、第二部「国民経済」、第三部「財政」から成る。ラートゲンひとりによったものではなく、複数の日本人の協力者が、彼に資料を作成して提供するなどした協力の産物であった。ラートゲンは序文で、次のように七名の協力者を挙げる。「Sakatani, Kiuchi und Ishizuka/Nakagawa, Kume, Kanai und

Matsuzaki」（ラートゲン、前掲書、序文ix）。前半の第一グループの三名は阪谷芳郎、木内重四郎（一八六六～一九二五、のち農商務省農商務局長、貴族院議員、京都府知事）、石塚英蔵（一八六六～一九四二、のち関東州民政署民政長官、貴族院議員、台湾総督）である。

木内重四郎

彼らは、いずれも東大時代にラートゲンの学生として、あるいは個人的な助手として彼の日本研究に協力した。阪谷の次に記されている木内重四郎は、阪谷と入れ違いで東大文学部に入学し、特待生として学生生活を送った。木内もラートゲンに私淑し、学部三年次から大学院にかけて、ラートゲンの「日本財政及び行政事項研究の助手」として月五円の手当を受けつつ、彼の研究を助けた（馬場恒吾『木内重四郎』五一頁）。おそらく木内は、阪谷が卒業して二年ほどたった時点で、阪谷の後を受け、ラートゲンにとって阪谷に代わりうる「助手」であったにちがいない。

協力者第二グループ

後半の第二グループは、順に中川恒次郎（一八六三～一九〇〇、のち大蔵官僚、外交官）、久米金弥（一八六五～一九三二、のち農商務次官）、金井延《のぶる》（一八六五～一九三三、のち東京帝国大学教授、経済学者、社会政策学者）、松崎蔵之助（一八六六～一九一九、のち東京帝国大学教授、経済学者）で、中川と久米は阪谷の同期生である。

招聘の背景

阪谷ら明治一三年度入学組がラートゲンの講義を受講したのは、明治一五年度、すなわち明治一五年後半から同一六年前半にかけて開講された講義「国法学」と、その翌年度の「行政学」である。彼らがラートゲンと出会うほぼ一年前（明治一四年一〇月）、政府内では憲法制定をめぐり、ドイツ型（大権君主制）かイギリス型（議院内閣制）かで争われ、イギリス型を推して敗れた大隈重信をはじめ、小野梓・犬養毅ら大隈系そして慶応義塾出身の若手官僚が大量に政府から排除され、政府部内で脱大隈・脱慶応義塾が一挙に進んだ（明治一四年政変）。ラートゲンの招聘も、この事件と無関係ではなかろう。

四　ラートゲンの教育

ラートゲンゼミ

ラートゲンは講義とは別に、ゼミナール方式で阪谷らを教育したという（瀧井一博「帝国大学体制と御雇い教師カール・ラートゲン―ドイツ国家学の伝導―」二二七〜二二八頁）。ゼミのテーマは「日本研究」である。協力者の多くがゼミのメンバーであったといってよく、彼らはラートゲンの薫陶を受けつつ調査研究に励み、彼にレポートを提出し資料を提供した。文久三年（一八六三）生まれの阪谷は中川恒次郎と並んで、このゼミ生の最年長であった。

明治一五年一一月、ラートゲンはドイツの家族に宛てて次のように述べている。

私の最年長の生徒の一人が語って言うには、彼は私の講義で初めて、外国の憲法や行政についての具体的なことを耳にしたとのことです。それ以前には一般的な論断や理論ばかりだったそうです。学生が個人的な要望と質問をもって来るのを許可していることも彼らにとっては目新しいことなのです。彼らはいまそれを実行し始めています。また学生たちは私に、このままでは財政制度について全く何も知らないことになるだろうから、行政学のなかで財政制度についても何か話してくれと頼んできました……（一八八二年一一月一八日付書簡、瀧井、前掲論文、二二九頁）。

ゼミ生の要請

財政については、東京大学文学部で大蔵官僚たちによる日本財政論の講義がラートゲンの国法学と平行して行なわれていた。にもかかわらず、最年長の阪谷か中川のどちらかがラートゲンに、来年度開講予定の行政学の講義で、財政制度に触れるよう懇請したようである。日本の財政制度を相対化して捉えるため、ヨーロッパの財政制度の紹介をラートゲンに要請したのではないか。阪谷の五年後輩の山崎覚次郎（経済学者、東京帝国大学教授）は後年、後述の明治三〇年の金本位制の導入について次のように述べる。

明治四年に我が国は一度金本位制を採つたと云うことは誰も知つて居る事実でありますが、之に付きましてラートゲンと云ふ独逸人が少し酷評を加へております。……此人が独逸《ドイツ》に帰りまして『日本の財政及経済』〔『日本の国民経済と国家財政』の誤り〕と云ふ大変良い書物を書いて居ります。其中に時々痛いやうな批評もある。其一つとしまして明治四年に日本が金本位制を取つたと云ふことは、一方では助言した亜《ア》米利加人《メリカ》の無識に依るし、一方では日本が文明国として早く威張りたいと云ふ、子供らしい虚栄心に基いたのである。後に不換紙幣を発行した為に、果たしてその制度が続いたどうかと云ふことは事実分からなかつたけれども、どうもあの時に金本位制になつた所で、到底日本は維持が出来なかつたであらうと云ふことを申して居ります（「金貨本位実施満二十年紀念会記事」日本銀行調査局編『日本金融史資料明治大正編』第一七巻、六七四頁）。

財政制度のトピック

ドイツ歴史学派に連なるラートゲンは自らの講義で、財政制度のトピックとして、先進国的発想である普遍主義によるのではなく、地域や国における個性的・個別的な歴史的発展に注目する歴史主義的発想によることの必要性と、明治四年に伊藤博文らの主導により新貨条例を公布し、金本位制を採用したことについて、批判的に阪谷らに説いたものと思われる。

五　明治一四年の政変の余波

山田一郎の批判

ところで、阪谷たちよりも二年上級の山田一郎（明治一五年卒業）は、前年度後半（明治一五年四月）、来日早々のラートゲンによる行政学を履修した。山田はその後、「天下の記者」と称せられる著名なジャーナリストになり、東京専門学校（のち早稲田大学）の講師を務め、『政治原論』（明治一七年刊）の著作も刊行するようになる。その彼はラートゲンの講義を、「アドミニストレーション」すなわち行政法〔行政学の誤り〕そのものの講義が浅薄で、加えて傲然と講義している、と批判する（薄田斬雲『天下之記者―一名山田一郎君言行録―』五〇頁）。さらに山田は、ラートゲン排斥運動を起こした。

山田一郎の同期生には、のちに東京専門学校の教師となり、大隈重信を政治面、または教育面で支えた高田早苗（のち衆議院議員・貴族院議員、早稲田大学学長）と天野為之（のち早稲田大学学長・早稲田実業学校校長、『東洋経済新報』を主宰）がいる。山田を含め明治一五年七月の文学部政治学理財学科の卒業生は三名で、いずれも大隈系である。彼らは大学と交渉し、ラートゲン排斥を止める代わりに、卒業論文の提出を免除してもらったという（同前、五一頁）。

阪谷と山田

山田は明治一三年三月、阪谷に自らの肖像写真（「阪谷芳郎関係文書」所収）を贈っている。阪谷が予備門を終え、東大に入学する直前のことである。写真裏に、Presented to Mr. Sakatani from his faithful friend A. Yamada（忠実なる友山田から阪谷氏に贈る）とペン書きがあるが、山田は自ら愛川と号していた。山田は広島出身で、阪谷は父朗盧が明治初年に広島藩に顧問として招聘され、家族と広島に居住していたことがある。山田愛川が自らの肖像写真を阪谷に与えたことと考え合わせると、中身は定かでないが、二人はそれなりの交流があったと思われる。しかし山田は、大隈の片腕として東京専門学校の創立に尽力した小野梓らの鷗渡会に関わり、政談を好んだ。これに対し阪谷は「文学部之阿嬢《おじょう》」(『阪谷伝』七二頁)と呼ばれ、物静かな青年であった。山田が卒業し、阪谷がラートゲンの講義を聴講して私淑する頃には、二人は疎遠になったか、袂を分かったと考えられる。

六　ラートゲンの補佐と歴史観形成

兄次雄の存在

阪谷は、講義ノート以外に「ラートゲン先生に関する写真及び書類」を袋に入れ、大切に保存した(『阪谷伝』七八頁の註2)。この袋は現在所在不明で、国会図書館憲政資料室所蔵「阪谷芳郎関係文書」にも含まれていない。また、彼が政治や抽象的な議論に対し距離を置いたのは、兄次雄の存在もその要因のひとつであろう。次雄は明治一四年(一八八一)の騒然とした政情のなかで自由民権運動に関わっていき、ついには心労のため病気になり、この年一月に父を見送ったばかりの母は、父に引き続き再度兄の看病のため、苦労したという(前掲『余が母』一〇頁)。

論稿提出

さて、阪谷は明治一六年から翌年にかけて、ラートゲンの指導の下に、東大図書館の資料を使い英文で二三六頁におよぶ「旧体制における行政組織」を纏め上げ、ラートゲンに提供した（Karl Rathgen,Japans Volkswirtschaft und Staatshaushalt S. 27）。「旧体制」とは言うまでもなく徳川幕府時代のことで、「阪谷芳郎関係文書」に「幕府国法論　完」と題した英文草稿と、「Administrative System of Our Old Regime」と最初の頁に記された英文原稿との二つの英文原稿とが存在するが、この二つの合冊がラートゲンのいう「旧体制における行政組織」であることは間違いない。

「助手」阪谷芳郎

ラートゲンは「最高の私の日本の学生」（ラートゲン、前掲書、二七頁）と阪谷を評し、当時ヨーロッパで活字になっていたものの他に、阪谷の論稿を利用して日本の政治体制の変遷について論稿を纏め、自著『日本の国民経済と国家財政』第一部国家の一部（特に第一節〜第三節）とした。ラートゲンが帰国後、この著作をはじめとして、さまざまな日本研究の成果を出版し、それらがドイツの社会科学の泰斗マックス・ウェーバーの日本観に小さからぬ影響を与えたと考えられることは、先にも触れたとおりである。そうであれば、ウェーバーの日本理解と日本観の形成に関し、ラートゲンの日本研究を手助けし、資料を提供した阪谷の役割は大きいと言わざるを得ない。

「日本国風論」

一方の阪谷は、ラートゲンの依頼により、その指導の下、英語による「幕府国法論完」を執筆したが、この出会いが彼をして日本の歴史に目を向かせた。阪谷はラートゲンと出会ったころ、「日本国風論」と題する論稿を書き始めた。未完に終わったそれは、「人生最高の目的は自由なり」とヘーゲルの著作への言及から始まる。そして続く。

ヘイデル自ら称して曰く、自由の理東洋に起こる、日の東に昇りて西に没する如く、欧州に至りて極ると。余は将にこれを敷衍して言はんとす。世界は円体なり。故に我より言へば米国東洋なり。米国より言へば欧州東洋なり。故に自由の理、亜細亜に起こり欧州に至り米国に渡り、遂に再び回りて我が大東に至り、其理完全の地に達すと（『阪谷伝』六八〜七〇頁）。

ヘーゲルはその著『歴史哲学講義』において、世界史とは、精神が自らの本質である「自由」を展開していく過程であると言う。そして東洋では一人が自由であり、ギリシャ・ローマの世界では一握りの人びとが自由であり、近代ヨーロッパのゲルマン世界では万人が自由であるという具合に進化したとする。阪谷はこれを踏まえ、東洋・西洋という概念は相対的にすぎず、今こそアジアなかんずく日本が世界史を形成する主体たらん、との決意表明をしたのである。

今日この論稿は「阪谷芳郎関係文書」中には存在しないが、この「幕府国法論」と「日本国風論」とは、ほぼ平行して書かれたと思われる。明治一四年政変後の日本社会には、漢学重視の風潮が出てきた。明治政府は来たる明治二三年の国会開設を見込み、その基本政策について、半ば無条件の欧化主義から制限付きのそれに大きく舵を切る。こうした風潮のなかで、阪谷はラートゲンの薫陶を受けつつ、自ら日本回帰への道をたどった。

史実と統計を重視

ラートゲンはその学問において、歴史的事実と統計を重んじた。先の『日本の国民経済と国家財政』では、経済や財政を分析する前提として、鎌倉幕府以来の国家体制の変遷を論述し、本編とも言うべきその著書の後半部には、統計図表が数多く用いられている。また、彼の東大における講義では、政治学は史実と統計から構成されると喝破した（「政治学ノート」、「阪谷芳郎関係文書」所収）。ドイツ歴史学派の系統に属するラートゲンの学問上の姿勢と手法は、〈ゼミ〉指導を通じて阪谷に浸透していったものと思われる。

卒業後の交際

阪谷の日記を見ると、明治一七年に卒業してからも、しばしば自宅にラートゲンを訪ねており、二人の交際は明治二三年五月にラートゲンが帰国するまで続くことになる。

七　政治学理財学科の教授陣

田尻稲次郎

阪谷に歴史や統計の重要性について教えたのはラートゲンだけではない。田尻稲次郎（大蔵官僚、のち大蔵次官、会計検査院長、子爵）もそのひとりである。先の阪谷の履修科目表に明らかなように、田尻はラートゲンに先立ち、二年次の明治一四年度に理財学の講義を阪谷たちにしている。田尻は明治一〇年代の日本にフランスの財政学を導入した人物として知られ、その学風は実証主義的で、個々の事例や数字を挙げての講義であった。田尻は東大で講義をする以前から、アメリカ留学の経験を持つ相馬永胤《ながたね》（のち横浜正金銀行頭取）や目賀田種太郎（のち大蔵省主税局長、男爵）らとともに専修学校（のちの専修大学）を立ち上げて、経済学や財政学の講義をしていた。その講義では豊富な事例と統計データが紹介され、『財政と金融』という書名で刊行された。そしてそれは毎年刷新されつつ蓄積され、大正半ばには上・下巻合わせて一七〇〇頁をこえる大冊となった。

平沼淑郎の回顧

さて、箕作秋坪が主宰した洋学塾三叉学舎以来の阪谷の同期生の平沼淑郎は後年、文学部政治学・理財学科の経済学の講義について次のように回顧する。

歴史派の学説を混交して教導せられたのは田尻先生であって、その他〔の先生〕は英国経済学派の理論を祖述せられた。特にFenollosa〔フェノロサ〕先生は演繹法の価値を提唱して、暗に歴史派の準拠するにたらざるゆえんを縷説された（「経済学研修の回憶と予想　其二」『早稲田学報』三四二号、二頁）。

田尻の研究姿勢

平沼淑郎によれば、経済学分野の大半の授業では、A・スミスやJ・S・ミルを中心とする古典派経済学の理論を中心に教授された。中でもフェノロサは「演繹法の価値」、すなわち普遍的な一般理論の重要性を強調した。田尻はそれに対し、具体的かつ個別的な事実についても注目するよう学生たちに注意を喚起し、W・ロッシャーらドイツ歴史学派学者の学説にも言及した。ここで歴史学派とは、リスト以来、経済学は各国民経済の特殊具体性を歴史的かつ実証的な方法をもって明らかにするべきとする、ドイツを中心とする経済学者のグループである。

阪谷の成績

こうして阪谷は、ラートゲンからは歴史と統計の重要さを、田尻からはバランスのとれた思考の重要性をそれぞれ学んだ。明治一六年七月（卒業年次前年）の「東京大学法理文学部学生生徒勤惰表」（「阪谷芳郎関係文書」所収）によれば、一三名中、平沼が平均点数八三・〇点でトップ、六位が阪谷で八〇・三点、七位は添田で七九・一点であった。阪谷と添田寿一とは、東大ばかりか大蔵省も同期入省で（後述）、ライバルであった。

八　卒業後の進路

「相翁松の碑」

明治一七年（一八八四）四月、卒業を三カ月後に控えた阪谷、添田寿一そして一級下の法学部学生の坪野平太郎（のち神戸市長）は、熱海への旅行の途上、足柄下郡江ノ浦村（今日、小田原市江之浦）の街道筋（旧国道一三五号）に立つ老松の下で休息した。その松は相模湾を臨む景勝地にあった。彼らは、立身の暁はこの地に碑を立てることを誓った。

それから二三年経った明治四〇年（一九〇七）三月、彼らはこの地を訪問して石碑を建立する。その碑文は坪野、本文は阪谷撰・添田筆である。大正一二年（一九二三）の関東大震災で倒壊したのちに再建され、「相翁松《あいおいまつ》の碑」として今日に伝えられている。それにしても彼らの行動は、絵にかいたような立身出世物語である。

田尻からの書簡

阪谷は卒業に先立ち、師の田尻稲次郎から、次のような明治一七年六月一七日付の書簡（「阪谷芳郎関係文書」所収）を受け取る。

三君御奉職の儀は来月十日後ならては相運申間敷、其理由は訣日迄は生徒の資格を脱せさるとのことなれはなり。且三君の内、貸費生とか給費生とかの御方有之は、文部省へ他官庁に奉職之儀御願出に相成り、許可を要するとの事なり。……

田尻拝

阪谷君他二君

ここで冒頭の三君とは阪谷、添田、土子金四郎（のち、東京高等商業学校教授）である。七月一〇日までは阪谷たちはまだ学生の身分であるから、大蔵省への就職はそれ以降である、また貸費生とか給費生であった者は文部省に他の官庁に就職したいと申し出た上でその許可が必要となる、と田尻は阪谷たちに懇切丁寧に指示している。田尻がリクルーターとして積極的であったのか、阪谷たちの要請なのか、判然としないが、後年阪谷は次のようにいう。

余が大学卒業の上は洋行留学せんことを熱望の余り大学総長加藤弘之氏に面会してその事を申出たるに加藤氏の云わるるに何分大学の予算か少なくして洋行留学を命することは出来ぬとのことなり。余は憮然として思ひけるは、之は人に依頼するの心ある故に洋行が出来さるなり。自分に倹約して金を貯へれは、洋行は勝手に出来得へしと。依て一意専心大蔵省に出勤勉強することに決心し、月給を剰して貯蓄した（前掲『余が母』一四〜一五頁）。

阪谷の決心

相翁松の碑（筆者2018年11月撮影）

大学に入学した翌年に阪谷は父を亡くしており、余裕のない阪谷家の経済事情を考慮すれば、芳郎は自費による海外留学など望むべくもなかった。総長の加藤弘之に直談判を試みたが、うまくいかなかった。そこで、田尻の大蔵省への誘いにまずは応じ、留学については後日を期す、といった気持ちが彼にあったのかもしれない。

さて阪谷は、その日記によれば七月一〇日に卒業証書を受け取り、卒業生一同記念写真を撮っている。後年、阪谷は、自分は大学において首席であったと回顧する（前掲『余が母』一三頁）。明治四二・四三年度『東京帝国大学一覧』によれば、哲学・政治学・理財学・和漢文学科の明治一七年七月卒業生一三名のトップは阪谷であった。久米三位、平沼五位、土子六位、添田七位と続く（同『東京帝国大学一覧』二三一頁）。この時、疫病が猛威を振るっていたため、卒業式は一〇月二五日に延期された。

第三　大蔵省時代

一　調査局―主計局に配属

大蔵省入省

明治一七年（一八八四）七月一二日、阪谷は大蔵省に就職し辞令を受理した。彼の日記によれば、月給は五〇円、配属先は調査局規律掛であった（明治一七年七月一二日の条）。調査局はその後に主計局と改称され、今日に至っている。

彼は主計局で調査課長、局長と昇進し、さらに大蔵次官、そして大蔵大臣に就任することとなる。阪谷は大蔵省入省の日を、「第一次出世」の日と日記に記した。そして彼はこの頃、日記の余白に「大蔵に過ぎたるものが二つあり、人の多きに阪谷の智慧」と書いている。茶目っ気たっぷりではあるが、しかし自らを頼む処大でもあった。

阪谷は辞令を受けた翌日、田尻稲次郎とその近くに住む駒井重格《しげただ》（大蔵官僚、のち参事官、高等商業学校校長）を訪ねた。駒井は田尻のアメリカ留学時代からの友人であり、前述のように相馬永胤や目賀田種太郎らとともに専修学校を立ち上げていた。阪谷もこの年の一〇月よりしばしば専修学校を訪れるようになり、その翌年には講師として同校の教壇に立った。

留学を思いとどまる

なお、大蔵省入省直後、添田寿一が自費でイギリスに留学することとなった。洋行に強い思いを持つ阪谷は動揺し、同年一二月、父ゆかりの旧主浅野長勲（もと広島藩主）に留学の資金援助を嘆願することすら考え、嘆願書を認めた。が、結局彼は留学を思いとどまり、浅野に嘆願書を出すことはなかった。

二　会計法制定に向けて

会計制度の整備

明治一四年（一八八一）の国会開設の詔に基づき、明治二三年の帝国議会開設が近づくと、政府は憲法制定のほかにも、各方面でその準備をする必要に迫られた。会計制度の整備もまたその一つであった。帝国議会では、民党（自由党など民権派の政党）は予算問題を中心に藩閥政府に迫ってくることが予想されたが、初期議会においてそれは現実のものとなる。すなわち、民党は「政費節減・民力休養」をスローガンに、予算削減と減税を藩閥政府に強く迫り、第一次山県内閣以降、歴代の内閣はその対応に追われることとなった。

特別チーム編成

伊藤博文を中心に帝国憲法の草案作成が始まったころ、大蔵省でも財務会計制度の整備のための特別チームが編成された。明治一九年（一八八六）一二月、渡辺国武主計局長の下、主計局調査課長の阪谷を中心に、何名かの会計法取調委員が任命された。国際局長の田尻稲次郎や参事官の駒井重格もそのメンバーであった。

そもそもそれ以前に会計法規がなかったかといえば、そうではない。明治二年一月に出納司規則書が制定されて以来、歳入出見込会計表（明治六年六月）、金穀趣意等取扱順序、大蔵省出納条例、会計法および会計検査院章程（太政官第五号達、明治一五年）がそれぞれ公布されるなど、次第に会計制度が整備されてきた。また、一会計年度も「七月～六月」「一月～一二月」と試行錯誤の後、明治一七年一〇月に「四月～三月」と定められ、一九年度から実施されていた。この会計年度制は、阪谷の会計法原案に踏襲されることにより確定され、今日に至る。

会計法起草

さて一二月一六日、阪谷は新たな会計法草案の起草にとりかかった。彼はこの日、駒井重格を訪ね、会計法起草につき相談をしている（「阪谷日記」）。それは駒井が阪谷と同じ取調委員に任ぜられたということだけではない。

駒井重格

駒井は旧桑名藩士であった。アメリカに留学し、帰国後は大蔵省に勤務したが、前にも述べたように、明治一三年（一八八〇）、田尻や目賀田らと、経済・財政を教授する目的で

「専修学校」を立ち上げた。明治一四年に岡山県立中学・岡山師範学校校長に就任のため、一時同省を離れたが、翌年一二月には東京に戻り、同校の講師を再び務めるとともに、大蔵省に復帰した。そしてその翌年、ルロア・ボリュー(Paul Leroy-Beaulieu)の『財政論』(Traite de la science des finances, 1877, 2e edit. 1879)の原著第二版の一部を翻訳し、田尻の校閲を経て『歳計予算論』(青黎閣刊、全四九二頁)として刊行し、明治一九年一月には専修学校より改訂版を出版していた。ボリューの財政論については、すでに田尻が関税や地方税の部分を翻訳して自ら刊行しており、駒井の仕事は、田尻の示唆によるものであろう。駒井はその他にも明治一〇年代に、フォーセット『自由保護貿易論』(明治一三年刊)、グーシェン『外国為換論』(明治一六年刊)など経済に関する六冊の図書を鋭意翻訳し、ともに専修学校から刊行している。

駒井への相談

国会開設を目前にして、政府による予算案作成と、議会によるその審議そしてその執行は、会計法の最重要部分であろう。それを考えれば、その草案作成を担当することとなった阪谷が、ボリューの『歳計予算論』を翻訳・刊行した駒井を訪ね、作成に向けて相談したことは自然であった。なお、「歳計」とは、一会計年度における歳入、歳出のことである。

三　会計原法草案

草案成る

新会計法の草稿が出来たのは、それから七カ月ほど経った明治二〇年（一八八七）七月一一日である。彼は日記に「会計原法草案成る。夕上野散歩。充血頭痛す」と書き付けている。この会計法草案は「会計原法草案」と題され、第一章総則、第二章予算、第三章収入、第四章支出、第五章決算、第六章会計官、第七章官有財産、第八章本法施行に関する特定則、の全八章一七七カ条から成る大部なものであった。「原法」とは基本法《ファンダメンタルロー》というほどの意味であり、この新会計法を、今後制定され整備されるであろう財政関連法令の根本法、すなわち〈財政の憲法〉にしようとする阪谷の意気込みが込められている。またこの草案は、四五頁にわたる各条文の基本理念や説明が付され、そこに彼の国家財政に関する基本方針や国家財政に関する考え方が述べられている（以下、この部分の引用などにあたっては「会計原法草案」説明と表記する）。

改革の草案

阪谷は、欧米の会計制度のように、大蔵省が国家の財務を統括するべきであると考える。また彼は、同じヨーロッパの中でもフランスの会計制度は理論的に優れているが、多くの公務員を必要とし、その分金がかかると見る。それに対し彼は、イギリスのそれは雑然としているが、支出事務をイングランド銀行に一任するなど実務的には合理的であるとし、主にイギリスの会計制度に準拠しつつ、日本の会計制度改革の素案を作成した。①大蔵省による国家財政の一元的管理、②厳格な国有動産および不動産管理、③森林・鉄道・通信等国有事業、④特別会計制度の導入、⑤政府予算を法律とし、議会が次年度予算を前年度中に議決しない場合、政府に前年度予算の執行を認める、⑥議会が容喙できない永久財本制度を定め、一部の租税収入を永久財本とし、帝室費や年金・恩給・一部公務員の給与・国債の償還経費等を永久経費として永久財本からの収入を充てる、がその草案の骨子である。

大蔵省案への反発

この阪谷案が、渡辺国武や田尻稲次郎をはじめとする会計法取調委員の審議に付され、さらに憲法草案との擦り合わせのため、伊藤博文の幕僚であった井上毅（内閣法制局長官）にも届けられた。大蔵省内での審議や最終的な検討、そして実質的な憲法草案起草者である井上毅との調整を経て、明治二一年（一八八八）五月、新会計法大蔵省案が完成した。しかし、それは各省庁の財務に関する大蔵省の統制色が強く、各省庁の反発を買った。たとえば井上毅は、国有財産の管理権が大蔵省に集中するならば、各省の権限や役割分担に一大変化をもたらすことになると懸念した（明治二〇年一二月二一日付「会計法第二修正意見」、『井上毅伝』一、六一二頁）。

そこで大蔵省側は、統制色を弱めた修正案を作成し、明治二一年九月に黒田清隆内閣はその修正案を閣議決定し、一一月に枢密院への諮詢にこぎつけた。その審議の結果、大蔵省は同院の同意を取り付けることができた。そして、明治二二年二月一一日、官報によって公布された会計法の骨子は以下の通りである。「第一章　総則」「第二章　予算」「第三章　収入」「第四章　支出」「第五章　決算」「第六章　期満免除」「第七章　歳計剰余定額繰越予算外収入及定額戻入」「第八章　政府ノ工事及物件ノ売買貸借」「第九章　出納官吏」「第一〇章雑則」「第一一章　附則」の全一一章全三三カ条。それは、当初の阪谷案の五分の一のサイズである。しかし、会計原法草案の条文が井上毅の憲法の条文に反映されたり、会計法の細則である会計規則に回されたものも少なくない。

会計法公布

画期的な最終政府案

阪谷を中心に作成され纏められたこの最終政府案は、阪谷が当初目指した国家財政の大蔵省による一元管理こそ困難としたが、①特別会計制度の導入、②時効制度の導入、③政府における工事発注や物件売買貸借の適正化、④出納官吏の身元保証と当該官吏への損害賠償責任制度の導入、などを実現させる画期的なものであった（阪谷芳郎『日本会計法要論』七九～八〇頁）。なかでも阪谷らがこだわったのは、公金や公用物品の適正管理と公金処理の透明性・公正性の確保であった。阪谷らは、出納官吏が管理する現金や物品を紛失又は棄損し、会計検査院の検査でそれが管理不適正によるものと判定された場合、身元保証のなされた当該出納官吏に損害賠償責任を負わすようにしたのである（会計法二七条）。彼は国会開設直前に刊行した自著『日本会計法要論』で、新会計法施行以前には役所の不要物品を払下げ、その代金で予算の不足を補ったり、予算外に支出したり、交際費にしたりと、不正使用が横行したが、これらの行為は何れも「窃盗犯」のそれである（九二～九三頁）、と切って捨てている

最初の大仕事

さて官報により会計法が公布されて一カ月余りたった三月三〇日、阪谷は慰労金二五〇円を受け取った。日記に「大蔵省に於て会計法取調に付特別勉励の廉《かど》を以《もつ》て慰労金二百五十円下賜」とある。ともかく阪谷は、大蔵省官僚として最初の大仕事をこうして終えた。

四　渋沢琴子との結婚と岳父栄一

三人の兄の死

明治一九年（一八八六）四月、阪谷芳郎のすぐ上の兄達三が、出張先のニューヨークで客死した。その翌年九月には、次兄次雄が亡くなった。明治六年に長兄礼之助が亡くなっているので、明治となって阪谷は三人の兄を相次いで亡くし、亡父朗廬（素）と母恭との間に生まれた男子は芳郎のみとなった。彼はこうした状況の下、次兄次雄の長男の良

之進をして阪谷本家を継がせ、自らは分家した（明治二〇年一一月）。

渋沢琴子と結婚

年が明けて明治二一年二月二六日、阪谷は渋沢栄一の次女琴子と結婚した。先に触れたように、渋沢家とは父の代からすでに縁があったが、この結婚は、渋沢栄一が「経済学士」たちを、前年一一月二三日に王子（現在、東京都北区）の別荘に招待したことがきっかけであった（明治二〇年一一月二〇日付阪谷芳郎宛渋沢栄一書簡、『阪谷芳郎関係書簡集』二〇九～二一〇頁、所収）。なお、当時の経済学は文学部や法科大学（のち法学部）で教授されており、「経済学士」はいなかったので、おそらく阪谷も会員であった前述の東京経済学協会の若い会員たちを指すのであろう。阪谷自身、この招きに応じたことが縁で後に琴子と結婚した、と後年記している（同書簡の端裏書）。

渋沢栄一（『華族画報』より）

婿選びの虚実

当時から、渋沢の招待は婿選びとして有名であったようで、だいぶ後になっても、それは人びととの話題になった。大正期には、たとえば次のように書かれている。

……渋沢の邸《やしき》には第一銀行の佐々木勇之助、第一愛婿穂積陳重等が待設けて、接待の任に当たった。招待客は約十五人ばかり、阪谷芳郎、都築馨六、土子金四郎の徒も居合わせた。渋沢邸の歓待は実に優美を尽くして時正に晩秋なるに玄関には咲き誇つたる牡丹花の大鉢を据えてあつた。模擬店のおでん屋の肉は鶴の肉であつた。渋沢の令嬢こと子は宴に移る前に穂積によつて来客に紹介せられた。書生上がりの俊才は飽喫満腹、ひたすら富豪の豪奢に驚いた。……後誰いふことなく過日の渋沢の招待は実は経済上の御高見を拝聴せんが為にあらずして、愛娘こと子のための佳婿を物色せんが為であつたと伝えられた。而《しか》してその時に選に入つたのは、即ち阪谷芳郎であつた（神長倉真民『閥族の解剖』八六〜八七頁）。

以上において、渋沢は田口卯吉に金本位制導入の可否について意見を聞いた上で招待客に質問したという記述を割愛したが、渋沢が事前に田口卯吉に質問事項を相談した云々や、右の記事における佐々木や穂積による接待の記述はどうもあやしい。この本が刊行された大正六年（一九一七）に、金本位制二〇周年の記念祝賀会が開催され、その晩餐会で金本位制導入に反対した渋沢が「阪谷氏などとは事に依ったら縁談を破却してまでもとの覚悟を以て……」（「金貨本位実施満二十年紀念会記事」、日本銀行調査局編『日本金融史資料明治大正編』第一七巻、七〇三頁）などと「演説」したことが原因と思われる。後述するが、金本位制導入について渋沢は、田口とともに反対論の立場に立ち、賛成論の急先鋒であった阪谷と鋭く対立した。これを踏まえて右の記事は書かれたのであろう。この時の渋沢の「婿選び」は社会の注目を集め、その後いろいろと尾鰭《おひれ》がつけられ、大正期に至った。この時、招待客と渋沢との間でどのような会話が交わされ、議論があったかは興味深いが、資料を欠き明らかにできない。

さて、渋沢別邸での招宴から数日後、阪谷家に渋沢家から縁組の内談があり、阪谷家はそれを受けた。その翌日、穂積陳重が渋沢家を代表して阪谷家に挨拶に訪れた（『阪谷伝』一〇六頁）という。穂積は渋沢栄一の長女歌子の夫であり、阪谷の大学時代の恩師でもある。この縁談は最初から渋沢家主導で進められたが、どうしてこのような〈仕掛け〉が必要であったのか。その理由は不明である。一二月二六日の結《ゆい》納《のう》には、帝国大学総長渡邉洪基夫妻が媒酌の労をとった。国家学会創立の時から、阪谷は渡邉洪基と近い関係にあったので

穂積陳重（枢密院議長時代、『画譜憲政五十年誌』より）

ある。なお、国家学会とは伊藤博文の肝入りで、帝国大学法科大学の教員や卒業生と阪谷ら文学部政治学・理財学科の卒業生を中心に組織された、政治学・法律学系の学術団体で、今日に至っている。

こうして、明治二一年に渋沢琴子と結婚した阪谷は、気持ちも新たに分家・阪谷家の新しいスタートをきった。なお、新夫婦の新居は麹町区平河町六町目におかれ、明治三二年一〇月に小石川区原町に転居するまでの一一年余り、阪谷一家はそこに暮した。

五　清国に幣制意見書を送る

清国に意見書を提出

結婚から約一年後、阪谷は大蔵省入省四年目の弱冠二六歳の主計局調査課長だったが、みずから主導して、東京経済学協会より清国に対し、通貨に関する意見書を提出した。それは明治二二年（一八八九）一月の例会での議論が発端であった。阪谷はその席で、

今度支那政府が貨幣条例を制定するに就いては当会の名を以て現今東洋に行はれ居る墨西哥弗《メキシコドル》及び我か国の銀貨は皆な四百十六「グレイン」なれば支那にても四百十六「グレイン」を以て本位と為す事を注意せん（「経済協会の一月例会」『東京経済雑誌』第四五四号、九四頁）

と発議したところ、岳父渋沢栄一と田口卯吉が賛成し、伊藤博文を介して清国の大官李《り》鴻章《こうしょう》に意見書を送るよう決した。

要請の理由

この時期、東アジアではメキシコ銀が交易通貨として広く使われており、その銀貨は銀四一六グレーン（416gr.、約二七グラム）によった。銀本位制をとる日本も同様であったので、阪谷は中国もそれらに倣うよう要請したかったのである。共通の通貨を持つことによる東アジア圏での交易促進が期待できるからであろうが、中国に対するドイツの動きもまた、そのきっかけとなった。阪谷は後年次のように言う。

独逸《ドイツ》が支那の幣制の事を調べ許景澄〔駐独中国公使〕の手を経て支那に対して独逸の案が出たといふことを聞いて、……東洋の幣制改革を極めるには日本が先鞭を付けなければならぬ〔との思いが〕当然日本にあつたということでありまして、此の事は感慨に堪えませぬ所です（阪谷「支那幣制改革に就いて㈠」『東京経済雑誌』第一九四七号、一二頁）

東京経済協会のメンバーは、中国に接近しつつあるドイツに注目したのである。

意見書の中身

さて、この意見書作成のために、渋沢栄一を委員長とする委員会が作られた。阪谷と田口がそのメンバーであり、阪谷らが草案を作成し、外務省職員が中国語に翻訳した。明治二二年（一八八九）二月七日付で渋沢から阪谷に宛てた書簡に「過日来再三御打合申候例之銀貨本位之事に付、李鴻章へ寄送すへき書翰之訳文」を渋沢が清書して直接伊藤に届ければいいのか、外務省職員井上（陳政）に再度チェックを受ければいいのか、田口卯吉と相談のうえ連絡をしてほしい（『阪谷芳郎関係書簡集』二一二頁）とある。李鴻章に宛てた意見書は、貿易上の利便のため、今後、貨幣制度の本位《スタンダード》を日本の一円銀貨やメキシコ銀貨（メキシコドル）と同一にするよう提案するものであった（龍門社編『青淵先生六十年史―一名近世実業発達史』第二巻、八四二〜八四五頁、博文館、一九〇〇年）。渋沢ら経済学協会に対し、三月に李鴻章から礼状が発せられ、そこには「渋沢君の意見は将来の参考としたい」とあった。それは早速五月に刊行された『東京経済雑誌』第四六八号に全文が掲載された（五六六頁所載）。

このことは、のちに日清戦争を経て日本が金本位制に移行するに及んで、中国政府が日本の金融制度に大いに注目することにつながっていく。

多忙な家庭生活

なお、この年の一月、阪谷は亡兄次雄の二人の遺児（良之進、険次）を引き取って養育し始めた。五月には妻琴子が長男を産んだ。亡父朗廬の通称希八郎と、岳父栄一からそれぞれ一字をとって「希一」と名付けられた。希一は長じて東京帝国大学卒業後、日本銀行に入行し、関東州庁課長を経て、昭和七年（一九三二）の満洲国建国後、国務院総務庁次長として満洲における幣制統一に尽力し、さらに中国連合準備銀行の顧問に就任する。

また琴子は、翌二三年五月に長女敏子（のち、内務官僚堀切善次郎に嫁す）を、二四年七月に次女和子（ペスタロッチ教育を日本に紹介した教育学者高嶺秀夫の二男俊夫〈物理学者〉に嫁す）、二五年九月に二男俊作（のち名古屋市立図書館長）をそれぞれ出産する。阪谷は、家庭人としても多忙を極めることとなった。

六　『憲法義解』

『憲法義解』

明治二二年（一八八九）二月一一日に、大日本帝国憲法と皇室典範、衆議院議員選挙法、貴族院令、会計法などそれに付属する法令が公布され、その直後より、憲法の公定的注釈書の編纂・刊行がはかられた。『憲法義解《ぎかい》』がそれであり、それは明治思想の研究上「欠くことのできない著作」（宮沢俊義校注、岩波文庫『憲法義解』青版カバー）となっている。

『憲法義解』は井上毅がその稿本を書き、伊藤博文・井上毅の二名の憲法草案起草者と五名（後述）の学者・官僚らによる検討会の審議を経て、内容や表現が確定された。明治二二年二月中旬から三月にかけ、枢密院別館で伊藤を議長として審査会がもたれ、『皇室典範義解』とともに版権の寄贈を受けた国家学会は、この二つの『義解』を伊藤博文の私著として一冊にまとめ、同年四月二二日に刊行した。阪谷は、憲法第六章「会計」の関係条項に限ってであるが、井上毅の要請によってこの審査会に参加している。

井上毅の要請

阪谷は会計法草案起草にあたり駒井重格に教えを請うたが、駒井の翻訳によるルロア・ボリュー『歳計予算論』を、井上もまた手垢《てあか》で表紙を黒くし、ページごとに朱や傍点を入れるほどに精読していた（稲田正次『明治憲法成立史』上、九一〇頁）。草案起草者の中で、田尻稲次郎や駒井を除けば、『歳計予算論』に精通しているのは阪谷であった。先に触れたように、阪谷を中心に作成された会計法草案の条項や趣旨のいくつかが、井上の憲法草案の会計関連条項に取り入れられたり（たとえば憲法六七条における既定の歳出・法律上政府の義務に属する歳出）、反映されている。それゆえ井上の要請は妥当であった。

検討会参加

二月一二日、井上毅は伊藤博文に宛てて、蔵相の松方正義に阪谷の検討会参加を要請するよう申し入れている（明治二二年二月一四日付井上毅宛伊藤博文書簡、『伊藤博文関係文書』一、三八九頁所収）。こうして、阪谷が明治憲法の公定注釈書作成会議に参加することとなった。阪谷の「日記」三月一日の条には「枢密院別局に於て憲法解釈会議に列す」とあり、三月一、二、四、七日の四日間、検討会に加わったことが知られる。

伊藤・井上、そして阪谷以外でこの「解釈会議」に参加したのは、法科大学教授の穂積陳重（民法、法理学）、同富井政章（民法）、同末岡精一（憲法）、同兼法制局参事官の斯波淳六郎（行政法、国際法）、同宮崎道三郎（法制史）である。この頃は学界と官界の区別があいまいで、斯波・宮崎は帝国大学法科大学教授であったが、参事官として官界の人間でもあった。伊藤を除けば、この会議のメンバー中、純粋な官僚は井上毅と阪谷であった。後年、阪谷は、井上起草の原案を「伊藤公自身議長となられ、穂積陳重、富井政章、末岡精一等の諸君及私などが種々討論して修正削除したのであります。当時なかなかなか〔ママ〕の大議論」であった、と回想する（「伊藤公と国家学会」『国家学会雑誌』第二四巻七号、一九一〇年）。

ともかくも、この「解釈会議」のメンバーは、まさに施行されんとする明治憲法に関する国内在住の最高の専門家集団であった。阪谷がこれに加えられた意味は大きい。阪谷は財政に関し、最も権威のある専門官僚である、とのお墨付きが伊藤博文と井上毅によって与えられたからである。

こうして阪谷は、財政分野に限られるが、明治憲法の公定的注釈書の実質的な「共同執筆者」のひとりとなった。

「共同執筆者」

第四　日清戦争と戦後経営

一　日清間の対立

朝鮮を巡る日清対立

金玉均や朴泳孝ら親日派官僚らによるクーデター未遂事件（甲申事変）の後処理として、一八八五年（明治一八）、日清両国間に天津条約が結ばれ、両国が朝鮮に出兵する際には相互に事前通告するように取り決められた。それから一〇年、すなわち一八九四年、朝鮮半島に、東学党の乱（甲午農民戦争）が起こった。日清両国政府は、天津条約に基づき相前後して朝鮮半島に派兵し、乱が治まった後も互いに軍を引かなかった。

日清戦争の勃発

この時、日本は日清共同による朝鮮の政治改革を清国に申し入れたが、清国はこれを拒否した。すかさず日本側は漢城（現ソウル）に軍を進め、王宮に侵入して親清勢力である閔妃（朝鮮国王高宗の皇后）派を追い出し、彼らと対立する大院君（国王の実父、李昰《か》応）を擁して大院君政権を樹立した。そして同政権をして清国軍の朝鮮からの排除を日本側に要請させた。こうして大義名分を得た日本軍は、豊島沖海戦や成歓の戦いで清国軍の機先を制し、八月一日に清国に対して宣戦布告した。

挙国一致

時の内閣は第二次伊藤博文内閣であった。明治二七年（一八九四）五月に開会された第六議会の議会運営に苦慮したこの内閣は、六月二日に衆議院を解散し、宣戦を布告する頃には選挙運動が行なわれていた。しかし、開戦とともに、議会の内外で政治休戦が成立し、一時的にせよ、日本国内で挙国一致体制がとられた。

なお、東学党の乱勃発の直前に、甲申事変以来、日本に亡命していた金玉均（日本政府が認めた政治亡命第一号）が朝鮮国王の刺客により上海で暗殺され、日本政府の遺体引き渡し要請は無視され、遺体は朝鮮に移送され、寸断されて国内各地に曝された。この暗殺事件と、清国・朝鮮政府の日本政府への対応や措置は、多くの日本国民に衝撃を与え、憤激させた。このこともまた、開戦に伴う急速な挙国一致を可能にしたものと思われる。

二　日清戦争の戦費

阪谷の勅令原案

すでに触れたように、日本は明治二七年（一八九四）七月二五日、奇襲攻撃による制海権確保のための豊島沖の海戦をもって、清国との戦いの戦端を開いた。宣戦布告までの当面の戦費は、年度予算内の第二予備金と国庫剰余金が充てられた。八月一四日、財政の緊急処分に関する勅令が出されたが、その原案は阪谷による。

八月四日、阪谷は勅令案の審議のため、枢密院に向かった。日記に次のようにある。

宮城《きゅうじょう》に行く。枢密院に於て憲法七十条に依る財政処分を為すに付、勅令発布の件会議あるか為なりき。勅令は余の起草にして憲法七十条を適用せる初度なり。

軍事費の三つの段階

宣戦布告後、大蔵省では蔵相の渡辺国武から、田尻稲次郎（次官）、松尾臣善（主計局長）、曽根静夫（国債局長）、阪谷（主計官）、浜田寿一（参事官）へ、軍費意見書の提出が指示され、各意見書をもとに大蔵省原案ともいうべき「軍費意見」が作成された。これは最終的には政府案とはならなかったが、阪谷を含む大蔵省幹部の戦時財政構築に向けた基本方針として注目される。彼らは予想される軍事費を、戦争継続期間によって次のように甲乙丙の三つの段階に分けて考えた。

（甲）　期間六カ月、費用五〇〇〇万円

（乙）　期間一年、費用一億円

（丙）　期間一年六カ月、費用一億五〇〇〇万円

〈財源〉

（甲案）　前年度までの剰余金二六〇〇万円、特別会計資金一六〇〇万円、借入金・公債八〇〇万円

（乙案）　甲案に加え、翌二八年度歳入金の前倒し使用一五〇〇万円、酒・煙草・所得税増徴五〇〇万円、公債二〇〇〇万、借入金一八〇〇万円
（丙案）　乙案の金額に加え、二八年度歳入金の前倒し使用金、公債に、さらにそれぞれ二〇〇〇万円、三〇〇〇万円を増額、借入金も四六〇〇万円を増額、七〇〇万円の地租増徴も考慮

初期議会で民党の反発が大きかった地租増徴が、最後の最後まで控えられているのが注目されるが、借入金すなわち日本銀行からの借入れと、公債発行による資金調達が戦費の主たる財源となっている。しかし、丙案で収まらない場合、つまり費用が一億五〇〇〇万円を超える場合、経済社会紊乱につながるかもしれないが、ともかく非常手段を取らざるを得ない（「軍事意見」「明治財政史」第二巻、三四〜四〇頁、室山義正『近代日本の軍事と財政』二一二頁）と考えられた。

結局、日清戦争臨時軍事費特別会計における収入金額は二億二五〇〇万円余りで、実際の支出は約二億円である。阪谷たちが開戦当初予想した「社会紊乱」は起こらず、「非常手段」も採られることもなく、戦争は一年足らずで終わった。戦争終結後の経費を含む、戦費に関わる収入のほぼ半分は公債によって調達された。この戦費調達は、非増税・外債非募集主義によるもので、それは一〇年後の日露戦争の場合とは対照的であ

った。

軍事公債の募集

国民は、この対外戦争の緒戦の勝利に熱狂した。明治二七年八月一七日、第一回目の軍事公債募集が大蔵省より発表され、その条件は、募集予定金額三〇〇〇万円、年利五パーセント、最低価格額面一〇〇円につき一〇〇円、償還期間は五年据置き後五〇年以内、募集期間九月一〇日〜一三日とされた。一時にこれだけ巨額な公債募集は、前例がなかったが、応募金額は実に七七〇〇万円に達した。

第二回目の募集はこの年の一一月に、募集金額五〇〇〇万円、金利五パーセントでなされたが、一二月一一日〜一五日の期間に、総額九〇三〇万円の応募があった。第三回目は講和条約締結後に募集されたが、募集金額一〇〇〇万円のうち二割も集まらず、日本銀行に買い入れさせた。開戦中に八〇〇〇万円という、実際の戦費総額（支払命令済高）のほぼ四〇パーセントを、公債によって賄ったのである。

三　大本営の広島設置と臨時軍事予算の作成・管理

広島へ出向

第一回の軍事公債募集が締め切られようとしていた時、明治二七年（一八九四）九月一三日に大本営が広島に置かれ、それに伴い議会や政府の中枢が広島に移転した。大蔵省では次官の田尻稲次郎が東京に残り、蔵相の渡辺国武、主計局長の松尾臣善、主計官の阪谷が広島に出向いた。この時、阪谷は主計局予算決算課長兼貨幣課長だったが、一〇月に大本営付主計官を命ぜられた。一〇月一八日に第七議会が広島に召集され、大蔵省側は一〇月一三日、議会に提出する臨時軍事予算案を決定し、政府決定が実質的になされた。阪谷はそれについて軍当局者と話し合い、「日記」に次のように記す。

臨時軍事費一億五千万円と決定に付大本営に行き西郷陸海軍大臣と面談す。有栖川大将宮、樺山中将、伊藤総理大臣、児玉陸軍次官、伊藤〔雋吉《としよし》〕海軍次官、川口〔武定〕経理局長等同席あり（「阪谷日記」明治二七年一〇月一三日の条）

この時、海相の西郷従道は、陸相を一時兼任していた。

戦時財政計画

政府は臨時軍事費予算案、臨時軍事費特別会計法案を議会に提出した。政府の戦時財政計画の骨子は、臨時軍事費の歳入歳出はそれぞれ一億五〇〇〇万円で、歳出には六月以来の予算外支出約六〇〇〇万を含め、歳入には二六〇〇万円の国庫剰余金をあて、残り一億二四〇〇万円には、公債の発行によって調達するというものであった。一億五〇〇〇万円が初期議会以来の一般会計の約一・八倍であることを考えると、やはり巨額であった。

公務に精励

さて、阪谷は大本営付主計官として広島に着任以来、公務に精励した。「日記」の記述からすると、大本営、陸・海軍および大蔵省とを往復する毎日であった。戦局の前後を通じて「財政上仮令一銭一厘たりとも」阪谷の眼を通らない支出は皆無といわれる（『阪谷伝』一五三頁）。明治二八年三月三〇日に休戦を迎えるまでのほぼ半年間に、四度広島—東京間を往復し、本省への報告や調整に努めた。しかし、当時東京に在留した次官の田尻稲次郎をはじめ、省内吏僚の間には「阪谷横暴」の声が喧《やかま》しくなったという（同前）。

戦費の消費

阪谷が執行を管理した臨時軍事費は、彼が草案作成の段階から成立まで心血を注いだ会計法第三〇条の規定による特別会計で処理された。その日清戦争臨時軍事費特別会計は、明治三〇年三月末で出納を完結し、閉じられた。その決算によれば、歳出支払命令済額は二億四七万円で、陸軍省所管分が一億六四五二万円、海軍省所管分が三五九五万円である。歳入の収入済額は二億二五三五万円で、その差額二四七五万円は明治二九年度の一般会計に繰り入れられた。その収入のほぼ半分が公債によったことはすでに述べた。このように、日清戦争の戦費は開戦直前の一般会計歳出の約二・五倍で、それを一年あまりの期間で消費したのである。

四　阪谷の日清戦時の経済体験

「戦時及戦時経済」

明治二八年（一八九五）四月一七日、下関にて日清講和条約が結ばれたが（講和条件は後述）、それから半年ほど経った明治二八年（一八九五）一〇月一三日、阪谷は専修学校理財学会秋季大会で、「戦時及戦時経済」と題して講演した。その冒頭、戦争とは七分が経済で、後の三分が戦闘であると述べ、清国への宣戦布告後、戦費調達のための軍事公債の募集が焦眉《しょうび》の急となったが、国民の中に献金運動が起こり、東京に献金のための報国会ができ、財政家として迷惑に思ったという。彼によれば、この献金運動とは、国民がひとり一円献金すると、四〇〇〇万人あれば四〇〇〇万円の金ができるという考え方に基づくものである。阪谷は、そのような献金は一時的かつ自己満足的なもので、巨額な軍事費を賄うことは到底できない、公債募集の成果を最大限のものにするため、献金運動の中心となった報国会を解散に追い込んだと、述べている。

さらに、当時、民間では鉄道投資熱が盛んであり、鉄道に盛んな投資が行なわれていたが、鉄道敷設認可の期間を先延ばしすることによって、民間資本が鉄道に向かうのを抑制し、その分を公債購入に向かわせたという。第一回の三〇〇〇万円の軍事公債、第二回の五〇〇〇万円の軍事公債の募集に対して、万一払込に差し支える時には、日本銀行でもって信用を貸してくれるという保証を隠然と与えたので、全国の資本家たちは挙げて公債の募集に応じ、当時、五〇〇〇万（原典に五〇万とあるのは誤り）の募集に対して九〇〇〇万からの申込があった、と述べている（阪谷「戦時及戦時経済」『東京経済雑誌』第七九八号、六九五〜六九七頁）。日本銀行が大きな働きをしたことがわかる。

しかしこのような紙幣増は、紙幣の価値低下をもたらし、兌換券であるかぎり正貨（金）の海外流失の恐れが出てくる。そのため、外国からどんどん日本に正貨を取り込むことが必要となり、同時に外国に正貨をなるべく出さないように、軍艦や軍隊はなるべく紙幣を使うようにした。日本の紙幣・円銀・補助銀貨が、朝鮮、金州（遼東半島南端の街）、台湾、あるいは戦地で通用し、為替政策もさることながら、これらの地域で外貨を使うことはほとんどなかったと彼は述べた（同前、六九八頁）。「通用する」というより、軍事力を背景に「通用させた」というのが正確であるのかもしれないが、『大蔵省史』では軍隊の進軍とともに、我が国の紙幣や銅貨に信用を生じて通用するようになったとしている（第一巻、二八一頁）。ともかくも、正貨の節約や日本紙幣など日本の通貨が国外で通用した結果、明治二七年六月から明治二九年三月までの期間の正貨流出額は、三六二九万円にとどまった（『明治財政史』第二巻、五一〜五五頁）。

五　講和条約締結と三国干渉

下関条約

戦況は終始日本側有利に展開した。開戦後半年余り、清国は講和を申し出、下関で講和会議が開かれた。日本側全権は首相伊藤博文・外相陸奥宗光、清国側全権は北洋大臣李鴻章。その結果、明治二八年四月一七日に講和条約が調印された。その要点は次の通りである。①朝鮮の独立、②遼東半島・台湾および澎湖諸島の割譲、③賠償金として庫平銀二億両（約三億円）の支払い、④欧州各国との条約に準じて対日通商航海条約、および陸路交通貿易約定の改訂、⑤沙市・重慶・蘇州・杭州の開港。

日本側の要求はほぼ認められ、③によって金本位制実施に向けての資金獲得に成功したばかりか、④により日本は対清関係において列強と同じ関係に立った。すなわち日清関係は、対等な条約関係から、日本の片務的な治外法権の設定と清国に対する関税自主権の剝奪《はくだつ》という不平等条約関係へと変質したのである。

三国干渉

さて、戦争の終わりは新たな戦争の始まりであった。講和条約調印のわずか六日後の四月二三日、フランス・ドイツ・ロシアの三カ国は日本に対し、遼東半島を清国に返還するよう勧告し、日本はこれに応じた（三国干渉）。これは、三カ国のヨーロッパにおける微妙な国際関係の極東における反映であった。三国干渉を期に、ロシアの極東進出には拍車がかかり、ドイツは事実上、山東半島を植民地化した。この時、揚子江流域に利権が集中するイギリスは、自国の利害に関係することは少ないと事態を傍観した。

アメリカの外交戦略

しかし、こうした事態を憂慮しつつも、アジアへの進出を考慮したアメリカは、関係各国に対し、一八九九年とその翌年、中国の「門戸開放」「機会均等」そして「領土保全」を要求する外交戦略を展開した。アメリカは、明治三〇年（一八九七）以来、ハワイ・オアフ島の真珠湾に海軍基地を建設し、同年六月、ハワイを併合した。さらに翌年、米西戦争に勝利したことにより、グァム島およびフィリピンをスペインに割譲させ、領有するに至った。要するに、同国は北米大陸において消滅した経済フロンティアを太平洋上に再生しようとしていた。

六 「アームドピース」思想と戦後財政

松方正義の指示

日清戦争中から阪谷は、戦後のアジア社会に訪れるのは「アームドピース」（武装平和）であると考えていた。これは松方正義の示唆によるところが大きいと思われる。

明治二八年（一八九五）三月一七日、日清戦争の講和会議開催を一カ月後に控え、第二次

「アームドピース」

伊藤内閣はその一部を改造した。首相の伊藤博文は、逓相黒田清隆を枢密院議長として閣外に出し、蔵相の渡辺国武を逓相とし、その後任に松方正義を充てた。戦後経営を視野に入れた人事である。松方は、ただちに戦後財政計画の策定に着手した。折しも第八議会開会中であり、阪谷は東京で開催されている議会に政府委員として連日かかりきりであったが、松方は阪谷を広島に呼び出した。そこで松方は阪谷に対し、軍備拡張のため「ドシコ《〔たくさん〕》税をとらなくてはならぬ」と、営業税の地方税から国税への移行、登録税の新設、葉煙草専売制の導入、酒税の増徴など大規模な増税が必要であることと、清国から賠償金を金《きん》で受け取ることによって金本位制の導入を可能とするよう指示したという（明治四三年一〇月「台湾銀行晩餐会来賓演説集」『阪谷伝』一五八～一五九頁）。

松方正義

後日、阪谷は「アームドピース」について次のような趣旨を述べる。

今までは平穏の平和であったが、東洋の政界では日清戦争後「アームドピース」の時代が到来する。日本が「アームドピース」に対応するには、戦闘艦・巡洋艦も増やさなければならない。陸軍も拡張しなければならない。鉄道電信の便利さをもっと開かねばならない。軍艦が増すと、それに伴って運送の発達、航海の奨励、造船の奨励など、いろいろなことを行なわなければならない（明治二九年一一月二一日、経済学協会主催で行なわれた阪谷の講演「葉煙草専売に就て」『東京経済雑誌』第八五九号、六二一頁）。要するに、阪谷のいう「アームドピース」とは、軍事力を中心とした、列強の勢力均衡によって作り出される東アジア社会の安定を指すものであった。

戦後財政計画案

さて、蔵相の松方正義の指示に基づき、大蔵省では阪谷を中心に戦後財政計画が練られた。その計画案は「財政前途の計画に付提議」として纏められ、八月一四日に阪谷から松方に手渡され、翌八月一五日に松方の名で閣議に提出された。この意見書の趣旨は次の通りである。

日清戦争の結果、にわかに強国の一つとなった日本に対し、三国干渉を行なったロシア・ドイツ・フランスの三カ国は警戒心を持った。シベリア鉄道建設を急ぐロシアをはじめドイツ・フランスは、アジアにおいて海軍力を強化しつつあるので、日本は戦争で獲得した新領土の防衛や清国の復讐戦に備えるため、早急な軍備拡張を必要とする。軍備拡張に加え、製鉄所の建設や鉄道・通信設備の整備や産業振興、そして戦後の教育・河川・港湾整備など経常歳出の増加に対応するために、賠償金の計画的使用や公債の発行および増税をしなくてはならないが、この増税に対し国民はなお堪えられる、我国の軍備拡張は、一日も緩やかにしてはならない（『阪谷伝』一六一頁）、と。

意見書了承されず

しかし、閣議でこの意見書は了承されなかった。年内および年明け早々にも酒造税改正・営業税法の新設による早期の増税実現が必要であると、意見書の末尾に書かれていた。それは早急な臨時議会開催を意味する。その加筆は松方によるものであろう。松方は遼東半島還付について、政府は臨時議会で説明するべきであると主張していたが、遼東半島還付問題で世論が政府に対して厳しい中、伊藤首相や陸奥外相らは松方の姿勢を倒閣の手段ではないかと「疑心暗鬼」を生じ、松方と対立することになった（徳富猪一郎編述『公爵松方正義伝』坤巻、六二五頁）。こうして松方は閣外に去った。

しかし、松方の名によるこの戦後財政計画は、ほとんど修正されずに次の蔵相の渡辺国武に引き継がれ、日露開戦に到るまで歴代の蔵相に踏襲された（大蔵省財政史室編『大蔵省史』第一巻、三二〇頁）。

日清戦争の勝利は、日本にとって「脱亜」への大きな第一歩を意味し、そのことが列強の極東アジアへの「進出」を促し、東アジアの国際秩序はまさしく「アームドピース」と言ってよい状態に立ち至った。松方や阪谷は、戦後の東アジアを予想し、軍拡のための増税と、それを可能にする富国策を戦後経営の主軸にしようと考えたのである。

極東における「アームドピース」は、日本に軍拡をもたらした。明治二九年（一八九六）以降の常備兵力を、陸軍は七個師団から一三個師団に拡大、同様に海軍は六万一〇〇〇トンあまりの艦艇保有総トン数を、一五万三〇〇〇トンとすることを、それぞれ目指すこととした。このための財源に、清国から得た賠償金だけでなく、公債による資金や「ドシコ」取ることとなった税金があてられた。財源は、初期議会において民党との争点であった地租の増徴ではなく、主に酒税をはじめとする消費税や営業税、そして葉煙草の専売事業に求められた。こうして財政規模は、たとえば明治二九年度には戦前の八〇〇〇万円台から二倍の一億六〇〇〇万円台に拡大し、さらに明治三五年には三倍を超える二億八〇〇〇万円台にまで膨張を続けた（同前、三一一頁）。毎年歳出に占める軍事費の割合も拡大し、戦前の明治二〇年代の約三〇パーセントから、明治三一年度分では約五六パーセントにまで拡大していた。

戦後経営の課題

しかし、財政需要の拡大は軍事ばかりではなかった、産業振興や港湾・道路・通信設備の拡充整備、そして新領土である台湾の経営、さらに三陸沖津波（明治二九年〈一八九六〉六月一五日）など、たび重なる災害復旧も、政府が取り組むべき最重要課題であった。また緊急の軍事費も必要となった。戦後経営が軌道に乗った明治三三年、北清事変が勃発し、日本も一万人余の軍隊を送ったが、そのための費用も必要であった。

「超然主義」の転換

こうして日清戦争後、議会と藩閥政府との関係は大きな転換期を迎えつつあった。すなわち、藩閥政府が明治二三年（一八九〇）の最初の帝国議会より取り続けてきた、政党に対して一定の距離をおく「超然主義」に修正がかけられたのである。日清戦争直後、第二次伊藤内閣は自由党に接近し、自由党総理の板垣退助を内務大臣として迎え入れた。伊藤首相は戦後経営のため、公然と政党と提携する道を選んだ。

その後の第二次松方内閣でも、これは踏襲された。首相の松方正義は、大隈重信の進歩党と組み、その内閣は「松隈内閣」と世上称された。しかし、ともかくこの内閣は組閣当初の大きな目的であった金本位制を実現させた。金本位制度成立にいたる経緯は、章を改めて述べることにする。

第五　金本位制度の導入

一　明治前期の貨幣制度

金体位制

話は遡るが、大蔵省は明治二〇年（一八八七）以来の銀の国際価格の大幅な下落に対応するため、明治二六年頃から金本位制導入を模索していた。金本位制度とは、金を一国の通貨価値の基準とする制度で、中央銀行が発行した紙幣と同額の金を常時保管し、金と紙幣との兌換を保証するものである。

銀価格の下落

国際社会における金一に対する銀の比価は、明治六年（一八七三）の一五・九二から、明治二六年には二六・四七へと大きく変化し、銀の金に対する価値はこの一〇年間で約四〇パーセント下落した（貨幣制度調査会調「世界金銀産出割合及同比価表」『日本金融史資料集』第一七巻、五八六頁）。それは、国際社会における銀産出量の増加の反面、金本位による金の需要の増加に対し、銀の需要が大きく低下したためであろう。

普仏戦争を機に、プロシアを中心に成立したドイツ帝国は、その二年後の一八七三

（明治六）年に金本位制を採った。この年、アメリカも金本位制の国となった。これを機に、金本位制に移行する国や地域が相継ぎ、一八九三（明治二六）年にインドが金本位制を採用することによって、この傾向にますます拍車がかかった。

新貨条例

日本では明治二年（一八六九）一一月、明治政府が、メキシコ・ドルと同品位の銀貨を本位貨幣とする旨を各国公使・領事に通告することにより、銀本位制の国となった。ところが明治四年五月、幣制を金本位制とする新貨条例が制定された。これは、アメリカに出張した大蔵少輔伊藤博文の建言を容れたものであった。それにより、それまでの多種かつ四進法で複雑だった貨幣制度から、一円金貨を原貨とする新硬貨と「円・銭・厘」の十進法の新制度へと改められた。

金銀複本位制の国

しかし、アジアの諸地域では現実に決済通貨としてメキシコ・ドルが使われることが多い、つまり銀本位制であることを考慮し、この新貨条例の付則は、開港場に限り貿易の決済通貨として、一円銀貨をメキシコ・ドルと並行して使用できる、としていた。さらに明治一一年（一八七八）、この貿易銀が地域場所を限定しない、無制限法貨となることによって、銀貨の全国的流通が可能となり、日本は金銀複本位制の国となった。

明治一五年（一八八二）に日本銀行が開業したが、この時の日本銀行券は銀兌換の紙幣であった。こうして日本は金本位を掲げつつも、国内通貨は銀兌換の日本銀行券が使われ、国際取引ではメキシコ・ドルと同位の一円銀貨が決済通貨として使われることが多く、形式的にはともかく、実質的な銀本位制による幣制が機能していた（岡田俊平「明治幣制改革における銀廃貨論」『成城大学経済研究』五八号、四一頁）。

そうだからこそ、国際的な銀価格の継続的かつ大幅な低下に対し、政府は何かしらの手を打たざるを得なかったのである。

二　貨幣制度改革をめぐる議論

貨幣制度調査会

かくして明治二六年（一八九三）一〇月、蔵相の渡辺国武は、谷干城《たにたてき》を委員長とする貨幣制度調査会を設け、幣制改革を目的とした調査と提言を依頼した。副委員長は大蔵次官の田尻稲次郎。大蔵官僚阪谷や添田寿一も委員会のメンバーであった。他に主だったメンバーとして、官界から原敬《はらたかし》（外務省通商局長）、若宮正音（農商務省商工局長）、学界からは阪谷と添田の先輩である和田垣謙三（帝国大学教授）、同じく後輩にあたる金井延（帝国大学教授）、政界から小幡篤次郎（貴族院議員、慶応義塾元教員）、堀田正養（貴族院議員、元近江国宮川藩主）、高田早苗（衆議院議員）、田口卯吉（エコノミスト、のち衆議院議員）、金融界・財界から川田小一郎（日本銀行総裁）、園田孝吉（横浜正金銀行頭取）、渋沢栄一（第一銀行頭取）、益田孝

（中外物価新報［後の日本経済新聞］主筆）が挙げられる。

特別委員会に参加

一〇月二五日に第一回総会が開かれ、会長の指名により、阪谷、添田、金井、園田、田口の五名が、特別委員として調査にあたることとなった。特別委員会は、委員長には園田孝吉が就任し、日清戦時下を含む都合三七回の会合を経て、一年半後の明治二八年三月二七日、報告書を提出した。その三日後の三月三〇日には第二回総会が開催され、若宮正音の動議により、特別委員会はこの報告書の検討に入ったが、委員長は新たに二名の特別委員を指名した。渡邉洪基（元東京帝国大学総長）と益田孝（元三井物産㈱社長）である。この人事は金本位制への移行を目指す大蔵省の意思を反映したものと思われ、後述のように、彼らはともに特別委員会の最終報告で金本位制導入に賛成するのである。

賛否拮抗

翌明治二九年五月二二日、調査会は特別委員会の報告を受け、幣制改革の必要性について採決をした。その採決では賛否が拮抗した。幣制改革の必要ありとする委員は八名、必要なしとする委員が七名であった。この日、原敬と若宮正音は欠席し、委員長の谷干城と副委員長の田尻稲次郎は採決に加わらなかった。改正の必要ありは、阪谷、添田、河島醇（衆議院議員）、栗原亮一（衆議院議員）、益田、渡邉、荘田平五郎（東京海上火災保険（株）社長）、田口卯吉の八名である。そのうち田口と荘田は、金銀複本位の採用を主張した。要するに、採決に加わった一五名のうち、金本位制そのものに賛成したのは六名に止まったのである。

金銀複本位制では、市場比価が法定比価に近いところで維持されることが、不可欠であることは先に述べた。それゆえ、さらに金銀比価の安定性を国際的に維持・管理する必要が出てくる。金銀複本位制採用の主唱者である田口卯吉は、そのための国際組織「各国同盟」を必要とすると主張した。

田口卯吉の主張

阪谷は金本位制移行派

他方、添田、渡辺、河島、栗原、益田、阪谷は金本位制への移行を主張した。阪谷は、

列強が皆金を採用して居るのに日本が独り銀になつて居ると滓《かす》を食ふから滓を食わぬやふにするのが宜しかろう

と、「学術上の問題」ではなく「実際問題」から金本位制への移行を主張した（「金貨本位実施満二十年紀念会記事」、日本銀行調査局編『日本金融史資料・明治大正編』第一七巻、六八一頁）。

「無制限通用」

ところで、阪谷を除く金本位賛成派の添田らは、金貨一本主義の立場を採り、銀貨の「無制限通用」を認めなかった。これに対し阪谷は、現行の一円銀貨（「貿易銀」と称して市中で通用していた）の「自由鋳造」こそ認めなかったが、金貨との法定比価を定めての「無制限通用」を認める立場を採った。いわば本質に抵触しない範囲で現行制度に配慮した、阪谷なりの判断である。

この時、阪谷は、ラートゲンが帰国後に著した『日本の国民経済と国家財政』でも触

れており、また東大での授業で呈したであろう、明治初年の日本における金本位制採用に対する苦言に思いを致したのかもしれない（第二章第四節参照）。しかし、阪谷はこのような妥協的判断をしながらも、金本位制実施の即行を主張した。これに対し添田らは、準備に止めるべきであるとか（添田、渡邉、河島、栗原）、時期の到来を待つ（益田）という、慎重主義の立場を採った。

反対派の主張

一方、園田孝吉、和田垣謙三、金井延、小幡篤次郎、高田早苗、堀田正養そして阪谷の岳父渋沢栄一は、幣制改革反対ないしは現状維持を主張した。現状、すなわち実質的な銀本位制が経済上日本の大きな利益となっていると、反対派の彼らは主張したのである。第一国立銀行を自ら立ち上げ、経営にあたってきた渋沢栄一は、単一本位制に対する懸念もあって、娘婿である阪谷との縁を切ってもよい覚悟で反対の論陣を張った。兌換制度のもとで、渋沢の銀行をはじめ、かつて紙幣発行権を有した一五〇余りの国立銀行（その後私立銀行に改組）は、しばしば少しの金銀比価の変動による取り付けに悩まされてきた。それゆえ金本位制採用によって、国家財政が国立銀行のような問題を抱えるようになるのではないかと懸念したのである。

渋沢栄一の回想

後年、渋沢は回想して次のように言う。

当日の各国立銀行を追想して、日本の国家をして同様の危険を踏ましめないやうにと思うて金貨制度尚早しと云うことを主張したのでございます。今更私に知恵がないことを慚愧しますが、其際は真に之に反対致しまして、阪谷氏などとは事に依つたら縁談を破却してまでもとの覚悟を以て論じたのであります（「金貨本位実施満二十年紀念会記事」七〇三頁）。

このように、大蔵省側は金本位制移行に向けての調査・準備を進めつつも、実際にはその実現には大きな障害があった。学界の一部や広く民間の反対に加え、金本位制度実施に足りうる金が絶対的に不足し、準備が整わなかったのである。

しかし、日清戦争の勝利により、清国から獲得した賠償金や遼東還付金を金で受領する見込みが立ったことによって、事態は一変した。

三　第二次松方内閣の成立と金本位制度の導入

松方閣外に去る

話は遡るが、第二次伊藤内閣の蔵相であった松方正義は、遼東半島割譲に関し列強の干渉を招く可能性が大きいとして、講和条約の内容に不満であった。加えて戦後経営の方針についても首相の伊藤博文と対立し、松方は幣制改革に着手することなく、入閣後五か月ほどして閣外に去った。

内閣総辞職

これに対し、伊藤は明治二八年（一八九五）一一月、自由党と提携することで内閣支持基盤の増強をはかった。しかし軍備拡張の規模が拡大し、松方の後任で蔵相となった渡辺国武のもと、償金の留保金の切り崩しや国債募集が策されたが、巨額の国債募集の目途を立てることができず、渡辺は辞任した。戦時外交を担った外相の陸奥宗光もすでに辞任していた。そこで井上馨は挙国一致の戦後経営を目指し、松方を蔵相、大隈重信を外相として入閣させるべく動いたが、明治二九年四月に入閣していた内相の板垣退助が大隈の入閣に反対したため内閣改造は頓挫、第二次伊藤内閣は総辞職に追い込まれた。

第二次松方内閣成立

こうして第二次伊藤内閣が倒壊した後、明治二九年（一八九六）九月一八日、第二次松方内閣が成立した。松方正義は第二次伊藤内閣に蔵相として入閣した直後、阪谷に対し戦後経営の基本方針を語っていた。その骨子は、増税と金本位制への移行であった。松方は、明治一九年に銀本位制の実施に成功したが、彼の最終目標は国際標準となりつつあった金本位制の実施であった。

先に触れた通り、金で賠償金を獲得したことは、松方にとってまさしく宿志実現の千載一遇の好機であった。しかも今回、彼は首相として蔵相を兼任した。自由党と提携して作成された前内閣の次年度予算案さえ飲めば、議会における自由党との対立は避けられ、改進党の協力を得ることによって、金本位制移行のための法整備も可能であった。

貨幣法案可決成立

かくして第一〇議会に、金本位制への移行を目的とした貨幣法案が松方内閣によって提出され、可決成立した。金本位制の採用により、その後の日本の経済的な国際信用力が向上し、その結果、貿易や外資の導入が促進され、外国債の募集が容易となった。後の日露戦争では戦費の約四割を外国債に拠ることになるが、金本位制の採用とその堅持がそれを可能にしたと言えよう。

四　政党内閣成立の衝撃と大蔵省

松方内閣の瓦解

第二次松方内閣は、首相の松方正義が大隈重信の進歩党と組んで金本位制への移行を目的とした貨幣法案を可決させ、組閣当初の目的を実現させると、その後は松方が軍備拡張計画の財源確保のために、増徴を目的とする地租改正を唱えるに至り、その提携は破綻に追い込まれた。

憲政党誕生

松方内閣瓦解を受け、組閣の大命は三度《みたび》伊藤博文に下った。彼は自由・進歩両党の支持を取り付け、衆議院を支持基盤として挙国一致内閣の組織を目論んだ。しかし、両党はともに内相のポストを要求して譲らなかったので、結局、両党の協力を得られないまま、第三次伊藤内閣は第一二議会に臨んだ。そして同内閣は、地租増徴法案を衆議院に提出したが、政党側の協力をほとんど取り付けることができず、二七対二四七という大差でそれは否決された。しかし、この法案への対応をめぐり両党は接近し、ついに両党は合体して、衆議院に絶対多数を有する憲政党が生まれるに至った。

第一次大隈内閣成立

こうした状況の下で伊藤は辞職を決意し、後継内閣の首班に大隈重信・板垣退助を推した。かくして、明治三一年六月三〇日に第一次大隈内閣が成立した。この内閣は、与党の憲政党のうち、旧進歩党出身の大隈が首相、旧自由党出身の板垣が内務大臣という内閣であったため、世上「隈板内閣」と称され、初の政党を基礎とする内閣であった。

この政党内閣の成立が各方面に与えた衝撃は大きかった。たとえば、山県有朋は七月二六日付で親近者に宛てた書簡で、次のように述べている。

本朝政海一大変動。遂に明治政府は落城して政党内閣と為りたる……敗軍之老将再び談兵の必要は無之。引退之他無之と存候（徳富猪一郎編述『公爵山県有朋公伝』下、三二九頁）。

大蔵省への余波

官界への衝撃も大きかった。大蔵省では大臣に元自由党の九州派のリーダーで憲政党の領袖松田正久がつくや、次官の田尻稲次郎が辞表を提出した。その田尻に代わって次官となったのが、阪谷のライバル添田寿一である。『添田寿一君小伝』によれば、この時、添田は田尻を大蔵大臣として大蔵省を政争の埒外におく必要性を大隈に説いたが、

松尾臣善（日本銀行提供）

結局容れられず、かえって平岡浩太郎（衆議院議員、のち憲政本党に所属）の奔走により、無理やり次官に推されたという（広渡四郎『添田寿一小伝』、一七頁）。また、添田が井上馨らに取りいった結果ともいわれる（南木摩天楼「新東京市長阪谷芳郎男」『太陽』第一八巻第一一号、三八頁）。

添田寿一の次官就任

この時、添田は監督局長であったが、内示を受けるや主計局長の阪谷を訪問し、次官就任について「相談」し（明治三一年七月三日「日記」）、その結果、添田は次官就任を承諾することとなった。理財局長の松尾臣善《しげよし》は、松田正久の蔵相就任に反発し、辞意を明らかにしたが、阪谷や添田の説得によりそれを撤回した。阪谷は七月三日の日記に、「三日（日曜）添田寿一大蔵次官の内命あり、来り相談す。……○夕松尾臣善を訪ふ。添田を呼ひ共に談す。松尾の辞職を止めたるなり」と記した。

松尾臣善

松尾臣善は、年齢こそ阪谷より二〇歳年長であったが、国債局や預金局など理財畑を中心に歩いてきた大蔵省創設以来の古参職員であった。彼は明治二四年（一八九一）八月より六年にわたり主計局長を務めたのち、理財局の主計局からの分離独立に伴い、主計局長職を阪谷に譲り、理財局長に転じた。阪谷は入省以来ほとんど主計局勤務であり、松尾はそこで阪谷の上司であった。しかし今や阪谷は局長として、大蔵省内での職位は松尾と同位である。阪谷らに説得され、憲政党内閣成立後も松尾は大蔵省に留まり、添田次官の下で阪谷とコンビを組んで大蔵省を主導していくこととなった。なお、この後このコンビは、日露戦争期に大蔵次官—阪谷、日本銀行総裁—松尾として、戦時財政と経済を切り盛りすることとなる（第六章）。

阪谷の不満と不安

さて、憲政党内閣の成立直後、阪谷は不満であり不安であった。添田から「相談」を受けた翌日、松方正義に手紙を送り「志」を述べている（「阪谷日記」明治三一年七月四日）。さらにその翌日、蔵相の松田正久と監督局長の後任について意見交換をした後、夕方、岳父渋沢を兜町邸に訪い、「志」を語っている（同、七月五日）。志あるがゆえの不満であり、不安であった。官僚として、省内の「出世競争」に同期の添田に敗れたという思いが、阪谷にもあったであろう。その不満や、長年主計局にあって予算作成を担ってきたことへの自負と、その立場を今後も維持できるかとの不安もあったと思われる。

田尻、大蔵省を去る

七月五日、添田は次官に就任し、この日、田尻稲次郎は大蔵省を去った。田尻が大蔵省を去る時、阪谷は井上馨前蔵相の秘書官を務めた書記官早川千吉郎と連名で、大蔵省有志代表として、田尻に長文の感謝状（明治三一年七月八日付『東京朝日新聞』に掲載）を贈っている。

田尻稲次郎が、大蔵卿松方正義のもとで国債局長に就任にしたのは、明治一九年（一八八六）一月である。以来、彼は銀行局長、主税局長を歴任し、明治二五年に蔵相の渡辺国武の下で次官となった。その後、松方—渡辺（国武）—松方—井上（馨）と、四代の大蔵大臣の下で次官を務め、明治三一年七月に至った。

田尻稲太郎（『北雷田尻先生伝記』上より）

田尻の功労

田尻は、「松方デフレ」とも呼ばれる、西南戦争時の戦費調達で生じたインフレ解消のために採られたデフレを誘導する政策をはじめ、中央銀行の設立、新会計法制定など財務・会計制度の確立、金本位制への移行を進めた。彼はいわば松方財政の実務面での担い手であった。さらに東京大学・帝国大学で講師を務め、阪谷、添田や若槻礼次郎、水町袈裟六、荒井賢太郎ら、その後に大蔵省の幹部となる人材をリクルートし、育てた。彼はさらに専修学校を中心に、財務・会計に携わる人材を多数育成した。そして、明治二八年一〇月に彼は華族に列せられ男爵に叙せられた。

阪谷の感謝状

そのような田尻が大蔵省を突如去ることは、政党内閣成立の衝撃の大きさを物語っている。感謝状を贈った大蔵省における有志惣代の一人早川千吉郎（帝国大学法科大学明治二〇年卒）は阪谷より三年後輩であり、田尻を通して大蔵省に入ったかと思われる。感謝状では、田尻の専修学校はじめ私立学校での教育についても触れられているが、彼のこうした省外での活動を熟知した阪谷が、おそらく万感の思いを込めて感謝状を書いたものと考えられる。

五　隈板政党内閣下の大蔵省と次年度予算

阪谷と添田の異なる道

憲政党内閣下での大蔵省の参与官には、阪谷や添田寿一が貨幣調査会で大蔵省側委員であった時、議会側委員であった栗原亮一が就いた。大蔵省ばかりではない。外務次官に鳩山和夫、内務次官に鈴木充美、司法次官に中村弥六、農商務次官に柴四朗、逓信次官に箕浦勝人と、政党に籍を置く人物が就任した。添田も「各省現在員並政党出身官吏」（「憲政史編纂会収集文書」七一二、所収）にその名を連ねている。

添田が党員であったかどうかは確認できないが、彼が次官に就任する数カ月前、衆議院議員選挙に立候補するため大蔵省を辞めようとして、田尻や阪谷から強く慰留された

添田寿一
（国会図書館編「近代日本の肖像」より）

ことがあったといわれる（明治三二年二月一六日付『東京朝日新聞』）。あるいは、このころから添田は政党に関係していたのかもしれない。また、彼はこの前後より労働問題をはじめ、広く社会問題に関心を寄せ、社会政策学会の立ち上げにも関与している。社会政策学会には、後に阪谷の岳父渋沢栄一も関係するが、阪谷自身は政党や社会問題の関係団体に関与することはなかった。この頃から阪谷と添田は、異なる道を歩んでいく。

第二次山県内閣発足

第一次大隈内閣成立から四カ月後の明治三一年一〇月、憲政党内閣が瓦解し、「敗軍之老将」山県有朋が再び台閣に立った。第二次山県内閣である。この山県内閣の成立とともに、蔵相の松方正義の下に田尻稲次郎が次官として大蔵省に復帰した。

添田、大蔵省を去る

一方、添田は憲政党内閣の瓦解とともに次官を辞し、大蔵省を去った。その後、彼は台湾銀行頭取、日本興業銀行総裁を歴任するなど政府系の金融機関で活躍することはあっても、大蔵省に戻ることはなかった。

歳出膨張と軍拡

ところで、憲政党内閣は第一三議会を迎えることはなかったが、次年度の予算案は、次官であった添田の下、すでに大蔵省により作成されていた。彼が内閣崩壊直後に公表した「明治三二年度予算ニ於ケル財政経済方針」(「阪谷芳郎関係文書」所収)によれば、予算案は二億三〇〇〇万円余りと、歳出の膨張に歯止めをかけることができなかった。

その最大の原因は陸海軍の軍拡であり、軍事費はその本質において殖産と相いれず、濫りにこれを増加させるときは自ら生産に益がないばかりか生産に使用されるべき他の経費の範囲を蚕食して一般経済上マイナスである、と重々認識してはいたものの、軍事費は「壱億万円」を切らせることができなかった(同前)、と添田は告白している。

田尻、大蔵省に復帰

明治三二年度予算は、まさしく政党内閣作成の予算案であった。後継の第二次山県内閣は藩閥内閣であったが、そのまま次年度予算案として踏襲した。要するに、大隈を首班とする政党内閣の予算案は、軍拡を志向する山県内閣が容認できる内容であったのである。田尻の大蔵省復帰はそれを物語る。それは、おそらく阪谷が強く希望したことでもあった。次官として田尻は、大蔵省を政党内閣誕生以前に戻すことに努めたであろう。

明治三一年の総括

憲政党内閣の四カ月間、阪谷が松方正義や岳父渋沢栄一らに「志」を語り、不満を述べた様子が彼の日記にうかがえることは前述した。官制改革・経費節減を政府に求める憲政党に対し、主計局長として阪谷は、新たな財源の必要性を説き続けた。その結果、彼は憲政党が嫌がる地租の増徴こそ一時見送ったが、砂糖消費税の新設や酒税の増徴、葉煙草専売価格の引き上げ、さらに所得税・営業税の増徴を、とにもかくにも実現させた。明治三一年（一八九八）の終わりにあたり、彼はこの年を、日記に以下のように総括する。

明治三十一年は伊藤侯一月に於て松方伯に代り総理大臣となり六月内閣再更迭あり、継て憲政党内閣となり又山県内閣となり政変多く頗る多事なり。財政就中《なかんずく》地租問題に付尽力す。……憲政党内閣時代は耐忍力を試むるの好時期なりき（明治三一年「阪谷日記」末尾の付記）。

六　立憲政友会内閣

憲政党の離反

憲政党内閣に続く第二次山県内閣は、明治三一年一一月に成立した。山県は旧自由党系の憲政党（旧進歩党系は憲政本党となる）と提携し、建前上は超然主義をとることを控え、五年という期限つきであったが、地租増徴を実現させることに成功した。他方、文官任用令の改正や文官懲戒令・文官分限令を新たに制定し、官僚組織に政党勢力が入り込む余地を限定した。また、慣例でしかなかった軍部大臣現役武官制を法令化し、軍部に政党勢力へのチェック機能を持たせた。こうしたことは、憲政党をして山県および山県系官僚勢力から離反させた。

このことは、星亨《ほしとおる》に率いられた憲政党を、新党結成を考慮していた伊藤博文に接近させることとなった。星らは憲政党を解党して伊藤系官僚勢力と結び、伊藤を党首とする政党を新たに組織した。ここに至り、自由民権運動以来、民党勢力の象徴的存在であった板垣退助は捨てられた。

立憲政友会成る

明治三三年九月一五日、阪谷は日記に「帝国ホテルにて政友会の発会」と記しているが、この日、立憲政友会の発会式が帝国ホテルで開催された。政友会創設に対し、山県とその配下の官僚勢力は大きく反発し、山県は内閣を投げ出し、後継内閣の首班に伊藤博文を推薦した。翌月、第四次伊藤内閣が発足した。それは政友会を基礎とした政党内閣ではあったが、外相・陸相・海相を別とすれば、旧自由党系の憲政党からの閣僚は逓相の星亨（のち原敬）以下三名で、他の閣僚は伊藤系官僚出身者であった。蔵相の渡辺国武もその一人で、彼は日清戦争当時の第二次伊藤内閣の蔵相でもあった。

第四次伊藤内閣発足

阪谷は政友会内閣の下、主計局長として大蔵省を主導し財政運営にあたった。時あたかも北清事変が一段落したところで、日本は中国大陸に一万人規模の軍隊を送っており、その後の駐留経費は不透明であった。そこで阪谷は派兵のため、前内閣が流用した一部基金への補塡と、戦後内閣の継続事業である増税計画の実施を急いだ。それは日清戦争

阪谷の増税計画

後、第三次の増税であり、酒税・石油輸入税の増徴と麦酒および砂糖消費税の新設である。これが実現すれば、三次にわたる増税の合計金額は九〇〇〇万円を超え、日清戦争直前の明治二六年度一般会計決算総額を凌駕することが見込めた。

貴族院反発

ところが、今回の増税に貴族院が反発した。それはまた、政友会内閣に対する反発でもあった。貴族院では第一五議会の開会を前に、山県系勅選議員を中心とした院内会派（以下、会派）「茶話会」の有力者平田東助や大浦兼武らが、子爵議員を中心とする会派「研究会」とともに、政友会内閣の包囲網を狭めつつあった（貴族院の院内会派については第一三章を参照）。年末年始の休会を挟んで第一五議会が再開されると、かかる貴族院の動きを察知した阪谷は、明治三四年一月二一日から二月一二日にかけ、研究会を皮切りに貴族院各会派のもとに出向き、それぞれ「増税を説明」した（「阪谷日記」）。阪谷の日記に見る限り、大蔵省の幹部が貴族院各会派に対し、財政上の案件を説明して回るということは初めてである。

増税法案の成立

二月一九日、酒造税法中改正法律案をはじめとする増税法案が、衆議院を通過して貴族院に回付されるや、この増税案に対し、反藩閥を標榜してきた谷干城らの庚子会ばかりか、茶話会、研究会など政府系と目されてきた会派までもが、政友会内閣に対して反対の意思を明確にした。そして二月二五日、貴族院特別委員会はわずか一日の審議で、酒造税法中改正法律案をはじめとする増税法案すべてを否決した。首相の伊藤は、この委員会の席上で、その貴族院通過を懇願したが、効果はなかった。さらに伊藤は山県や松方ら元老にこの対立の調停を依頼したが、貴族院側は聞く耳を持たず、不調に終わった。三月一二日に至り、伊藤は詔勅を奏請し、貴族院に妥協を迫った。こうして第四次伊藤内閣は、天皇の権威にすがることで辛くも増税法案を成立させたのである。

それにしても政府に対する議会の姿勢には大きな変化があった。一五議会以前は、衆議院が藩閥内閣にとって、増税をめぐる大きな壁であった。しかし、一五議会では、貴族院が政党内閣の前に立ちはだかった。このことは、政党内閣のその後の財政運営にも、少なからず影響を与えることとなる。

七　緊縮財政をめぐる閣内対立

緊縮財政提案

第一五議会終了後の明治三四年（一九〇一）四月五日、蔵相の渡辺国武は、日清戦争後の金融恐慌に伴う景気停滞とそれによる公債募集の困難性などを考慮して、明治三四年度における公債を財源とする一部事業の繰り延べなど、緊縮財政の実施を閣議に提案した。これに対し、児玉源太郎（陸相）、林有三（農商務相）、原敬（逓相）、末松謙澄（内相）らは反発したが、首相の伊藤博文は何とか閣僚らの了解をとりつけた（四月七日）。しかし明治三五年度以降の分については、そうはいかなかった。

閣議紛糾

四月一五日に開催された閣議で蔵相の渡辺は、明治三五年度各省予算の概算書作成について意見書を提出した。ここで渡辺は、公債によるすべての事業について、その繰り延べを提案し（明治三四年四月一七日付『時事新報』）、公債による資金が確保できなければ、それを財源とする事業の中止を提案した（『原敬日記』明治三四年四月一五日の条）。鉄道や通信事業を所管する逓相の原敬をはじめ、多くの閣僚が前回にも増して異論を唱え、この日の閣議は紛糾した。

もちろん渡辺の基本方針は大蔵省の意思である。明治三四年度における事業繰り延べの提案以来、緊縮財政を取ることへの説明のため、閣議には主計局長である阪谷も出席した（「阪谷日記」三四年四月五・七・一五日の条。なお『原敬日記』明治三四年四月五日の条には、理財局長の松尾臣善も出席したとの記載がある）。

「協議」を重ねる

日清戦争後の戦後経営は、国際収支の巨大な赤字と極度の公債募集難のため、その円滑な進行が妨げられていた（室山義正『松方正義』二九九頁）。大蔵大臣官邸では、各大臣の反発を考慮してか、公債問題について「終日会議」がなされた（「阪谷日記」四月一八日）。

しかし何れにせよ、対露戦略上、軍備拡張は不可避であり、公債募集が困難となれば政府事業を縮小し、緊縮財政を実行せざるを得ない。阪谷は、首相の伊藤より直接質問を受けたり（四月二四日）、外相の加藤高明から内々に財政問題について意見を訊かれたりした（四月二九日）。そして四月三〇日には、彼は内閣に出向き、伊藤首相、加藤外相、渡辺蔵相と終日次年度予算の概算について「協議」を重ねた（「阪谷日記」）。他方、四月三〇日前後に、阪谷は何度も渡辺国武を訪ね「内閣折合」のため、意見を交わしている（同前）。

政友会の内閣瓦解

しかし、伊藤博文は閣内不一致を収拾できず、ついに五月二日、政友会内閣は成立後七カ月で総辞職に至った。この時、渡辺は総辞職を肯《がえ》んぜず、その翌日、臨時代理首相となった西園寺《さいおんじ》公望《きんもち》（枢密院議長）の説得で蔵相の職を辞した。なお、伊藤と渡辺以外の大臣は、後継内閣が決まるまでの約三週間、臨時代理首相の西園寺の下で、閣僚の座にとどまり、蔵相は西園寺が兼任した。

八　桂内閣の誕生と日英同盟

桂太郎首相となる

政友会内閣の崩壊後、伊藤博文を除いた元老たち（井上馨、西郷従道、松方正義、山県有朋）は、後継内閣の首班を引き受けようとはしなかった。ただ、井上馨が渋沢栄一の蔵相就任を条件に首相就任に意欲を示したが、渋沢が固辞したため、井上内閣は不成立となった。結局、第四次伊藤内閣の陸相であった桂太郎が、山県の推挙により首相となる。

辞意を漏らす

こうして成立した桂内閣は、前内閣から留任した山本権兵衛海相を除き、平田東助（農商務相）、清浦奎吾（法相）、芳川顕正（逓相）をはじめ、全員が山県系官僚出身者だった。この政変で阪谷は、いったんは渡辺国武に殉じて大蔵省を辞めようとした。彼は井上馨や渋沢栄一そして松方正義に、それぞれ辞意を漏らしている（「阪谷日記」明治三四年五月三一日、六月一・二日の各条）。

阪谷、総務長官に就任

新内閣の蔵相は曾禰《そね》荒助《あらすけ》であった。六月三日、阪谷は曾禰に辞職を申し出たが慰留され、さらに井上馨に説得され、翌々日、主計局長のまま総務長官（明治三三年五月～同三六年一二月の期間における各省次官の呼称）に就任した。この日すなわち五日、阪谷は首相の桂を訪問し「志」を語っている（「阪谷日記」）。「志」とは渡辺国武らと語り練り上げてきた財政の基本方針であろう。なお、大蔵総務長官を辞した田尻稲次郎は会計検査院長に転じた。

予算案通過

桂内閣の下でも厳しい財政運営が続き、次年度の予算編成でも、前内閣崩壊の原因を作った厳しい財政事情はまったく変わらなかった。政府はいっそうの行財政整理によって財源の捻出を図る一方、民間の担税力は限界にきており、さらなる増税はできそうになかった。また、アメリカでの募債は不調に終わり、新たな公債による資金調達も困難であった。そこで阪谷は、清国から受け取ったばかりの北清事変の賠償金五〇〇〇万円の債券を大蔵省預金部に売却し、その代金三八〇〇万円を臨時歳入として次年度予算に組み込むことで歳入不足を補塡し、辛うじて明治三五年度の予算編成を完了した。この予算案に対し、衆議院で政友会が反対したが、阪谷の政友会側への根回しや井上馨や渋沢栄一らの斡旋により、この予算案は第一六議会を通過した。

日英同盟協約

ところで、この予算案が議会に提出された頃、桂内閣は日英同盟協約を締結した（明治三五年一月三〇日）。後述するが、ロシアは北清事変以来、東清鉄道保護を口実に満洲に出兵し、事変終了後も大軍を駐留させ、それが東アジアの安定に脅威を与えつつあった。これに対し日本の政界では、伊藤博文や井上馨らの日露協商による対立回避か、首相桂や外相小村寿太郎が推進する日英同盟を後ろ盾にロシアとの対決か、二つの対策が考えられた。明治三四年九月の伊藤のロシア訪問が刺激となり、イギリスが日本との同盟に積極的になった結果、伊藤、井上が桂らに歩み寄り、日英同盟協約締結に至った。

この日英同盟協約は、日英いずれかの国が第三国と交戦した場合、他の一国は厳正中立を守り、同様に二国以上と交戦した時、他の一国は参戦する義務を持つことを骨子とするものであった。さらに付属の秘密交換公文において、イギリスは日本に対し、極東の海域において「第三国」の海軍力すなわち露・仏海軍より優勢な海軍力の維持を求めた。要するに、イギリスは一世紀以上にわたった「光栄ある孤立」主義を捨て、日本と軍事同盟を結ぶことによりロシアのアジアへの進出を抑制し、日本が軍艦を中心としたさらなる自国の軍事産業の市場となることを期待した。ちなみに、「三笠」をはじめ、その後の日露戦争で日本海海戦を戦った主力戦艦の多くはイギリス製であった。

経済的な信用向上

なお日英同盟は、日本に対し軍備拡張を強いた半面、先の金本位制への移行と相まって、国際社会における日本の経済的な信用を向上させた。それは海外市場における日本の既発外債の価値を上昇させ、それはまた新たな外債募集を可能にした。

第六　日露戦争と戦時財政

一　開戦前夜と大蔵省

ロシアの南進

明治三三年（一九〇〇）の北清事変の勃発以来、ロシアは満洲に軍隊を出し、その数は増加の一途を辿った。日本やイギリスの反発もあり、ロシアは一九〇二年に、一時その一部を撤兵させたが、翌年四月には撤兵どころか、かえって軍隊を増強した。翌五月、ロシア側は朝鮮に侵入を開始し、中朝国境の大河鴨緑江左岸の龍巌浦を占拠して、龍巌浦と対岸の清国領安東県に駐留するロシア軍の基地とを結ぶ電信線を川底に敷設した。さらに、ロシアは朝鮮政府に対し、龍巌浦の租借を申し入れた。これは日本政府の抗議により実現することはなかったが、ロシア軍による龍巌浦占拠は続いた。これに対し、日本政府は明治三六年六月、ロシアに対し撤兵に向けての交渉開始を決定、その旨をロシア側に申し入れた。

日露戦争の勃発

八月には交渉の基本事項について、事前に意思疎通を図るための予備交渉が実施され告した。

大蔵省の対応

た。しかし、一〇月初旬から始まった日露交渉は、翌三七年一月中旬に暗礁に乗り上げ、日本政府は二月六日、交渉打ち切りをロシア政府に通告した。二月八日、陸軍は先遣部隊を仁川に上陸させ、連合艦隊は旅順港外のロシア艦隊を攻撃し、九日には仁川沖に停泊するロシアの軍艦二隻を撃沈した。そして二月一〇日、日本はロシアに対し宣戦を布告した。

これより前、日露関係が緊迫していくなか、大蔵省はこの交渉がうまくいかないことを察知し、事前に独自の戦時体制構築に向け行動を開始していた。阪谷は当時を次のように回想する。

……大蔵省ではこれは到底この談判〔日露間の交渉〕は破裂すると云ふ覚悟も持つた。その時の大蔵大臣は曾禰荒助さんで、私が次官をしておりました。当時その準備にかかるに就いて日本銀行総裁が遠からず満期となつている。当時は山本達雄さんがやつておられた。立派な総裁ですが、何しろ戦時財政になればもう大蔵省が日本銀行を乗取つて終《しま》う覚悟でなければ不可《いけ》ないと云ふ議論で、山本さんに辞めて貰つて後任の総裁に当時大蔵省の理財局長をしていた松尾臣善氏になつて貰ひ、日本銀行を大蔵省の自由にして終う覚悟をした（阪谷芳郎「三十年前の非常時財政」、時事新報社編『回顧三十年日露戦争を語る―外交・財政の巻』一九～二〇頁）。

意表を突く人事

松尾臣善《まつおしげよし》が六代目日本銀行総裁に就任したのは、明治三六年（一九〇三）一〇月である。五代目の山本達雄（在任一八九八〜一九〇三）は重任されなかった。阪谷にとって大蔵省の先輩であり、「大蔵省の生字引」（若槻礼次郎『明治・大正・昭和政界秘史—古風庵回顧録—』六〇頁）と称された松尾を日本銀行総裁としたのは、ロシアという大国との戦いの前に、大蔵省を財政・金融の司令塔にしようとする蔵相の曾禰荒助と次官の阪谷の意図によるものであった。漸次、民間資本の蓄積に伴い、三代、四代、五代と三菱系の民間出身者による総裁就任が続いてきただけに、これは世間の意表を突く人事であった。兵器・弾薬など軍需品の輸入確保と戦費調達のためには、正貨を確保して金本位制を維持することが不可欠であり、そのためには大蔵省が戦時の金融・財政の司令塔たらざるを得なかったのである。

二　日露戦争の戦費—非常特別税—

戦費

ロシアとの戦争は一年半に及び、その間の戦死・戦病死者は八万人余、戦費は日清戦争のそれをはるかに超え、ほぼ二〇億円におよんだ。後者について言えば、明治三六年度の一般会計歳入が二億六〇〇〇万円であったことからすれば、日露戦争の戦費は実に

トロイカ体制

井上　馨

その七・七倍である。

　この戦争は、軍事面だけでなく、財政的にも、日本にとってきわめて厳しい戦争であった。開戦に際し、井上馨・松方正義の二人の元老は、大命により大蔵大臣の顧問ということになっていた（阪谷「三十年前の非常時財政」二二頁）。それゆえ戦時財政は、蔵相の曾禰荒助・井上・松方のトロイカ体制によることとなった。三者を調整しつつ、それを支えたのが阪谷である。

　この膨大な戦費の大半は公債で賄われた。「国庫債券」と名付けられた四億八〇〇〇万円にのぼる内国債が公募され、それを上回る巨額の外国債がニューヨークとロンドンで募集された。戦時中、英米両国から調達した資金は合計八二〇〇万ポンド、日本円にして約八億円で、それは戦費総額の四割を占めた。この公債については後で触れる。

大増税

　戦費調達のため、まず行われたのは多種税目におよぶ大増税である。それは「非常特別税」と呼ばれ、戦費調達のみを目的とした臨時のもので、戦争終結後は廃止されるものであった（終結後も戦後経営のために存続されることは後述）。非常特別税は、明治三七年二月から翌三八年九月までの戦時において、二度にわたって実施された。

非常特別税

この戦費捻出のための「非常特別税」案を、明治三七年（一九〇四）三月二六日の第二〇議会で成立させるべく、政府と政党との間で、事前に調整がなされた。もちろん衆議院解散（明治三六年一二月一一日）に伴う総選挙実施（明治三七年三月一日）の結果を踏まえてのことである。

すなわち、政府は四億二〇〇〇万円の戦費の一部財源として、六一三〇万円の増収を予定し、三月一一日の蔵相官邸での曾禰・井上・松方の協議に続き、一四日には首相官邸で戦時財政会議が開催され、臨時軍事費予算案とその財源に関する非常特別税法案などが、政府案として確定された。そして一五日に、それが蔵相より政党側に内示された。

政党幹部との論議

この日、井上馨は次官の阪谷に対し、未曾有の大増税案を実現できるよう、蔵相曾禰の政友会や憲政本党幹部への対応について、どれこれを節約するなど言うのは戦略上得策ではないので、阪谷から蔵相に注意するように申し入れている（明治三七年三月一五日付阪谷宛井上馨書簡、『阪谷芳郎書簡集』一一二頁）。

『世外井上公伝』によれば、政党幹部との話し合いは井上邸で行なわれ、「大蔵省」側は阪谷と松尾臣善が出席し、蔵相の曾禰荒助は出席していない。井上から阪谷への申し

法案、議会を通加

入れにより、この日の「大蔵省側」の政党への対応に、急遽変更がなされたのであろう。ここで、まず井上馨から「大いに挙国一致の精神を以て、政府の計画に賛成してもらいたい」(『世外井上公伝』五、五六頁)との挨拶があった。井上はまるで蔵相である。阪谷の日記でも、このころから蔵相の曾禰に代わって、顧問井上との交渉に関する記述が目立つようになる。

さて、阪谷は井上の後を受け、戦費や税法の説明をし、さらに「政府のこの計画は悉く悪税であるが、国家の富力が進んでいないから已むを得ぬ……国を賭しての戦争であるから、皆様も納得して頂くより仕方がない」(同前、五六~五七頁)と付け加えた。これに対し、二、三の質問は出たが議論はなかった。憲政本党の鳩山和夫が「政府自らも悪税と認めているのであるから良いではないか。今大蔵次官のいはれる通りであるから、この先追求して見たところで仕方がない。戦争に勝つた後の話は別だ。全然政府に賛成しようではないか」(同前、五七頁)と述べ、誰一人異論はなかったという。この政府—政党間の話し合いにより、政府の目論見額は一割余り削減され、五四〇〇万円となった。

こうした経緯を経て、ともかく第一次の増税は、増税関連法案を一本化した「非常特別税法」案が戦争終結の翌年度末までとする時限立法という形で、衆議院で一部修正されながらも明治三七年三月二八日に第二〇議会を通過した。

これにより、地租、所得税、営業税、酒税、醤油税、砂糖消費税、織物消費税など、国民の日常生活に関係する諸分野での増税が実施されることになり、塩、毛織物、石油、絹布の消費税が新設された。さらに、既存の葉タバコ専売に加え、全面的な煙草専売制度が実施され、八〇〇〇万円あまりの増収がはかられた。

三　第二次非常特別税

続く第二次非常特別税は、戦費が増大し、第二次予算が必要となったことによる措置である。それは明治三七年一二月、第二一議会での非常特別税法改正案の可決という形で実現した。実現にいたる経緯は次のようなものであった。

これより前、明治三七年九月二一日に開かれた「大臣元老財政会議」を皮切りに、翌年度の「臨時事件費」、すなわち戦費予算に関し、阪谷は各種の会議を頻繁に開いている。九月二一日の会議を踏まえ、三〇日には「税法会議」が開かれた。ここで再度増税の可能性が検討されたのであろう。一〇月に入り、一一日に阪谷は井上馨を訪れ、翌日には蔵相官邸で「元老財政会議」が開かれている。そして一四日には次年度の戦費について、元老と閣僚との合同会議がもたれた。

阪谷の日記によれば、一四日の会議に出席したのは、伊藤博文、山県有朋、松方正義、井上馨の四元老と、政府側から桂太郎（首相）、曾禰荒助（蔵相）、寺内正毅（陸相）、山本権兵衛（海相）、そして大蔵総務長官の阪谷である。当初、阪谷ら「大蔵省側」は、短期間での二回にわたる増税は困難であるとの見解に立ったが、この会議の席上、松方から「砂をかんでも戦をせにゃならんのに、増税ができないことがあるか」と督励され、阪谷らは第二次増税に踏み切ったという（大蔵省財政金融研究所財政史室編『大蔵省史』第一巻、三六九頁）。

合同会議

閣議決定

こうして一〇月二二日、首相官邸で明治三八年度予算概算に関し閣議が開かれ、翌二三日、「三十八年度概算閣議決定」（阪谷日記）に至った。そして一一月一六日、井上邸で政府側と政友会・憲政本党の総務委員との会談がもたれ、政府側は両党に協力を求めた。出席者は政友会―元田肇・原敬・松田正久・杉田定一、憲政本党―大石正巳・鳩山和夫・箕浦勝人、政府側から首相の桂以下、曾禰・寺内・山本・阪谷の五名である。

第二回増税案では、先の諸項目についてさらに加徴され、新たに通行税も設けられ、必ずしも戦費調達が目的ではなかったが、恒久税として相続税が導入された。この二回にわたる増税は、戦費全体では一割余りでしかないが、国民にとって大きな負担となった。

直接国税

直接国税について言えば、二回の増税で、地租は市街宅地の税率が地価の二・五パーセントから二〇パーセントへ、同じく郡部宅地のそれは二・五パーセントから八パーセント、その他の土地については二・五パーセントから五・五パーセントに、それぞれ変更された。所得税は公・社債の利子については据置かれたが、それ以外の個人・法人所得は第一次において一律七〇パーセントの増徴、第二次では累進性を持たせつつ、総じて八〇パーセントが加徴された。営業税も同様に、第一次で一律七〇パーセントの増徴、第二次ではさらに加えて一律八〇パーセントの増徴であった。

国民の経済負担

二度の増税による明治三八年度の増収は、実に一億一六〇〇万円にのぼる。煙草など専売収入を別にして、三八年度の税収に限って言えば、直近の平時である明治三六年度一般会計歳入の約四五パーセントにあたる経済負担を、政府は国民に強いたことになる。

四 内債発行

公債募集の協力を依頼

先述のように、日露戦費のほぼ八割は公債で賄われた。それはどのように調達されたのか。

日露関係が緊迫するなか、政府は内外での戦費調達のための公債発行を計画し、そのための瀬踏みを開始していた。明治三七年一月八日、阪谷は日銀総裁の松尾を関西に派遣し、公債募集について銀行関係者に協力を依頼した（「阪谷日記」明治三七年一月八日の条、同年一月九日付『朝日新聞』）。続いて一月一八日、今度は在京の銀行関係者が蔵相官邸に集められた（阪谷日記」明治三七年一月一八日の条）。西野清与作『歴代蔵相伝』によれば、この日の主人側は曾禰（蔵相）と阪谷（次官）の外に、目賀田種太郎（主税局長）、水町袈裟六（理財局長）、荒井賢太郎（主計局長）の各局長、来賓は松尾臣善（日本銀行総裁、大蔵省ＯＢ）、豊川良平（三菱合資会社支配人、三菱銀行部長）、早川千吉郎（三井同族会理事、三井銀行理事、大蔵省ＯＢ）、園田孝吉（第十五銀行頭取）、池田成彬（三井銀行営業部長）、馬越恭平（大日本麦酒社長）、佐々木勇之助（第一銀行取締役）らで、渋沢栄一は招待されたが、病気で欠席した。

この席で、大蔵省側は金融界の指導者たちに、戦時の公債募集について協力を求めた。これは政府側から求めて実業界の指導者たちと懇談をし、さらに政府が財政運営についてその協力を求めた最も早い例であろう。なお、その後、この会合を記念して、この時の来会者がそのとき食した料理にちなんで「鮟鱇《あんこう》会」を作り懇談を続け、同様に実業家と政府関係者のもう一つの集まりである「鰻《うなぎ》会」ができたという。両者は日露戦争および日露戦後の公債に関する政策遂行に、有効に機能したという（西野清与作『歴代蔵相伝』一一八頁）。

日露開戦から終戦までに、内債発行は五度に及んだ。阪谷ら大蔵省側は、それぞれその前後に銀行家を集め、公債募集に関し協力依頼を続けたことは、彼の日記に明らかである。阪谷ら大蔵省側はことの外、内債発行完遂を重視した。

五度の内債発行

さて、この戦時内債は、既存の内債とは別に「国庫債券」の名のもとに発行された。従来の内債は年利五パーセント、五年間の据置期間を置いた後、五〇年の償還が条件であった。金利はともかく、この公債は償還期間が長く、国民には不評で、先の日清戦争が終わった翌年の明治二九年（一八九六）に一〇〇〇万円を発行したのが最後で、その後、公募ができない状態にあった。

四億八〇〇〇万円調達

この状態を配慮してか、「国庫債券」は年利五パーセント、償還期間五年、発行価格九五円という、従来からすれば破格の条件によった。内債に加え、さらに巨額の外債発行を見込む大蔵省は、内債募集に成功することが外債募集の前提条件であった。すなわち、内債発行の成否が外債の発行条件とも連動し、その成否に深く関わってくることが予想された。結局、内債は明治三七年（一九〇四）三・六・一〇月、明治三八年三・五月の五回発行され、三回目を除き各回一億円の募集であった。政府は、公社債利子に対する所得税を増税の対象としないなど優遇措置を講じたり、知事・郡長など地方官を総動員しての募集活動を展開した。その結果、毎回募集額をはるかに上回る応募があり、政府は五回の募集で四億八〇〇〇万円を調達した。

五　外債発行と正貨危機―高橋是清の欧米派遣―

高橋是清の渡欧

宣戦布告から二週間ほど経った明治三七年（一九〇四）二月二四日、日本銀行副総裁の高橋是清が、外債募集のためニューヨーク・ロンドンに向け新橋を出発した。出発に先立つ二月一八日には、首相の桂太郎主催の送別会が首相邸でもたれ、伊藤博文や山県有朋の来会こそなかったが、松方正義、井上馨、曾禰荒助、小村寿太郎、松尾臣善ら、およそ日露戦争における財政・外交のほとんどの指導者が集まり、高橋の成功を祈った（「阪谷日記」、二月一八日の条）。しかし、この高橋が出発にいたるまでも、さらに渡欧先での交渉も順調にはいかなかった。以下、その経緯をみていく。

阪谷の奔走

阪谷は、開戦前後より日本銀行や横浜正金銀行のルートを使い、欧米の日本に対する姿勢を探らせたが、欧米では日本の負けだろうと考えられており、外債募集などは思いも寄らない、との情報が入った。阪谷や松尾は、外債募集のための財政特派員として、当初から英米の金融界に知人を多数もつ高橋是清を考えていたが、蔵相の曾禰は高橋に多少難色を示し、井上馨は自身の蔵相時代に秘書官であった早川千吉郎を推した。

また、阪谷は高橋を第一候補としつつも、日本にとって厳しい欧米の情報を考慮して、イギリス留学の経験を持つ添田寿一〔元大蔵次官〕にも、業務の一端を担わせてはどうかと考えていた。結局、特使は高橋是清ひとりと決まったが、出発直前に添田のことを聞きつけた高橋は、添田に任せて自分は辞退すると言い出し、阪谷らは彼を宥《なだ》めるのに苦労したといい、外債募集について次のように語る。

何しろ内地〔日本国内〕では日々兌換により金貨の引出しが烈しい、段々金貨が無くなつて終つて金の地金を造幣局に廻して鋳造させるが、何分造るよりは引出され方が早いので、松尾さんも心配して何《どう》しようと云つてくる。……どんどん交換してやるんだ、グズグズすると余計足元を見られて困る、だから無くなるまでやれ、と云ふ騒ぎなんだから早く外国債を成立させたい。それでなければ為替の出会いがつかない。……高橋さんがロンドンへ行つて当たつて見ると僅か百万磅《ポンド》や二百万磅でも難しいと云ふやうな有様で殆ど見込みがなかつたです。最初はそこで松尾さんはもう兌換をやめたほうがよかろうと云ふ。……私は「高橋さんを倫敦《ロンドン》にやつて金を借りようと云ふのに、ここで兌換を止めては日本の財政が破綻していると観られる、それでは金を貸す人がない、なければ為替の出合いもつかない。これから戦は何年かかるか判らない。軍需品が買へない計《ばか》りか財政は破綻しなければならぬ。……鴨

高橋是清

緑江方面の黒木〔為楨《ためもと》〕軍が五月には露軍と戦いを交へると云ふことになるから、もう少し待つ方が好くはないか。五月まで兎に角待つて鴨緑江軍が敗れでもしたら到底駄目だが、それまで見てみやう。……」と云ふと、松尾さんは承知しました。……井上さんはなかなか承知しない。……私は「敗けた時には凡ての財政は毀れるが、阪谷は戦を勝つものとしてやつている」と云ったものである（前掲「二十年前の非常時財政」二六～二七頁）。

国富の流出

開戦前後から数カ月間、金兌換による金の流失が止まらず、月々一〇〇〇万円あまりのペースで海外に金が出ていった。先述の通り、煙草を全面的に専売とすることによる年間増益額が八〇〇〇万円である。それ以上の国富が、わずか一カ月で海外に流失していた。これが止まるのは、高橋是清がロンドンでの外債募集に成功して以降のことである。

金本位制を維持することで国際的な信用を確保することが、軍需物資の海外からの調達を容易にする。そのためには、金にリンクする正貨を確保することが不可欠であった。

戦争遂行のためには、金にリンクしたポンドを大量調達する必要があったのである。

外債発行に成功

しかし、ことは順調にいかなかった。高橋是清は、まずアメリカで公債募集の可能性について各方面を打診したのち、三月末にイギリスに渡り、翌々月、彼はやっとのことで外債発行に成功した。第一回、六分利付英貨公債一〇〇〇万ポンドがそれで、六分という高利回りに加え、三年据置きの後に四年で償還と短期であった。しかも、関税を担保にとるという条件が付けられていた。

条件劣悪

購入する側にすれば、この公債は短期かつ高利回りで有利だが、発行する側からすれば、高利息・短期償還の公債は条件劣悪と言わざるをえない。阪谷にとっても待望の公債であろうが、五月八日の日記に「英貨公債倫敦にて仮契約済」と素っ気ない。当初、政府は利息五パーセント以下、一〇年据置、四五年という長期償還を考えていたが（『大蔵省史』一、三七八頁）、その条件ではとうてい公債を募ることはできなかったのである。

正貨危機去る

ヨーロッパ金融筋はロシア優勢と見ていたから、開戦前後よりロンドンの日本国債の市価は下落し、新規国債の募集に市場の人気はなかった。前述のように日本の正貨事情は悪く、開戦前後より月々一〇〇〇万円余りの正貨が流失し、四月から五月にかけての正貨準備高は八〇〇〇万円となっていた。これに対し兌換券の発行高は、三億六〇〇〇万円に達する見込みであった（同前、三七八〜三七九頁）。日本銀行と大蔵省は金本位制を維持し、戦争を継続するためにも、ポンドによる外債成立を渇望していたにちがいない。ともかく、イギリスに続いてアメリカにもシンジケートが成立し、日本は英米半々で一〇〇〇万ポンドの公債発行に成功した。こうして、いったん正貨危機は去った。

募集条件の援助

日本政府はこの年の一一月にも一二〇〇万ポンドの外債を募集し、同様に米英での発行に成功したが、ロンドンでの外債価格の低迷や戦局の停滞もあり、発行条件の改善はなく、シンジケートの手数料などが若干上昇した。翌明治三八年の戦時中に、三月と七月の二回、外債の募集があった。それぞれ三〇〇〇万ポンド（約三億円）の公債がロンドンとニューヨークで募集され、ともに年利四・五パーセント、五年据え置きの後、償還期間は一五年、担保は煙草専売収益金であった。今までと同様に、ロンドンとニューヨークのシンジケートが、半額ずつを受け持つこととなった。すなわち同年一月の旅順陥落以降、日本軍の優勢が伝えられると、この年三月の外債の募集条件はたちまち緩和されたのである。

前年五月の第一回外債募集の際とは対照的に、阪谷は日記に、次のように書き付けた。

・高橋是清氏倫敦より来電。公債三億成立の件に付桂、曾禰両相の使として井上伯を大森の別邸に訪ふ（三月二二日の条）

・公債三億半額ずつ倫敦紐育《ニューヨーク》にて発行大成功（三月二八日の条）

ロンドンから公債成立の第一報が入るや、首相・蔵相に代わって阪谷が、財政顧問の井上馨にその旨を報告している。今回の条件こそ、当初大蔵省が外債募集に予定したものであった。なお七月の募集の際には、三国干渉の一角を占めたドイツにもシンジケートが成立し、さらに戦後の一一月に募集された二五〇〇ポンドの外債は、年利四パーセント・据え置き期間一五年・償還期間一〇年であり、ドイツに加え、さらにロシアの同盟国フランスにもシンジケートが成立した。日清戦争直後、阪谷は「三国干渉」を行なったロシア・ドイツ・フランスの三カ国を「三国同盟」と称したが、この同盟はここに崩壊したと言ってよい。

三国同盟の崩壊

一〇億円の外債の発行

こうして戦争中から戦争終結直後にかけて、五回にわたり合計一億七〇〇〇万ポンド、日本円にして一〇億円余り（明治三六年度一般会計歳入の四倍）の外債を発行することで、巨額の輸入超過にもかかわらず、明治三八年末の政府・日本銀行の正貨保有額は四億八〇〇〇万円を確保した。開戦直後のほぼ五倍である。外債募集は、戦費調達だけでなく、金本位制の維持にも貢献したのである（『近代日本戦争史』第一編、五八六頁）。

六　ポーツマス講和条約締結

ポーツマス講和条約

明治三八年（一九〇五）三月の奉天会戦、および五月二七・二八日の日本海海戦での日本の勝利を機に、アメリカ大統領セオドア・ローズベルトが日露間の斡旋に乗り出し、八月九日、両国はアメリカ東海岸のポーツマスでの講和会議のテーブルについた。日本全権は外相の小村寿太郎、ロシア全権はセルゲイ・ユリエヴィッチ・ウィッテである。

会議はしばしば暗礁に乗り上げたが、九月五日、両国全権は講和条約に調印した。その主な内容は次の四点である。①ロシアは韓国に対する日本の指導・保護・監理を承認する、②清国の承認を条件として、ロシアは遼東半島の租借権および長春以南の東支鉄道支線とその付属の権利を日本に譲渡する、③ロシアは北緯五〇度以南の樺太とその付属島嶼を日本に割譲する、④沿海州とカムチャツカの漁業権を日本国民に許与する。

韓国の支配権獲得

この条約によって、日本は韓国に対する実質的な支配権を獲得した。ロシアとの講和条約調印前、日本は、米大統領の特使である陸軍長官タフト（前フィリピン総督）と首相桂太郎との会談による協定で、アメリカはフィリピンの対日安全保障と引き換えに日本による韓国の保護国化を認め（七月）、イギリスは第二次日英同盟協約によって同様に日本による韓国支配を認めた（八月）。ポーツマス条約締結は、米・英・露三カ国による日本の韓国支配を、政治的にも可能とするものであった。

講和条約に調印する数日前、阪谷は、日本銀行総裁の松尾臣善と理財局長水町袈裟六とともに、井上馨より講和について内示を受けていた（「阪谷日記」明治三八年九月一日の条）。おそらくこの日に、阪谷らは講和条約の最終的内容について知らされたであろう。

日比谷焼打ち事件

ところで、このような条約の内容が日本に伝えられると、賠償金が取れなかったことや獲得できた領土が少なかったことに対して、国民の不満が噴出した。九月一日付『万朝報』は「弔旗を以て迎へよ」と題した社説で、全権の小村寿太郎を非難した。九月五日、東京の日比谷公園で行われた講和問題同志連合会主催の講和反対国民集会で、参加者が暴徒化し、当日から翌日にかけて『国民新聞』など政府寄りの新聞社、交番、市内電車を焼き打ちした。政府は九月六日、東京府内に戒厳令を敷き、暴動の沈静化をはかった。

第七　日露戦後経営と大蔵大臣阪谷

一　桂園時代の幕開けと入閣

日清戦争の時とは異なり、日本は日露戦争で賠償金を獲得できなかった。そのことが日清戦争時の数倍の借金に加え、日本の財政を硬直化させ、戦後経営を一層困難にした。

非常特別税継続

第一次桂内閣は、日露戦後の基本方針として、①明治三九年度をもって臨時軍事費特別会計を終了する、②戦時中の公債整理とその管理のための臨時国債整理局の設置、③非常特別税の継続、④鉄道国有化、の五点を掲げた。先に触れたように、③の非常特別税の継続により、国民の負担はさらに増えることとなった。

公債整理

戦後経営の中核は大蔵省である。一〇月二日、阪谷は全国商業会議所連合会総会に出席し、戦後財政について講演をしている（阪谷日記）。そこで彼は、公債整理が戦後最大の課題であると述べた（一〇月三日付『東京朝日新聞』）。翌月、臨時国債整理局官制が発布され、局長には阪谷があてられた。日露戦争で五次にわたって発行された内国債や外債は、それぞれ時期により利率・据置き・償還期間、担保の条件が異なり、当初のものは概して財政上、不利であり、その借換えや償還が、最も緊要な財政上の課題だった。

桂内閣総辞職

そうこうしているうちに明治三八年（一九〇五）一二月二一日、韓国の日本の保護国化を策した第二次日韓協約を締結し、年明け一月七日、桂内閣は総辞職した。桂内閣は、日英同盟を締結し、日露戦争を戦った五年におよぶ長期政権であった。明治初年以来、日本は朝鮮国との関係をめぐり清国やロシアと対立し、ともに戦争にまで発展したが、その朝鮮問題について、日本による保護国化という「一応の目途」をつけての退陣であった。

桂園時代

後継首班は、政権運営に協力した政友会総裁の西園寺公望（この時、枢密院副議長）である。以前より、首相の桂太郎と政権運営に協力してきた政友会との間で、政権引き渡しの交渉が進められてきた。特に原敬は総務委員としてその交渉の中心にいた。以後、桂と西園寺・原との信頼と相互依存の関係は、桂系官僚勢力と政友会との間での政権の授受を可能にした。いわゆる桂園時代の幕開けである。

蔵相就任の要請

前政権が総辞職する二週間ほど遡る明治三八年一二月一九日、早くも井上馨から、そして二二日には蔵相の曾禰荒助と首相の桂太郎から、阪谷にそれぞれ次期蔵相就任の要請があった。阪谷は日記に「入閣に付談あり」と、両日にわたり記録している。しかし阪谷は逡巡した。二四日は日曜日であったが、井上から再度「入閣に付」話があった。この日、おそらく阪谷は井上に呼び出されたのであろう。二六日に、日本銀行総裁の松尾臣善に自らの入閣について相談した後、三〇日に桂のもとを訪れ、再度入閣について話をしている。おそらくこの時、阪谷は承諾する意思を桂に伝えたのであろう。その翌日、彼は主税局長の若槻礼次郎を呼び出し、次官の後任人事について談じている（「阪谷日記」明治三八年一二月三一日の条）。

年が明け、阪谷は、かつての上司であり恩師でもある田尻稲次郎に対し、蔵相に内定したことを、「小生愈々蔵番とのこと略内定」と報告している（〈明治三九年〉一月六日付田尻宛阪谷書簡、「阪谷芳郎関係文書」）。会計検査院長であった田尻は、「大慶大慶大にやるべし」と、阪谷の出した手紙の裏を使って応じた（同書簡裏）。

明治三九年一月七日に誕生した新内閣、第一次西園寺内閣の顔ぶれは次の通りである。

第一次西園寺内閣

内閣総理大臣	西園寺公望	司法大臣	松田正久
大蔵大臣	阪谷芳郎	文部大臣（兼任）	西園寺公望（明治三九年三月二七日より牧野伸顕）
外務大臣	加藤高明	陸軍大臣（留任）	寺内正毅
逓信大臣	山県伊三郎	海軍大臣	斎藤実
農商務大臣	松岡康毅		

内務大臣　原敬　――
井上馨や桂太郎らとともに閣僚選考にあたった原敬によれば、松岡は貴族院、山県伊三郎は養父山県有朋、牧野伸顕は薩派へのそれぞれ配慮、斎藤は前海相の山本権兵衛からの推薦、阪谷は「不十分なるも、一時可ならんと井上伯の内話に基きたる」（『原敬日記』明治三九年一月七日の条）人事の産物であった。この内閣は政党内閣ではあったが、政友会員は首相の西園寺公望と内相の原敬、法相の松田正久の三名に限られた。

加藤高明

この内閣の特徴はもう一つある。東京大学出の官僚が二人も大臣に就任したことである。ひとりは加藤高明で、彼は阪谷に先立つこと五年余り前の明治三三年（一九〇〇）一〇月、第四次伊藤（政友会）内閣の外相に就任したことがある。大学出初の大臣就任である。彼は明治一三年（一八八〇）に東大法学部を卒業して、三菱に勤務したのち官界に転じ、大蔵省や外務省の局長を経て駐英公使として日清戦争末期から戦後の対英外交を四年間にわたり担った後、伊藤内閣の外相となった。伊藤内閣崩壊後、彼はさらに政界に転じ、明治三六年から三八年にかけ衆議院議員を務めた。

大学出大臣

阪谷はすでに見た通りで、加藤は二度目の外相就任だが、彼らはともに学士官僚として明治国家の外交や財政をそれぞれ担い、大臣にまで上り詰めたのである。外務省では二度目、大蔵省では初めての大学出の大臣の誕生であった。

二　鉄道国有化法案

鉄道国有化法案

新内閣が成立した時、第二二議会は年末年始の自然休会に入っていた。新内閣は前内閣の基本方針を踏襲し、次年度の予算案も前内閣が作成し、政友会が了承したものなので、第一次西園寺内閣がこの議会を乗り切ることは容易であった。事実、西園寺内閣は、鉄道国有化法案を除き、大過なくこの議会を乗り切り、三月二七日に会期末を迎えた。

鉄道国有化法案に関し、閣内では外相の加藤高明が、民間の投資意欲を阻害し、経済を政府が規制するとして反対し、閣外に去った。この法案は、大きな問題なく衆議院を通過したが、貴族院の反発が大きく、結局は対象路線を三二から一五へと大きく削減され、買収年限も六年から一〇年に延長された。

国有化に賛成

既述のように、阪谷は会計法案起草当時より、鉄道・電信・森林事業を国営とし、「国家の大財源」（阪谷「会計原法草案」説明）とすることを考えていた。それは二〇年近くたっても変わらなかった。だが、大蔵省内の大勢は鉄道国有化に反対であった。買収には膨大な資金を要し、維持には多額の予算が不可欠だからである。したがってこの時次官だった若槻礼次郎によれば、逓信省から大蔵省に鉄道国有化の回議書が回ってきても、主計局長・理財局長をはじめ局長らは、誰も承認の調印をしなかった。ところが阪谷は、次官時代に逓信省の鉄道国有化委員会のメンバーとして鉄道国有化に賛成しており、大蔵大臣になったとしても、手のひらを返したように反対することは困難だった。なお、その回議書には、阪谷も判を押した鉄道国有化委員会の決議書が添付されていたという。

そこで若槻は省内に滞っていた書類を取り寄せ、阪谷と自らが判を押し、局長の調印がない、大臣と次官の判だけの回議書を逓信省に返し、これで大蔵省は同意したということになった（若槻、前掲書、九八〜九九頁）。これは近代日本の官僚機構においては異例中の異例であった。

三　ウォール街の投資銀行家J・H・シフの来日

銀行家シフの来日

貴族院で鉄道国有化法案をめぐって審議が紛糾した第二二議会の閉幕五日前、すなわち明治三九年（一九〇六）三月二二日、アメリカよりウォール街の投資銀行家J・H・シフ（Jacob H. Schiff, 1847-1920）が来日した。天皇に拝謁し、勲章を授与されるための来日である。彼はドイツ生まれのユダヤ系アメリカ人で、投資銀行クーン・ローブ商会（Kuhn, Loeb & Co.）を主宰した。この商会は一九七七年（昭和五二）にリーマン・ブラザーズ（Lehman

シフ
（『回顧三十年　日露戦争を語る』より）

Brothers）に合併吸収されるが、一九一〇年代初頭には、ウォール街で同じ投資銀行モルガン商会（J. P. Morgan & Co.）と並び称される有力な老舗金融機関であった。

シフに勲章を贈る

シフは日露戦争の際、日本政府の五回にわたる外国債募集に大いに協力し、いずれもそれを成立させた。彼自身が関与したその合計金額は一億九六〇〇万ドルにのぼる。ニューヨークでは、第一次世界大戦の勃発まで前例のない規模であった（二村宮國「ジェイコブ・H・シフと日露戦争」『帝京国際文化』第一九号、一一二頁）。日本政府は明治三八年（一九〇五）一月、第一回・第二回のポンド建日本公債募集への協力により、四人のイギリス人とシフに勲章（勲二等瑞宝章）を贈った（梅溪昇編『明治期外国人叙勲史料集成』第四巻、一八八～一八九頁）。

旭日重光章授与

さらにその後もシフは公債募集に協力を続けた。日本政府は「当初より人の難ずる米国発行を主張し、遂に之を実行せしめ、同国に於て公債発行を成功せしむるに付多大の尽力をなし、其功労少なからす」（同、二七二～二七三頁）と、シフを高く評価した。今回は、明治三八年の時と勲等こそ変わらなかったが、前回よりランクの高い旭日重光章がシフに授与されることとなった。

阪谷の日記によれば、シフ一行は三月二二日に東京に到着して、二七日にアメリカ大使館における歓迎会に臨み、翌二八日に参内して、明治天皇に鳳凰の間で拝謁した。『明治天皇紀』には「勅語を賜ひて、曩《さき》に国債募集に際し尽力せるの功を賞したまふ」とあり、謁見に駐日大使は未着任のため同伴せず、侍従長も侍立しない簡易なものであった。終了後に竹の間で午餐《ごさん》となり、貞愛《さだなる》親王・菊麿《きくまろ》王、宮内大臣・大蔵大臣・侍従武官長・侍従職幹事、枢密顧問官の金子堅太郎と末松謙澄、日本銀行総裁松尾臣善、同副総裁高橋是清らが陪席した（宮内庁編『明治天皇紀』一一、五一三～五一四頁）。

シフ一行への接待

蔵相として宮中の午餐に陪席した阪谷は、この日にシフ一行を蔵相官邸に招待した（「阪谷日記」明治三九年三月二八日の条）。阪谷の日記から、日本側のシフへの厚遇ぶりを窺い知ることが出来る。翌二九日には華族会館での日本銀行総裁主催の宴会、四月七日には東京の後楽園における日本銀行主催の園遊会、その夕方に阪谷とその親戚による蔵相官邸での夕食会、四月一〇日には王子の渋沢栄一邸に招待と、五月一八日の帰国まで一行への接待が続く。

来日の目的

シフの来日は、観光と明治天皇に拝謁して高いランクの勲章を授与されることだけが目的ではなく、阪谷ら日本の財政担当者との意見交換も重要な目的であった。断続的ではあったが、彼は日本の財政・金融関係者と接触した。四月三〇日、シフは蔵相官邸に阪谷を訪ね、「満洲鉄道資金其他」について懇談し、帰国直前の五月一六日には、阪谷は首相官邸で高橋是清を交え、利子が高い日露戦争当初のポンド建公債の借り換えを主な話題として、シフと打ち合わせをしている。阪谷は日記に次のように記す。

首相邸にて、シフ氏高橋是清氏立会いにて公債統一のこと、六分利付英貨公債切替のこと、東清鉄道社債〔一字不明〕のこと打合を為す。外に公債を日本銀行に信託し興業銀行債券発行のことはシフ氏撤回す。井上伯邸にて午餐シフ氏共（明治三九年五月一六日付「阪谷日記」）。

事前に（一二日）元老井上馨に相談していた阪谷は、首相官邸での打ち合わせの内容を、シフともども井上と食事をしつつ確認したのである。

ロスチャイルドへ勲章

なお、日本政府がシフへ勲章を贈った明治三九年三月、同じく政府は、パリのロスチャイルドすなわちド・ロスチャイルド・プレール銀行の頭取であるエドモンド・ロスチャイルドに、勲一等旭日章を授与している（前掲『明治期外国人叙勲史料集成』第四巻、二七二～二七五頁）。彼もまたユダヤ系金融資本家であり、フランスやドイツにおける日本の公債募集に協力したことが、日本政府に高く評価されたのである。

四　第二三議会と明治四〇年度予算案の編成

明治四〇年度予算案

日露戦後経営は財政事情が厳しく、軍の拡充、新領土と租借地の統治機構の整備、鉄道の国有化など、困難を極めた。明治四〇年度予算案は前年度とは異なり、西園寺内閣が独自に編成するものであった。阪谷は、明治四〇年度予算案の編成を議会に上程するにあたり、明治四〇年（一九〇七）一月二二日の衆議院本会議で次のように述べている。

新たに増税に関しまするところの要求を致しませぬ。又鉄道、電話、製鉄事業等の如き生産のために必要となるものの外は公債の募集と云ふことも一切いたさぬ方針を執りましたので、その他一般の経費に付きましても戦後種々の要求はございましたなれども、是又一般に節約の方針を執つて予算を編成いたしました……

陸海軍の予算要求

ここに至る過程を遡って見てみると、阪谷は明治三九年八月以降、明治四〇年度予算の大蔵省原案作成に向け陣頭に立った。一一月に入ると内相原敬が井上馨を訪れ、次年度予算について「内談」している。しかし陸海軍の予算要求、特に陸軍のそれは強硬であり、陸軍と大蔵省との対立は激化していった。

このころ陸海軍では、帝国国防方針の作成が進んでいた。陸軍では平時二五個師団の整備を掲げ、その第一期計画として三個師団の増設を目指していた。そのための予算として臨時費一億一〇〇〇万円と経常費一万八〇〇〇万円とを、四〇年度予算に盛り込むよう大蔵省に求めた。他方、海軍も当面の措置として、戦艦一・装甲巡洋艦三からなる軍艦建造費二億九〇〇〇万円を、九カ年継続費として首相に要望した。こうした軍の動きを阪谷は警戒し、抑制した。

陸相との対立

しかし、首相がこの国防問題に関して明確な方針を示すことはなく、予算編成に関して首相西園寺のリーダーシップが発揮されないまま、閣内での蔵相阪谷と陸相寺内正毅の対立は激化していった。結局、西園寺はこの対立を収束させることができず、前総理桂太郎と元老井上馨に調停を依頼した。一一月二九日、松田正久（法相）と原敬（内相）が西園寺のもとを訪れ、陸軍と大蔵省との交渉の現状を聞き取ったところによると、西園寺の話は次のとおりであった。

妥協案提示

西園寺が桂太郎に対し、予算をめぐる陸軍と大蔵省との対立を収拾できず、内閣を投げ出す外はないと言ったところ、桂は驚き、陸相の寺内を呼んで説諭した。その結果、今朝、寺内が西園寺のもとを訪れ、計画を改め二個師団の増設とし、大蔵省から陸軍・海軍へそれぞれ毎年五〇〇〇万円の予算に、さらに五〇〇〇万円加算して一〇〇〇〇万円を経常費として認めてくれれば、臨時費は陸軍側のやりくりで二〇〇〇〇万円を拠出することで折合うことが可能、との妥協案を提示した。そこで西園寺は蔵相の阪谷を呼び、協議させると、阪谷は「夫れなれば大分接近したる案に付何とか計算し見るべし」と応えたという（『原敬日記』明治三九年一一月二九日の条）。

陸軍の要求に難色

阪谷は井上馨とともに、現状維持の緊縮財政で戦後経営を考えていた。それゆえ彼は、陸軍が要求する満蒙・朝鮮方面への配備を含む新たな師団の設立には難色を示したのである。しかし原は違った。その日記に彼は次のように言う。

右に付〔二個師団増設〕余は此際絶対的に現状維持と云ふ事も其の理由なし……故に阪谷右にて折合はば宜し、然らざれば蔵相を代えても妥協せしむるを得策とす。元来を云へば寺内の如き事々物々山県を代表する者の去る方は宜しけれども、目下の現況は阪谷が折合ふと否とによりて決する順序故、阪谷折合はざれば之を代ふるに如かず。現内閣今日に於て倒るるは名義なく、而して議会に於て其の行動に苦しむべく、又党員も甚だ失望すべしと思はるるに因り、此際内閣は一、二の閣員を捨つるも維持するの外なしと云ひ、松田、西園寺皆な同意せり（『原敬日記』明治四〇年一一月二九日の条）。

原敬の見解

原は、政府は陸軍の要求に対し、強い現状維持の姿勢で応じるだけではだめで、妥協は必要であり、それができなければ蔵相を代えてもよい、と考えていた。原・松田・西園寺にとって、次の総選挙までは政友会内閣を維持することの方が、阪谷の言う健全財政の維持よりも優先されるべきであり、それが党員の期待に応えることでもあった。

予算案成立

こうして四〇年度総予算案は、寺内ら陸軍側の妥協により、大蔵省側の主張が通ったが、この予算案には陸海軍拡張費などが盛り込まれ、六億円にまで膨らんだ。その歳入には、前年度繰越金や剰余金など一億三〇〇〇万円が計上されており、衆議院ではその継続費の財源の四一年度以降の見込みについて、野党側から厳しい質問がでた。阪谷は、約一億円程度の財源は確保できると答弁し（明治四〇年一月二五日衆議院予算委員会）、その場を切り抜けた。この予算案は貴族院でも承認を受け、無事、会期内に成立した。

特別議会や臨時議会の場合を除き、通常議会に上程される次年度総予算案が無傷で議会を通り成立したのは、帝国議会開設以来、初めてであった。日清および日露戦争時でさえも、政府による次年度総予算案は衆議院のチェックが入り、一部削減された。今回は、政党の効用が全面的に発揮されたというべきであろう。

五　男爵への叙爵と明治四一年度予算案

男爵に叙される

さて、次年度の明治四一年度予算について、政府の原案作成が緒についた明治四〇年

（一九〇七）九月二一日、阪谷は華族に列せられ男爵に叙せられた（一月には日露戦争における功により勲一等旭日大綬章を授けられていた）。この時、関西各地を視察中だった阪谷は、二四日に東京の自宅へ戻り、翌九月二五日に参内した。その後、松方正義、井上馨、桂太郎、西園寺公望、曾禰荒助らを回礼し、皇太子嘉仁《よしひと》親王および有栖川宮威仁《たけひと》親王、伏見宮貞愛《さだなる》親王はじめ、各宮家を訪礼した。翌日の二六日、彼は再度皇居に出向いた。その日、彼は「十時賢所参拝。是より先二十一日男爵を授かり金壱万円を賜ふたりによる」（「阪谷日記」明治四〇年九月二四日の条）と日記に記している。

逓信省との対立

明治四一年度総予算案は、四〇年度以上に各省の調整が困難であった。特に、鉄道国有化という戦後経営の重要課題の遂行を直接所管する逓信省と、大蔵省との対立は深刻であった。しかし、井上馨ら元老と前総理である桂太郎の斡旋もあり、一二月一六日にこの問題は決着をみた。阪谷はこの日、「四十一年度財政に付元老大臣会議決定す」（「阪谷日記」明治四〇年一二月六日の条）と日記に書きつけている。ところがその後、内務省予算に若干の異動が生じたり、改良と建設のための鉄道予算について大蔵省と逓信省との間に齟齬《そご》があることが発覚し、大蔵省と内務省・逓信省との対立が再燃した。

桂の怒り

この件について、桂は新年早々、井上に宛てて書簡を送っている。それは明治四〇年一二月一六日の松方・井上の二元老と桂を加えた閣僚会議で、元老たちが一億円の公債

阪谷とその家族（阪谷家蔵、小石川区原町の自宅にて明治40年4月撮影）
母恭、妻琴子〔前列右端〕、長男希一〔後列右二人目〕、長女敏子、次女知子、次男俊作、三女八重子、四女千重子、五女総子とともに

発行不可を主張して次年度予算案の調整を終え、参会者は確認の「調印」までしたにもかかわらず、内務省がわずかとはいえ予算の繰り延べに異論を挟み、逓信省は公債発行を前提に新たに一億三〇〇〇万円・一二カ年継続の鉄道改良・建設費を持ち出し、大蔵省同意の下に同案を鉄道会議で可決させた。「調印」を反古にするつもりかと、桂の書簡は怒りに満ちたものであった（明治四一年一月七日付井上馨宛桂太郎書簡、千葉功編『桂太郎発書簡集』一二六頁）。

この書簡を受け取った井上馨は、この件を伊藤博文に話した。井上によれば、伊藤も、首相の西園寺を「不決断」、蔵相の阪谷を「不能」すなわち無能と言ったと、桂に返信を送っている（明治四一年桂宛井上書簡、千葉功編『桂太郎文書』六六頁）。

鉄道会議

右書簡にある「鉄道会議」とは、関係官庁の官僚や財界人、帝国議会の議員らを構成員とし、敷設予定路線の決定を含む政府の鉄道政策全般を審議したり、建議したりする政府の諮問機関である。その設置は明治二五年公布の鉄道設置法によった。鉄道政策に関わる法令や財政上の措置は、ここで実質的な審議がなされ、そこで得られた成案が閣議にあげられるのである。内務省の繰り延べ案件は、金額が小さく、大きな問題にはならなかった。しかし逓信省の鉄道予算は金額が大きく、そうはならなかった。どうして大蔵省と逓信省の主張に齟齬が生じ、桂や元老はそれをどのように問題にしたのか。

新規鉄道拡張案

伏見岳人によれば、一二月一六日の「元老大臣会議」で、明治四一年度から四六年度までの六年間にわたる財政計画も議論され、逓信省の鉄道予算もその対象となり、明治四〇年度から四六年度までの継続追加額として、六五〇〇万円が認められた。しかし、前年の第二三議会で逓信省が公表した新規鉄道拡張案は、四一年度から五二年度までの一二年計画であって、一二月一六日の会議に提案されて承認を受けた金額はその半分でしかなく、明治四七年度から五二年度までの六年間に、さらに六九〇〇万円が追加継続費として存在していた。ところが、首相の西園寺をはじめ参会者には、それが知らされないまま、桂を含む「元老大臣」たちは署名したのであった（伏見岳人『近代日本の予算政治1900―1914』一二〇頁）。

予算案の承認

はたして一二月二六日に、この新規鉄道拡張案が一二ヵ年・総額一億三〇〇〇万円の新規計画案として、翌日に開催が予定される鉄道会議の議題になることを知った大蔵省幹部は驚愕した。翌二七日午前に西園寺、原の立会いの下、蔵相阪谷と逓相山県との会談が急遽セットされ、大蔵・逓信両省の調整がはかられたが、その調整は難航した。この日午後に開かれた鉄道会議では、この問題をはじめとする鉄道予算の審査は後回しにされ、その間も大蔵・逓信両省の交渉が続けられた。その結果、一二月一六日の「元老大臣会議」の議決と逓信省の計画との齟齬について何ら明確にされないまま、ともかくも両省は合意を結び、五一年度までの逓信省による鉄道計画に関する予算案が、この日の鉄道会議で承認されたのである（同、一二二頁）。

桂の強硬な主張

これに対し桂は、自らも捺印した「元老大臣会議」の議決が、内閣側の都合で破られたことに強い不満を抱いた。そこで、井上ら元老と共にした署名から自分を外すよう、井上に対して強硬に主張したのである。

この時に鉄道会議の議長を務め、阪谷らの了解を得て内閣と元老や桂との間を斡旋した寺内正毅は、桂のこの〈強硬さ〉を理解できなかった。寺内は明治四一年（一九〇八）一月一四日、山県有朋に対し書簡を送り、井上、松方、桂に逓信省予算を「黙許」するよう解決の道を模索したができなかった、桂のこの問題への対応は納得できず、「奇妙不思議」である、と評している(〔明治四一年〕一月一四日付山県有朋宛寺内正毅書簡、『阪谷伝』三二二頁、所収)。

桂や元老間を斡旋したのは寺内だけではない。首相の西園寺もまた、おそらくこの日に彼らを訪問し、この問題に了解を得ようとしていた。これは、阪谷からの来簡に対して西園寺が、先刻井上侯に面会し、只今より桂侯に面会の予定があり、都合によっては松方侯にも面会をしたいと考えている、阪谷に夕方電話をかけるので、自宅に来るように、と来訪を依頼する返書が残されていることから知られることである(日付不明阪谷宛西園寺書簡、阪谷によって「大蔵大臣辞任の件」と墨書きされている、「阪谷芳郎関係文書」所収)。

しかし、井上ら元老はともかく、桂は譲らなかった。桂のこの問題に対する「奇妙不思議」な行動の裏には、前年に元老の井上や松方とともに、伯爵から侯爵に昇爵したことによる桂のプライドや、彼らとの対等意識があったのではないか。桂は、井上や松方とともに、自らも元老であるかのような思いにとらわれていたのかもしれない。

六　大蔵大臣辞任と大蔵省退官

蔵相辞任

明治四一年（一九〇八）一月一四日、四一年度予算案策定の混乱の責任を取り、首相の西園寺公望、蔵相の阪谷、逓相の山県伊三郎が辞表を出し、残りの閣僚もそれに続いた。しかし議会開催中を理由に、全閣僚の辞任は認められず、認められたのは阪谷と山県だけであった。蔵相は松田正久が、逓相は原敬がそれぞれ兼任することになった。

翌一五日、桂は更迭された前逓相の山県伊三郎の養父である山県有朋に対し書簡を送り、前逓相が説明に来るであろうが、このたびの問題は、蔵相阪谷が逓相山県に対し「情実上承諾し……、一時を遁る丶の手段」をとった「大蔵大臣の責任」であると伝えた。一時的な対応しかとらなかった阪谷が悪いというわけである（〈明治四一年〉一月一五日付山県有朋宛桂太郎書簡、「阪谷伝」三二三頁）。

原は逓相就任早々、一二年計画の後半部分、すなわち明治四七年度から五二年度まで追加継続費六九〇〇万円を認めるとした部分をすべて削除し修正案とした。それは桂の意向にそっての解決であった。

修正案議決

修正案は、井上・松方・桂の賛同を得て、一月二〇日の鉄道会議に提出され議決された。こうして阪谷は四一年度予算案作成を統制できないまま、入省以来二五年間在職した大蔵省を去ることになったのである。

若槻礼次郎の回想

この時、財務官としてロンドンに滞在していた若槻礼次郎は、その半年後、第二次桂内閣発足に伴い大蔵次官に任命されて帰国するが、後年、阪谷の蔵相辞任と桂について次のように語る。

……私の留守中のことで、詳しいいきさつは知らんが、それについて桂公が外から斡旋の労を執られたらしい。しかしそれをどちらかが聴かなかったか、とにかく両大臣とも辞職ということになった。後から考えると、どうもその時の阪谷さんの態度に、桂公は不満であったらしい。桂公からそういう話は聞かなかったが、私は大蔵省の先輩としてこの人を尊敬しており、真面目有能な大臣であったこともよく知っているので、機会を見て、阪谷さんを勅選議員に推薦されたいと、二回ばかり頼んだことがある。その度ごとに、桂公はイエスともノーともいわず、黙って他の人を推薦した。だれしも、阪谷位の人が勅選議員になるのは当たり前に思っており、それを知らぬ桂公でもないのだが、何か桂公に不満があったのであろう……（若槻、前掲書、一一九〜一二〇頁）。

ちなみに原は、阪谷らの辞表提出の四日前の日記に、

桂　太郎

桂は調印したるは自分等の不明に相違なきも、大蔵大臣が増加額あることの説明をなさずして調印せしめたるは不親切なりとて承知せず、甚だ困難なり（『原敬日記』明治四一年一月一〇日の条）。

と記している。桂の逓相山県への不満もさることながら、蔵相である阪谷への不満がより大きかったのである。また、阪

桂の阪谷への不満

谷自身も次のように記している。

昨年末十二月二十一日以来逓相と小生との間に鉄道継続費の編成方に付議論あり。其間種々交渉の末稍や解決付たるも元老との折合上困難を生し、終に辞職となれり（「阪谷日記」、明治四一年一月一九日の条）。

「準元老」桂太郎

阪谷が日記に記した「元老」とは、井上馨や松方正義を指すのではなく、前首相桂太郎である。桂が元老として遇されるのはこれより三年後のことであるが、第一次西園寺内閣成立以来、彼は井上ら元老とともに、あたかも後見人のごとく、予算問題などで閣

内に対立が生じた折に内閣に関わってきた。それは、前首相としての善意の調停者という意味を超え、日露戦争という明治国家最大の困難を乗り切った政治指導者桂太郎に対して暗黙に与えられる「準元老」という立場によるものであった。

三年後、元勲優遇の勅諚を受けた直後の桂に対し、原は「今までの元老は憲法実施前の元老なり、憲法実施後の元老は君より始まる」（『原敬日記』明治四四年八月二六日の条）と語った。ところが阪谷は、「元老」ポストに王手を掛けつつあった「準元老」桂太郎の不信をかい、怒らせてしまったのである。

政党内閣から去る

議会開設以来、日露戦争までは、官僚勢力と政党との提携という、相互の妥協によって政治が動かされてきた。しかし桂園時代は、政権授受による両者の妥協によって政治が動く。桂園時代が始まって二年経ち、官僚勢力のリーダーとなりつつあった桂の不興をかった阪谷は、政党内閣から去らざるをえなかった。同時に、政権交代による、その後の官僚内閣、特に桂系官僚内閣での閣僚就任の芽も摘み取られたのである。以後、阪谷は東京市長や貴族院議員として政界で活躍することはあったが、閣僚に就任することはなく、言わば政界の脇役としての活躍に止まることになる。

第八　二度の外遊

一　初めての洋行

洋行に出発

蔵相を辞任した阪谷は、大学卒業以来の宿願である洋行を実現しようとした。辞任四日目の明治四一年（一九〇八）一月一七日の日記に、「兜町事務所及び片町穂積氏を訪ひ洋行を談ず」とあるように、岳父渋沢栄一や、義兄にして恩師の穂積陳重に外遊について相談したのである。日記によれば、一月末から二月にかけ、彼は首相の西園寺公望や伊藤博文・井上馨・松方正義ら元老や前首相の桂太郎の了解を取りつつ準備を進めた。阪谷が横浜に向け新橋を出発したのは、同年四月一五日である。

同行者

同行者は台湾総督府財務局長の小林丑三郎、台湾銀行頭取の柳生一義、同大阪支店長の山成喬六、大蔵省参事官の森俊六郎（ロンドンに赴任）、大日本麦酒社長の馬越恭平、堀越商会社主の堀越善重郎、大日本麦酒大阪工場長の高橋龍太郎、第一銀行副支配人の杉田富、大蔵属の梅沢敬作ら一一名であった。阪谷は個人の資格での洋行であった。大日本麦酒、堀越商会、第一銀行は岳父渋沢栄一系の企業であり、馬越、堀越、高橋そして杉田の参加はその関係であろうし、馬越は阪谷と同郷の岡山県後月郡出身でもある。また、山成は阪谷の母方の従兄弟である（昭和になって阪谷が、中国の為替の専門家として山成を満洲中央銀行副総裁に推薦）。小林と柳生の参加理由は不明であるが、台湾の財政・金融関係者が三名まとまって参加しているのは、決して偶然ではあるまい。

送別晩餐会

当日は、松方や西園寺はじめ諸閣僚、貴族院議長の徳川家達、前逓相の山県伊三郎ら政界、官界そして実業界から、約五〇〇名が新橋駅頭に一行を見送った（明治四一年四月一六日付『朝日新聞』）。阪谷らが欧米に向けて出発する二日前、すなわち四月一三日、首相西園寺による送別晩餐会が開かれた。この送別晩餐会に出席した内相の原敬は、自身の日記に、大蔵省で相当の地位にあった阪谷が、今回が初めての海外だというのは不思議なことだ、と記している（『原敬日記』明治四一年四月一三日の条）。

阪谷はこれを含め、四度海外に出た。すぐ後でふれるように、明治四四年（一九一一）にベルン平和会議に日本側委員として、大正五年（一九一六）には連合国財政経済会議に日本代表として、それぞれスイスやフランスに赴いた。また大正七年には、幣制改革調査のため中国に赴いた（いずれも後述）。

相次ぐ会談

さて、阪谷一行は明治四一年（一九〇八）五月一日、シアトルに上陸し、セントルイス、シカゴ、ニューヨーク、ワシントン、ピッツバーグを歴訪した。二七日間のアメリカ滞在中に大統領のセオドア・ローズベルト、国務長官ルートら政府要人と会見し、鉄道王ハリマン、鉄鋼王カーネギー、そして日露戦争中に公債発行で日本に協力し、二年前に来日した投資銀行家シフら経済界の大物と相次いで会談した。

ニューヨークにて

阪谷がニューヨークに到着したのは五月一九日である。到着早々、彼はニューヨークに客死（明治一九年四月）した、三番目の兄達三の墓参りをすませた。

ニューヨークでは、ハリマンが阪谷を夕食に招待し（五月二〇日）、シフは阪谷一行のために、ハリマンらニューヨーク各界の有力者二八名と、駐米大使の高平小五郎、ニューヨーク領事の水野幸吉らを招き、総勢四〇名の宴会を開いた（同二五日）。

この時期、日米間には日本移民排斥問題があった。元老井上馨の指示もあり、阪谷は高平と打ち合わせの上、国務長官ルートとの会談に臨み、この問題に力点を置いて話を進めたという（『阪谷伝』三一八頁）。

イギリスでの交歓

六月二日、リバプールに到着した一行は、イギリスでも歓待を受けた。国王ジョージ三世との会見、首相アスキス、外相グレー、蔵相ロイド＝ジョージとの午餐会、そしてユダヤ系の銀行家・投資家のアーネスト・カッセルや、日露戦争中の公債引き受けに尽力してくれたロスチャイルドなど財界要人との交歓にと、多忙な日々を過ごした。

フランス滞在

続いて六月一三日にはパリに渡り、七月一日までフランスに滞在した。フランスでも大統領ポアンカレーに会見し、首相クレマンソー、外相ピション、蔵相カイヨーとそれぞれ会談した。さらに、パリのロスチャイルドらフランスの大物財界人とも交歓した。

その後、阪谷はベルギー、オランダ、ドイツを回った。ドイツでは、経済界の巨頭クルップと会談した以外、政府の要人や有力な財界人と会見や会談をすることがなかった。

ラートゲンのその後

ところで、ドイツのハンブルクには、阪谷が学生時代に私淑したラートゲンが居住していた。阪谷は旧師との再会を望んでいたであろうが、阪谷日記に見る限りでは会った形跡はない。ラートゲンは帰国後、マールブルク大学教授を経て、一九〇〇年にハイデルベルク大学教授に就任し、一九〇三年にはマックス・ウェーバーのポストを継いだ。そして、一九〇七年にハイデルベルク大学からハンブルク市内に新設されたハンブルク拓殖研究学院（Hamburgishes Kolonialinstitut und das Allegemeine Vorlesungswesen）に移り、一九一九年に同学院がハンブルク大学に移管されるとともに、同大学の学長に就任している（野崎敏郎「カール・ラートゲンとその同時代人たち」一八頁、同「〈資料の紹介と研究〉カール・ラートゲン『日本人の世界観』」一一六頁）。

短いハンブルグ滞在

阪谷がアムステルダムからハンブルクに到着したのは、七月二八日夜である。到着翌日、阪谷は同市在住の実業家に会ったり植物園を見物して、三〇日午後、ベルリンに向かっている。阪谷がラートゲンに会うとすれば七月二九日か翌三〇日午前中、それも来客者の間をぬってということになろうが、阪谷がハンブルクに滞在した時間は短かった。

イタリア

その後イタリアに入った。阪谷はローマに入ると、八月一三日には、ラートゲンとも関係があり、外交官として同地で明治三〇年（一八九七）に死去した東大同期生中川恒次郎（日本銀行総裁の松尾臣善の娘婿）の墓参をしている。このことからして、やはり阪谷がドイツで恩師に会おうとしなかったとは考えにくい。ラートゲンの側に何らかの事情があったのであろう。

ロシアから中国へ

一行はトルコ、そしてオーストリア・ハンガリーと回り、ロシアに入った。ロシアでは首相ピョートル・ストルイピンや蔵相ウラジーミル・ココツェフらと会談をした。そして一行はシベリア鉄道で中国に入り、九月二六日にハルビンそして奉天（現在、瀋陽）に到着した。阪谷はここで在留邦人による歓迎会に臨み、近時中国の幣制の混乱はビジネスに悪影響を与え、それはさらに国家の富強に係ると述べた（奚伶「大蔵官僚阪谷芳郎の一九〇八・一九一八年の中国訪問」七八頁）。その後、さらに満鉄を乗りつぎ満洲や韓国各地を視察し、釜山を経由して一〇月二四日、新橋に到着した。

前述したように、阪谷は個人の資格ではあったが、この外遊でアメリカ、イギリス、フランス、ロシアでは、大統領や首相をはじめ政府の要人や有力な財界人と会見もしくは会談をしている。しかし、ドイツでは、経済界の巨頭クルップと会談した以外、それがなかった。何故か。

ドイツを極力回避

阪谷が渡欧する前年の一九〇七年に英露協商が締結され、それが既存の露仏同盟（一八九四年）と英仏協商（一九〇四年）をリンクさせ、ここにドイツを中心とする三国同盟（独・墺・伊）に対する三国協商（英・仏・露）を成立させた。日英同盟の存在と日露戦争後の日露の接近（一九〇七年、第一次日露協約締結）とが英露両国の国交調整を促進したことを考慮する時、フランスとは別に日本も第一次世界大戦の一方の軸である三国協商の成立に関わっていたと言ってよい。阪谷の今回の外遊は、日本をめぐるこうした国際関係に配慮して、ドイツを極力「回避」しつつ、アメリカと三国協商の国々を訪ねる旅であった。

帰国後の阪谷

帰国後、阪谷は各方面への挨拶や帰朝報告に忙しい日々を送った。阪谷の日記によれば、年が明け、明治四二年には専修学校（大正八年、専修大学）での講義のほか、慶應義塾大学、早稲田大学、日本大学、交詢社（福沢諭吉主導でできた財界人の社交団体）などでそれぞれ講演をしたり、さまざまな招待宴などの集まりに精力的に出席した。

明治四二年から翌年五月にかけて、彼は公職に就くことはなく、講演や社交に専ら時間を費やしていた。しかし、明治四三年五月二七日に国勢調査準備委員会が設置されると、彼は委員長平田東助（内務大臣）の下で副委員長に任命され、初の国勢調査実施（大正九年一〇月）を目指すこととなった。阪谷は大学時代、ラートゲンに統計の重要性を教えられ、その後大蔵官僚として統計資料に深く接してきた。こうした経験やこの時に阪谷が東京統計協会の会長であったことが、この任命につながったのであろう。

娘達の結婚と母の大病

なお、一度目と二度目の洋行の間のほぼ三年間、阪谷の身辺は多忙であった。長女敏子（明治四三年三月）、続いて次女和子の結婚（明治四四年四月）、そしてその間、母恭が大病に罹った。恭は阪谷家の嗣子・良之進の家に居たが、阪谷は母の療養のため一時自邸内に隠居所を移し、母への孝養に努めた。

二　仲裁裁判条約をめぐる列強の動向

明治四四年（一九一一）六月二二日、阪谷は外相の小村寿太郎より、ベルン平和会議への出席の内談を受けた（後述）。この時、日本政府は第二次桂内閣であり、日英同盟協約の二度目の改定を目前に控え、アメリカの動向に注目していた。

総括的仲裁裁判条約

当時アメリカは、紛争解決の手段として総括的仲裁裁判条約の締結を各国に打診しており、関係各国の動向を注視していた。一八九九年に開催させた第一回国際平和会議の議決により、ハーグに常設の仲裁裁判所が設けられ、一九〇二年に南北アメリカ大陸一七カ国間で金銭上の請求権に関する一切の紛争に関し、仲裁裁判所の判定に服する旨の仲裁裁判条約の締結を見た。それを皮切りに、イタリア―アルゼンチン、オランダ―ポルトガルとの間にそれぞれ同様な条約が締結され、翌年には五年間という期限付きではあったが、英仏間に同様な条約が結ばれるに至った。さらに一九〇四年、デンマーク―イタリアとの間に総括的仲裁裁判条約が結ばれた。

他方、イギリスは日露戦争後、移民問題をめぐる日米間の対立が、明治四一年（一九〇八）の日米紳士協定締結以降も緩和されることなく続いていることを問題視しており、日米間の対立に巻き込まれることを恐れた。それが日英同盟協約の改定にも影を落としていた。すなわち、イギリスはアメリカに対し、総括的仲裁裁判条約の締結を要請し、アメリカ政府もこれに応じたのである。

第三次日英同盟協約

第三次日英同盟協約草案では、両締約国のいずれかが第三国と総括的仲裁裁判条約を締結している場合、その第三国に対し交戦の義務を負わないとされた。結果的に、アメリカ上院がこの条約締結に反対したので、アメリカは批准しなかった。そのためイギリスの意図は挫折することになったが、今後日英同盟の有効期間中に日米の対立が戦争に発展した場合、イギリスが日本への援助を回避することは明らかであった。

紛争解決の手段としての総括的仲裁裁判条約が、今後の国際社会にどのような意味を持つのか。外相の小村寿太郎はじめ政府要人は、こうした問題にかかわる国際機構について、各国の意向を非公式に打診し、国際社会の動向を把握する必要性を感じていた。

三　ベルン平和会議に出席

ベルン平和会議出席

このような政治的背景のもと、阪谷は明治四四年、ベルン平和会議へ出席することになった。二度目の外遊で、最初の洋行より三年後のことである。外相小村寿太郎からベルン平和会議への出席に関し内談をうけたのは、六月二二日のことであった。

その前年一二月、阪谷の先の外遊で面識を得た鋼鉄王カーネギーが、世界平和の促進のためにと、私財一〇〇〇万ドルを拠出して基金を創設し、その運用益をもとに平和財団が設立されていた。財団の事業は、①国際法、②経済・歴史、③教育・交通の三つの部門に分かれ、それぞれの分野から平和問題について研究をすることとされており、財団の最初の事業として企画されたのが、第二部門における専門家会議の開催であった。この会議に阪谷は出席を求められたのである。

ベルンへ

さて小村の要請を受け、阪谷はすぐに動いた。翌日にはベルンへの船便を調べ、六月二八日には、首相桂太郎の三田の邸を訪れ、正式に承諾の返事をした。そして同日に小村とも会っている（「阪谷日記」六月二八日の条）。

駐独大使と会談

阪谷が新橋駅を出発し、敦賀に向かったのは七月一一日で、その直前に明治天皇に拝謁している。彼は先の外遊とは逆に、この時は敦賀からウラジオストックに向かい、シベリア鉄道によってヨーロッパに入った。阪谷は七月二三日にロシアの首都ペテルスブルグに着き、そしてベルリン経由で七月三一日、ベルンに到着した。

ベルンに到着する三日前、すなわち七月二八日、阪谷はベルリンで駐独大使の珍田捨巳と会談した。もっぱら話題は第三次日英同盟のことと、「仲裁裁判」のことであった。阪谷は英文で日記に、珍田は新たな日英同盟は今後一〇年間持つか疑問視している、と書き付け、さらに次のように続けている。

珍田大使の説は、〔日本に付いては〕仲裁々判条約にはゆるゆる加入の考へにて可然との意見にて、満洲問題解決に付いても、本野大使の考と大差なし。独逸は仲裁裁判条約には加入の意思なし（英文「万国平和財団経済会議日記」七月二八日の条）。

なお、文中の「満洲問題」とは、ロシアから譲渡された旅順・大連などの地域〔関東州〕の租借延長問題を指すと日本語で記されている。

ベルン会議構成員

このベルン会議は、ドイツ歴史学派経済学の泰斗ブレンターノ（ミュンヘン大学教授）、オーストリア・ハンガリー帝国前蔵相ベームバウェルク、イタリア前蔵相・首相ルザッチ、パリ大学教授シャール・ジード、『フランス経済雑誌』主筆ルロア・ボリュー、『エコノミスト』主筆ハースト、コロンビア大学教授ベーツ・クラーク、著名な統計学者にしてコペンハーゲン大学教授ウェスターガルド、そして日本からは阪谷と、財政学研究のためヨーロッパに留学していた京都帝国大学助教授の小川郷太郎（のち同大学教授、衆議院議員、商工大臣、鉄道大臣）が加わり、総勢一八名の経済学者やエコノミストらで構成されていた。なかでもルロア・ボリューは、既述のように、阪谷や井上毅らが会計法草案を起草した折に大いに参考とした『歳計予算論』の著者であった。

会議の内容

会議は八月三日から一四日にかけての一〇日あまりの期間に、自由討議のかたちで行なわれた。主な論点は、①戦争の経済的・歴史的原因、②軍備、③経済の国際化、の三点であり、今後この三点を軸に、各国の委員が中心となり、それぞれの国の研究者らの助言をもとに研究資料を収集し、発表・出版することについて合意が得られた。

また、会議の中日にあたる八月八日、阪谷はベルンから東京の小村外相に宛て、「仲裁問題」や「会議の目的」などについて長文の電報を送った（英文「万国平和財団経済会議日記」八月八日の条）。阪谷はともかく、小村ら日本の外務省は、仲裁裁判条約とこの会議のなりゆきに、大きな関心を持っていたのである。

四　ベルン平和会議帰国後の活動

日本調査会を発足

阪谷は帰国後、この会議の合意に基づき、日本調査会の設立に向けて準備にとりかかった。翌大正元年（一九一二）九月、阪谷は日本調査会を発足させ、自ら会長となり、その事務局を自ら理事を務める専修学校に置いた。そこには専任スタッフが常駐し、資料収集や研究レポートの作成、そして翻訳にあたった。調査のテーマはベルン会議の議論を踏まえたもので、昭和六年（一九三一）頃まで調査研究が進められ、多くの研究レポートがニューヨークのカーネギー国際平和基金本部に送られた（五十嵐卓「カーネギー国際平和基金と阪谷芳郎の日本調査会」七二〜七四頁）。

小川郷太郎

この調査はおおかた東京でなされたが、阪谷とともにベルン会議に参加した小川郷太郎は京都にあって、京都帝大出身の若き研究者高田保馬（のち京都帝国大学教授、「勢力論」で著名）らを調査協力者として推薦し、自らも何度か東京に出向くなどして阪谷の事業に協力した（大正元年一一月一八日付阪谷宛小川郷太郎書簡他、『阪谷芳郎関係書簡集』所収）。なお、小川は阪谷と同じ岡山県出身ということもあり、後年、衆議院選挙に立候補して政界に進出すると、推薦文の執筆など、なにかと阪谷の援助を得るようになる。

東京帝国大学で講演

ところで、阪谷は帰国後の明治四四年（一九一一）一一月一八日、東京帝国大学での法学協会主催の講演会で、「「ベルン」に於ける経済家会議に就て」と題し、注目すべき内容の講演をしている。法学協会とは「東京大学法律研究会」を母体として、明治一六年（一八八三）に穂積陳重ら東大法学部の教授たちを中心に組織された団体で、法律学者や官僚・法曹関係者がその会員であり、今日に至っている。この日の講演会には学生も多数参加していたようで、話しの後半に、今回のテーマである「平和」と日本の国との関係という問題は「我帝国大学の学生の双肩に懸つて居る」と、阪谷は述べている。

阪谷はここで、自動車、飛行機、通信など、交通手段の発達によって人類が相互に接触することが頻繁となり、国家の捉えられ方も変わり、その結果、国家そのものが従来からの「権利」を失いつつあり、いまや国際社会には「所謂国家以上の関係」が生じつつあるのではないか、と述べる。そして彼はその実例が仲裁裁判条約である、という。

〔人類が〕「ステート」以上の関係に依つて結び附けらるるやうになつて来たのである。……従つて国と国との間に争論の起こつた場合に於いて此争論を如何にして決するかと云う問題が生じてきた。其の実例を申せば、英吉利と亜米利加との間の仲裁条約、それから仏蘭西と亜米利加との間の仲裁条約等即ち「アービトレーショントリーティ」なるものに関する問題が生してきたばかりではない、即ち米国と英国、米国と仏国の間には其の条約が締結せられて、今や米国の元老院の問題となつて居るのである。元老院が之を否決すれば其儘になつて仕舞うが、元老院が可決すればそれが成立つと云ふことになる。即ち例えば合衆国と英国との間に争の起こつた場合に於いて、従来の如くに外交手段の尽きた場合に直ちに干戈腕力に訴えずして、之を仲裁裁判に付さうと云う条約である。従来は直ちに戦争になつたものが、之を仲裁裁判に付して裁判すると云ふことなつたならば、……争いが干戈に訴えずして解決に付すと云ふことになる（『法学協会雑誌』第三〇巻一号、八二〜八三頁）。

ここで言う「アービトレーション　トリーティ」(arbitration treaty)とは、仲裁裁判条約のことである。米英両国政府は、総括的仲裁裁判条約を結んだ。先述したように、それはアメリカ上院 Congress、阪谷の言う「元老院」の反対によって批准されることなく終わったが、彼が東大で講演した時点では、いまだ上院で審議中であった。

この条約は、両国で批准されることにより、アメリカを第三次日英同盟協約の対象から外すという政治的効果を持つものであった。しかし阪谷は、裁判による国家間の紛争解決実現に向けて国際社会は動いており、今後こうした国家を超えた国際的な権威に対して、日本が方針を誤らぬようにしなければならない、と説く。

さらに、阪谷はカーネギー平和財団の事業の第三部門の教育にもふれ、戦争を奨励するような教育を施こすのはいかがかという教育上の問題になってきたと、教育勅語にも言及する（同、八八頁）。早呑込みすると害になるから注意しなければならないと留保しつつも、米国やその他の国の学者は、今までのように教育が戦争の刺激を与えることを疑問とするようになってきたのだから、「義勇公ニ奉ス」という趣意を害さずに進歩した主義に応ずる教育方法がありそうなものだと思う、と述べ（八九頁）、婉曲に日本の教育の変化の必要性にも言及した。

そして彼は、平和会議の議長が言うように「万国の平和」は北極星みたいなもので、立派ではあるけれども到達はできない、国際社会はその実現に深い疑いを持っている、しかし、仲裁裁判条約や平和条約がアメリカやヨーロッパ各国間で結ばれ、東洋からベルン会議に自分が参加したりして「実際の成績」は徐々に進んでおり、その限りでは国家主権は絶対ではなくなりつつある、したがって学術上からも「実際上」からも、この動向についての研究を怠ってはならない（同、一〇〇～一〇一頁）、と講演を結んだ。

第九　東京市長時代

一　就　任

東京市長尾崎行雄辞任

阪谷が平和会議に出席した翌年、すなわち明治四五年（一九一二）六月、東京市長の尾崎行雄は辞任を決意した。

東京市

東京市とは、市制・町村制によって明治二二年（一八八九）に誕生し、昭和一八年（一九四三）まで、旧東京府（現東京都）東部に存在した市で、このころの市域は「旧一五区」（麹町区、神田区、日本橋区、京橋区、芝区、麻布区、赤坂区、四谷区、牛込区、小石川区、本郷区、下谷区、浅草区、本所区、深川区）であった。

尾崎の市長在任期間は、ほぼ九年の長きに渡った。この間、東京は日本の首都として膨張を続け、小学校の不足、魚市場など市場の整備、市街鉄道の整備と充実、電灯・ガス事業の不均衡是正をはじめ、東京市が抱える問題は山積みであった（安部磯雄「東京市の電灯事業」『太陽』明治四二年一二月一日号）。かかる都市問題への対応をめぐり、市会や参事会

（市長・助役・市会選出の参事会員で構成され、市の行政を統括した）内部は対立し、錯綜する利害関係のなかに市会は利権の温床と化していた。

このような利権の巣窟と化した参事会と東京市会との癒着がささやかれるなかで、尾崎行雄は市内電車の市営化を断行したが、市内電車に電気を供給する発電所の電気の一部を、家庭や事業所の灯りに利用しようとする「百万灯計画」が、監督官庁により不許可となった。この時、尾崎は辞職を決意したのである。

後任の有力候補者

後任市長の有力候補者として取り沙汰されたのは、阪谷のほか、奥田義人（農商務官僚、のち文部大臣・東京市長）、床次竹二郎《とこなみたけじろう》（内務官僚、のち逓信大臣・内務大臣）、岡部長職《ながもと》（貴族院議員〔帝国議会の議員は市長との兼任が可能〕）、元東京府知事・司法大臣）、松岡康毅《やすたけ》（元検事総長・農商務大臣）などで、混戦していた。

こうしたなか六月二五日、第二次西園寺内閣の司法大臣だった松田正久が斡旋に乗り出す。松田は第一次西園寺内閣時代には阪谷と同じ閣僚であり、阪谷の蔵相更迭を受け、蔵相に就任した人物である。阪谷日記によればこの日、阪谷は松田から事情を聞き、岳父渋沢栄一や義兄穂積陳重に相談し、渋沢同族会に市長就任の是非を諮《はか》っている。

阪谷の市長推戴を議決

六月二八日、市会の重鎮の中島行孝《ゆきたか》らが阪谷のもとを訪れ、内意を訊ねた。この阪谷の意思確認を受け、尾崎行雄はこの日、辞表を提出した。そして、七月八日に開かれた東京市会は、出席議員六八名全員一致をもって、第一候補として阪谷の市長推戴を議決、その旨を内務大臣に進達することとした。

東京市長に就任

こうして第四代東京市長に就任した阪谷は、明治四五年七月一二日より大正四年（一九一五）二月二四日までその職にあったが、雑誌『太陽』は、「新市長阪谷芳郎男」と題する論説を掲げ、「熱誠と公正と清剛」と阪谷の清廉潔白な人柄を評価し、阪谷市長に期待した（『太陽』明治四五年八月一日、四三頁）。

二　明治天皇崩御と「御陵」誘致運動

明治天皇崩御

阪谷の東京市長としての最初の大仕事は、明治天皇崩御とそれへの対応であった。明治四五年（一九一二）七月三〇日午前〇時四三分、天皇崩御、皇太子嘉仁親王が践祚（皇位継承）した（大正に改元）。阪谷はただちに参内し、天機奉伺《てんきほうし》の後、麹町区有楽町の東京市役所に至り、市参事会と全区長の招集を指示して帰宅し、一時の就寝の後、七時半に市役所に戻り、午前中に開催された市会に臨んだ。

御大葬の準備

七月三〇日の天皇崩御から、九月一三日の御大葬までのおよそ一カ月半の間、阪谷は市長としてその準備の陣頭指揮にあたった。

陵墓の東京誘致

他方で、阪谷およびその周辺では、天皇崩御の同日より陵墓の東京「誘致」が検討され始めた。『東京市長日記』には、以下のような記述が続く。

・（三〇日夜半）御陵墓を東京に定むることに付、竹村良定（麹町区会正議長）、高羽惣兵衛（麹町区会副議長）（七月三〇日の条）

・（於東京市役所）御陵墓を東京に置くことに付て種々協議（七月三一日の条）

・（宮内大臣渡辺千秋に）御陵の件を陳情（八月一日の条）

阪谷は八月一日に宮内省に出向き、渡辺宮内大臣に陳情したあと、東京商業会議所で、同会頭中野武営、同副会頭星野錫《ほしのせき》（東京印刷社長、衆議院議員）はじめ、渋沢栄一、近藤廉平（日本郵船社長）、郷誠之助（東京株式取引所理事長）、早川千吉郎（三井銀行常務、三井家同族会理事）、柿沼谷蔵（日本橋区会議長）ら東京財界の重鎮たちと、「御陵の件」を話し合っている。豊川良平（三菱合資会社管事）は欠席であったが、「出席同様に見做し呉れ」との伝言があった（『東京市長日記』八月一日の条）。阪谷は、御陵誘致に向け、彼らの協力を取り付けたのであろう。彼はその日再度、宮内省に赴き、今度は中野ともども、河村金五郎宮内次官に「詳細に陳情」をした。

京都市長と会談

さらにこの日、阪谷は京都市長の川上親晴と会い、「御陵の件を談」じ、この件に関し、「互に私意を挾まさる」ことを申し入れている（同）。川上は天皇崩御にあたり、急遽上京したのであろうが、阪谷はこの機会を捉え、御陵誘致の最大のライバルと目された京都市の市長に、私情を排して事にあたっていきたい旨を伝えた。

「神宮」という語

またこの日、渋沢栄一と中野武営が内相の原敬を訪ね、御陵の東京治定について「内談」した。しかし、この日同じ思いで原を訪ねた板垣退助への対応と同様、原のそれは「先帝に御意思あれば夫れに従ふべし」（『原敬日記』大正元年八月一日の条）であった。阪谷は翌日、原を訪問し、「御通夜の件」「葬儀参列の件」などとともに、「御陵の件」「神宮設置の件」を談じている（『東京市長日記』大正元年八月二日の条）。原の対応は、前日の板垣や渋沢・中野へのそれと同じであったが、阪谷ら東京側の申し出に若干の変化がある。「御陵」とともに「神宮」という語が使われ始めたのである。

神社創建運動

翌三日、阪谷は山県有朋を訪ね「御陵墓及神宮の件」を陳情した（同、大正元年八月三日の条）。阪谷らは、御陵誘致運動開始一日にして、「御陵」とともに「神宮」の可能性を考慮し始めていた。八月一日に出向いた宮内省で、御陵は「先帝の御遺志」により京都府下の旧桃山城址に内定している旨を告げられ、阪谷ら東京市側は、天皇奉祀の神社創建運動へと舵を切ることになった（今泉宜子『明治神宮―伝統を創った大プロジェクト―』一二頁）。

三　明治神宮建設と神宮の森

「覚書」の議決

　阪谷、渋沢栄一、中野武営らの対応は迅速であった。八月九日、渋沢の呼びかけで、東京商業会議所に財界人や市会・区会各代表者、東京在住の衆議院議員など、東京政・財界の有力者ら一一四名が集まった。ここで明治天皇奉祀の神社を東京に創建する有志委員会が発足し、委員長には渋沢が選任され、阪谷は特別委員の一人に指名された。そして、八月二〇日に開催された委員会で、この神社の素案ともいうべき、阪谷、中野ら作成の「明治神宮建設に関する覚書」が満場一致で可決された（同、三三頁）。

神宮造営の指針

　この「覚書」は、その後、神宮の造営先として東京が決定されてからも、造営の指針となるものであった。それによれば、神宮は内苑と外苑とから成り、社殿が建立される内苑には代々木御料地をあて、国費により造営する。他方、外苑は御大葬の地である青山練兵場をあて、この造営は広く一般の献金によるものとされた（「明治神宮建設に関する覚書」『明治神宮叢書』第一七巻、二三四〜二三六頁）。

阪谷らの構想

　阪谷らは、明治神宮の鎮座地を単に東京の代々木とするだけでなく、葬儀の社殿の撤去後も、青山練兵場跡を東京市が管理し、参拝者のための設備を設けるとともに、「神苑」造営の際は「永久清浄の地」として「人民の参拝に便なる設備」として整備していきたい(同前)と考えた。この阪谷らの構想が、のち神宮外苑として実現されるのである。

石橋湛山の批判

阪谷らが東京での神宮造営実現に向けて奔走する行為を、ジャーナリストの石橋湛山(のち首相)は「愚かなるかな神宮建設の議」と題して批判し、次のように喝破した。

〔神宮建設については今やほとんど東京全市の政治家、実業家、学者、官吏、民衆の「翼賛」するところとなっているが〕しかしながら阪谷男よ、それからその他の人々よ、卿らの考えは何でそのように小さいのであるか。卿らはわずかに東京の一地にひとつの神社ぐらいを立てて、それで先帝陛下と、先帝陛下によって代表せられたる明治時代とを記念することが出来ると思っておられるのか……僕は一地に固定してしまうようなけち臭い一木造石造の神社などいうものを建てずと、「明治賞金」を作れと奨めたい(松尾尊兊編『石橋湛山評論集』三〇〜三一頁)。

東京の日本化

石橋は、内外から寄せられた弔慰金や寄付金を中心に基金を作り、それをもとにノーベル賞にならって明治天皇と明治という時代を記念する明治賞金を創設することを提案する。しかし、阪谷にとって神宮建設は、単に明治天皇追慕を目的とするのではなく、自らの東京都市将来構想実現に向けたスプリングボード(飛び板、契機)としての意味を持つものでもあった。それゆえ阪谷にとって明治神宮は「けち臭い神社」などではなかった。それは東京を日本の単なる政治の中心ではなく、経済的・文化的にも日本の中心へと飛躍させる起爆剤であった。要するに、石橋は明治天皇の死を〈日本の世界化〉へと結びつけようとしたのに対し、阪谷は〈東京を日本の中心とすること〉に結びつけたのである。

鎮座地は東京代々木

その後も渋沢や阪谷は各方面への陳情を続け、大正二年（一九一三）一二月、第一次山本権兵衛内閣の下で「神社奉祀調査会」が組織された。内相の原敬を会長とするその委員会のメンバーに渋沢や阪谷も任命され、翌年二月、委員会は鎮座地を東京代々木と内定した。渋沢や阪谷の主張がこの委員会の動向を決めたといえるだろう。さらにその二カ月後、大正三年四月、その下部機関として調査委員会が設けられ、阪谷が委員長に就任し、神社創建に関するほとんどすべてのことを調査・検討することとなった。

神宮の森の整備

神社奉祀調査会の答申を受け、政府は翌大正四年四月、神宮創建を正式決定した。この答申に基づき、社殿を中心とした内苑の造営は国費によるものとし、内務省に明治神宮造営局が設置され、阪谷は渋沢と共にその評議員に就任した。しかしその後、第一次世界大戦勃発をきっかけとする急激な物価騰貴による経費の暴騰に対応するためもあって、専ら林地の整備は全国からの献木と青年団を中心とする造営奉仕によることとなった。外苑の造営を広く国民の献金によるものとしたいと考える渋沢や阪谷らの示唆もあ

明治神宮の森と表参道（明治神宮提供）

ったのかもしれない。約一〇万本の献木と田澤義鋪《よしはる》（同造営局総務課長）指導の下に延べ一一万人に及ぶ青年団はじめ全国からのボランティアの手によって巨大な人工林が造営され、内苑は大正九年一一月に鎮座祭を迎えた（今泉、前掲書、八二～八六頁）。外苑については同じく調査会の答申通り「国民奉賛の誠意」によるものとし、大正四年九月に貴族院議長徳川家達を会長、渋沢と阪谷を副会長とする明治神宮奉賛会が組織された。この奉賛会は翌年九月に法人化され、阪谷は財団法人明治神宮奉賛会の理事長に就任し、外苑造営の責任者となった。それは聖徳絵画館や一部スポーツ施設など未完成の施設を残しつつも、大正一五年一〇月に竣工した。内苑・外苑からなる広大な「神宮の森」はこうして生まれた。

四　阪谷の東京都市構想

阪谷の東京都市構想

先に触れたように、森を一体とした明治神宮の建立に阪谷がこだわったのは、明治天皇への崇敬だけではなかった。それは、彼の首都東京の都市構想と密接に関わっていた。

諒闇明けを数カ月後に控えた大正二年（一九一三）四月、阪谷は東京経済学協会四月例会で、「東京市の経営に就いて」と題し、自らの東京都市構想を語っている。その講演は『東京経済雑誌』第一六九七号に全文が掲載された。要旨を次に示す。

今日の東京市は、商工業的には日本を代表していない。元来、東京市の商人はいわゆる居座商人で、買手が来るのを店頭に待って居るという商人である。東京市は、江戸幕府時代には諸大名の在所であったから、大名を相手とする商売であった。今日は、もはや大名というような者はいないのだから、東京市の商人の気風を一変して、出商売をするようにしなければならないと思う（一三頁）。

阪谷は、東京市を「全国の中枢」、日本を代表する都市にしたいという思いでいた。

京浜地帯

東京を中核とする京浜地帯は、鍛冶町など江戸職人町や官営工場に結びつけて、京阪神とともに古くから商工業が発達した地域のように考えられがちだが、明治期には、京都、大阪、栃木、長野、新潟といった在来産業の基盤に立つ府県での工業生産額が高く、大阪に比べ、東京は商工業生産に関しては目立たない存在であった。明治三七・三八年（一九〇四・〇五）の日露戦争前後に、産業の重化学工業化が進められるなか、京浜地区は全国工業生産額の一五パーセントを占めるに至ったが、それは京阪神地区の半分の数字でしかなかった（隅谷三喜男編『京浜工業地帯』八〜九頁）。

「物質的」な革新

阪谷の市長就任時、東京は人口こそ二〇〇万人を超え、大阪を凌駕《りようが》したが、「政治は東京、経済は大阪」といわれる状態にあった。阪谷は東京市を、「精神的にも物質的にも革新したい」（前掲「東京市の経営に就いて」）と言う。具体的にどうするのか。彼は「物質的」には、都市インフラ（産業の基盤となる施設）について、ロンドンを例にあげつつ「港湾といふものが都市の一番の基礎になる」（同前）と、港湾の整備が一番重要であるとする。それに続いて、人口急増に伴う海の埋め立てを中心とした用地の確保、防火設備の完備、道路・交通機関の整備、「電灯問題」の解決が当面の課題であるとした。

「精神的」な革新

「精神的」についてはどうか。彼は有名な学者・実業家を招き、講演会を開催し「精神的方面の関係に努て居る」と、この講演で述べたが、明治天皇奉祀の神宮鎮座についても、おそらく彼の「精神的」東京市構想の中に置かれていたにちがいない。阪谷はこの時点で、二度にわたり欧米の諸都市を歴訪していた。彼の日記には、各国の政財界の要人と会談したことと並んで、主要都市の市長や経済人と歓談し、都市インフラを見学した記述が随所に見られる。以上のような阪谷の都市構想には、二度の欧米巡遊での見聞や体験からの影響が大きいのではないだろうか。

五　東京港の築港構想

東京築港

明治神宮「誘致」とならんで、阪谷が都市整備事業として推進しようとしたのは、港湾計画の策定であった。阪谷は市長就任早々、すなわち大正元年（一九一二）九月一一日、助役の田川大吉郎らに東京築港について相談し、特別法による、工費二一〇〇〇万円、工事期間一〇年、当面一〇〇万坪の浚渫《しゅんせつ》（土砂除去）による三〇〇〇〜四〇〇〇トンクラスの船舶の受け入れ、台場の下付、入港料の徴収そして国の補助をなるべく仰がない、との基本方針をぶち上げた（『東京市長日記』大正元年九月一一日の条）。いわば特区を設定してもらうが、国の財政的援助を受けず一〇年間で東京港を築くとの構想であった。

築港計画作成

『阪谷伝』によれば、彼は市長に就任早々、築港計画の作成を関係部署に指示し、それは大正二年（一九一三）二月にできあがった。それによると、隅田川河口の川底を干潮面下一二尺（約三・六メートル）から同二四・五尺（約七・三〜七・六メートル）の深さにまで浚渫して、より大型船の航行を可能にし、浚《さら》えた土でもって川下の両川岸を埋め立て、広大な港湾・商業用地を確保することであった（『阪谷伝』三七六頁）。

当時の主な動力源は石炭である。隅田川河口を約四メートル浚渫することで、大阪港・神戸港のように、北海道や九州の石炭を直接大型船で隅田川河口を遡って市内に搬入できるようになれば、東京湾沿岸を工業地帯に生まれ変わらせることが可能となろう。浚渫の直接経費は二〇〇〇万円と巨額ながら、阪谷はこの埋立地を一坪二五円、合計金額にして二〇〇〇万円で売却できると考え、財政上の負担を極小化できると見込んだ。だが、この築港計画は内務省の認可を得ることができないままに終わる（同前、三七八頁）。

計画棚上げ

なお、大正二年六月五日、阪谷は水道事業の拡充と築港に関して、政府の財政援助を内相の原敬に打診した。しかし原は、前者については補助を認めたものの、後者は「困難」であるとして撥ね付けた。阪谷は原のこの対応について、「平凡にして大策の考えなきを遺憾」（『東京市長日記』大正二年六月六日の条）とした。阪谷は東京港の築港構想を立ちあげたが、東京市の台所事情は苦しく、新たな公債発行も見込めず政府補助もなく、この計画を一時棚上げにせざる得なかった。その後もこの計画が阪谷の頭を離れることはなかったが、それ以外の問題が政治的にクローズアップされ、阪谷を悩ませた。

六　東京市の電気事業問題

石油ランプから電灯へ

電気事業問題がそれである。当時、都市部では石油ランプから電灯へと照明の転換が急速に進んでいた。また、一部の工場では蒸気から電気へと動力源の転換が行なわれつつあった。阪谷が市長になった頃、電気による照明すなわち電灯は、都市住民にとり身近な存在であった。それゆえ電灯に関わる問題は東京市民の大きな関心事でもあった。

三事業体の熾烈な競争

大正二年（一九一三）当時、東京には三つの電気事業体が存在し、熾烈《しれつ》な競争を展開していた。明治一六年（一八八三）に日本最初の電灯会社として創業し、明治一九年の開業以来、合併・買収によって東京の電気事業を半ば独占してきた東京電灯会社。明治四四年に設立認可を受け、大正二年に開業したばかりの日本電灯会社。これに対し、東京市が明治四四年に東京電気鉄道会社を買収して以来、その電灯事業部門を引き継ぎ、新たに設けられた東京市電気局電灯部。この三者が値下げ競争と顧客獲得競争を始めた。

値下げ競争

大正二年一月、東京市電気局は、鬼怒川水力電気会社から一万キロワットの送電を受けることにより、四月からの電気料金の値下げを実施した。これが三者の値下げ競争を触発した。東京市の措置は、電気事業を公益事業と位置付けてのことによるものであろうが、老舗の東京電灯や、おそらく東京電灯の独占打破を狙って開業したであろう日本電灯は、東京市電気局の料金値下げに、さらなる値下げで対抗した。

『東京朝日新聞』（大正二年六月二四日付）によれば、数年前までは一〇燭光一カ月の定額料金は東京電灯の場合、一円二〇銭だったが、東京電気鉄道―東京市電気局電灯部との競争と日本電灯の新設により八〇銭に引き下げられ、さらに五〇銭にまで下げられようとしていた。三者の値引き競争さらにはプレミアムやサービスをめぐる競争など激烈なシェア争いが続くことは三者の経営基盤を揺るがしかねないと、一部では懸念された。

合併交渉

また他方では、東京電灯と日本電灯の合併交渉が密かに進められていた。関連官庁の農商務相である山本達雄は、電灯のような独占性を有する事業が同じ地域内に二重の施設を作り、二重の社員を使用して互いに競争することは資本の浪費であり、合併するべきである、との意見を持っており（六月二四日付『東京朝日新聞』）、両者に合併を勧告した（『原敬日記』大正二年六月二一日の条）。内相の原敬も、両社の「大合同」が「市及び私営者共同の利益」（同、大正二年六月二六日の条）であると考えていた。

合併中止

この合併交渉が六月下旬に発表されるや、事業独占の動きが電気料金の高騰をもたらすとして、市民の非難が滔滔《とうとう》として沸き起こった。日比谷公園をはじめ各地の公園では、合併反対の抗議集会や市民大会が相次いで開かれ、市会には調査委員会が設けられた。

その結果、発表から一週間たった六月二八日、両社は合併中止を発表した。

阪谷はこのような事態に対し、第一に料金の安定と電力の安定供給が重要であると考えた。三者による熾烈なシェア争いが続くなか、阪谷は、東京電灯と日本電灯とが合併し、東京市電気局と合併による新会社とが市内を二つに分け、それぞれ分野を定めて、料金を協定し、不意の問題については互いに助け合うことが最も得策である、と日記に書きつけていた（『東京市長日記』大正二年四月一〇日の条）。

事業体の一本化

さらに彼は六月二八日、東京電灯と日本電灯との合併中止が発表されたことを受け、学問的に考えれば、電灯＝電気は水道などと同様、都市経営の必要上、市営であるべきだが、今日の東京市の財政状態ではそれを実行することは不可能であるので、「電灯統一は主義に於て賛成」である自分は、株の配当について制限を設けたり、料金に上限を設けるなど、市として十分な監督権をもつ形で合併が実行されるべきである、と感想を述べている（大正二年六月二八日付『国民新聞』）。電灯事業が公営であるべきか、民営であるべきか、という問題はともかくとして、阪谷自身は、電気事業は無用な競争を避け、事業体の一本化をはかるべきと考えた。

公的インフラ整備問題

明治末から大正初年にかけ、人口の大都市集中現象がいっそう顕著となり、住宅の整備や上下水道の整備に加え、市内電車、ガス、電気などの公的インフラ整備が、東京、大阪、名古屋など大都市の大問題となりつつあり、政府要人や政党関係者がこれらの問題に大いに注目するところであった。こうしたなか阪谷は、翌年には問題の抜本的な解決のため、三事業体の合同を目指した。

大正博覧会協賛会会長

尾崎市政に引き続き、阪谷市政のもとで電灯問題がクローズアップされ始めた大正三年三月から同年七月にかけ、阪谷は大正天皇の即位記念事業として、東京・上野公園を主会場に、東京府が主催して開催された大正博覧会（同会長：東京府知事・宗像政）の協賛会会長を務めている。阪谷はその晩年に、東京・横浜での大規模な博覧会開催に執念を燃やすが、大正博覧会は彼が博覧会に関与したおそらく最初であろう。

長男希一の就職

なお大正三年七月、長男の希一が東京帝国大学法科大学を卒業した。卒業にあたり、希一は将来中国で仕事をすることを視野に入れ、大蔵省に入ろうと父芳郎に相談すると、「一生を大蔵省で貫くつもりならいいが、腰掛にするつもりで私の大切な大蔵省へ入ろうなどとは不心得だ。志願まかりならぬ」（阪谷芳直『三代の系譜』一七七頁）と、息子を叱った。高等文官試験をパスした希一ではあったが、父の反対にあい、彼は方向転換して日本銀行に入ることになった。

七　電力三社合同の調停失敗と辞任

市政改革の好機来る

東京電灯会社と日本電灯会社の合併騒ぎ直前、すなわち大正三年（一九一四）六月四日から六日にかけて、東京市会議員の総選挙が実施された。その結果、市会の牛耳を取っていた会派「常盤会」は議員の数を激減させ、中野武営（東京商業会議所会頭）らによる市政倶楽部が市会の中心勢力となった。彼らは市政刷新を掲げ、阪谷に対し、電気局改革や電灯料金の値下げを要求するにいたった。

そもそも阪谷は市長就任以来、市会多数派の常盤会に、市政の運営について少なからず依存するところがあった。しかし今回の市会議員選挙の結果は、東京市の行財政改革を目指す阪谷にとっても、改革に向けての好機であった。阪谷は電気局に注目した。

安藤保太郎の案

電灯事業の統一を目指す監督官庁や阪谷市長および東京市電気局長の松木幹一郎に対し、東京市による買収時に東京鉄道会社から横滑りしてきた電気局電灯部長の安藤保太郎らは、電灯料金引き下げを目指した。安藤は、従来の炭素線フィラメント電球から、消費電力が半分以下で済むタングステンフィラメントの電球に切り替えることにより、電灯料金の大幅な値下げが可能であるとして各方面にその実行を働きかけた。これは広く市民に歓迎されたが、阪谷はその利益は東京市の財政に裨益すべきであり、ただちに電灯料金の値下げにつなげるべきではない、と考えていた（六月二八日付『国民新聞』）。阪谷は、安藤案は値下げ競争を激化こそさせ、電気の安定供給と電灯事業の効率化にはつながらない、と判断したのである。

電気局改編

阪谷は八月に至り、電灯部長の安藤らを休職扱とし、電気局を総務・運輸・電灯・工務の四部制から、総務・工務・電車・電灯・経理の五課制に改編して、新たに電気局次長を置いた。その結果、電気局における、東京電灯や日本電灯に対抗しての電灯料金値下げに向けての意識は沈静化していった。しかし、市会の大勢は阪谷のこうした動きに反発した。彼らは安藤の休職でなく、電気局長の松木の更迭を望んでいたのである。

市会の不信任表明

そして大正三年九月の市会に、電気料金軽減案の提出要求と、実施した電気局改革は市民の期待に反し市民の利益に反する、との決議案が上程され、電灯料金調査委員会による一カ月定額五燭光四三銭、同じく一〇燭光五〇銭、従量灯一キロワット時につき一五銭とする電灯料金案すら提出された（『阪谷伝』三八五頁）。これは実質的に安藤案であり、阪谷や松木への不信任の表明でもあった。ちなみに前年の大正二年四月、東京市電気局は、一カ月定額五燭光屋内四五銭、同じく一〇燭光七二銭、従量灯一キロワット時一八銭と、電灯料金を改定したばかりであり、電灯料金調査委員会はさらなる値下げを電気局に対し提案するものであった。ここで、燭光とは光度の単位で一燭光＝約一カンデラで、白熱電球のワット数とほぼ一致する。したがって、五燭光は今日の電灯のナツメ球などで使われる五ワット球の明るさである。

阪谷の懸念

これに対し阪谷は一〇月一一日、日本橋倶楽部にすべての市会議員を招待して午餐を共にしながら、東京市の収入不足を助長し、市の財政を困難にし、民業を圧迫するがゆえに、電灯料金に関する調査委員会報告は実行困難であると説いた（『東京市長日記』大正三年一〇月一一日の条）。調査委員会報告案が市会で可決されて実施となれば、東京市の収入はその分減収となり、三事業体による価格破壊競争が再現されることを、阪谷は懸念したのである。

電灯料金設定の議決

阪谷は一〇月一六日、内務省地方局長から口達があった旨を市会に報告した。議論百出、議場は混乱し、市会はいったん閉会した。市会は一九日に再開され、電灯料金に関し議決をした。それは、二カ月以内に、東京市の財政を危うくすることなく、全市民に公平均一低廉な公定料金を設定し、市会への報告を求めるものであった。例えば東京市電気局が主に電力を供給する地域は、芝区・麻布区・小石川区・牛込区・本郷区で、日本電灯は浅草区・本所区・深川区、それ以外は東京電灯によっており（『東京百年史』第四巻、八二五頁）、同じ東京市内でも、契約している会社により電気料金は異なっていた。右の議決は、これを踏まえ市内均一しかも低廉な料金の設定を、阪谷に迫ったのである。
これを受け、阪谷は松木電気局長を督励しつつ、価格協定、統合の両面から東京電灯、日本電灯両社と交渉を開始した。渋沢栄一や森村市左衛門（日本陶器合名会社社長、早稲田大学など教育機関や北里柴三郎ら研究者に多額の寄付をしたことでもその名が知られ、大正四年男爵に叙爵）を仲裁人に依頼しての交渉であった。

交渉難航

交渉は難航したが、最大の問題は価格であった。例えば、市会が当初要求した「一ヶ月定額五燭光屋内四五銭」は、企業存続のためにも、両社が飲めなかったようである。二カ月以内に成案を得ることが困難と踏んだ阪谷は、一二月二二日に開会された市会で、両電燈会社との交渉経過を説明したのち、翌年一月末までの期間の延長を求めた。
市会側はこれに対し、では翌年一月までに価格の協定か会社の統合か、いずれかに成案が得られない時はどうするのか、との質問が出たが、阪谷は「其の場合に臨んで適当なる行動を致す」と応じた（『阪谷伝』三九〇頁）。つまり、辞任を仄《ほの》めかしたのである。

市長辞任

年が明け、阪谷は渋沢・森村両仲裁人の斡旋により、東京電灯と日本電灯を、それぞれ三五一〇万円、六〇〇万円で東京市が買収する調停案でもって最終交渉に臨んだ。しかし、浅草発電所の譲渡に限って東京電灯の同意を得ることができず、ついに最後の土壇場で交渉は暗礁に乗り上げた。阪谷はそれを受け、大正四年二月三日、市会に報告書を提出するとともに、辞意を伝えた。阪谷をもってしても、電灯問題は解決できなかったのである。こうして阪谷の二年半余りにわたる東京市長時代は幕を閉じた。

三事業体協定

この問題は、次の第五代東京市長の奥田義人（第一次山本権兵衛内閣文相兼法相）により、「三電協定」つまり三事業体協定という形で解決をみたが、心労のためか、逓相の田健治郎が協定を許可した大正六年（一九一七）八月二一日当日、彼は急逝した。

第一〇　第一次世界大戦と連合国パリ経済会議

一　阪谷の第一次大戦観

第一次世界大戦勃発

ベルン会議から約三年後、ハーグにおける第二回万国平和会議より七年後の一九一四年（大正三）七月、第一次世界大戦が勃発した。サライェヴォで、オーストリア・ハンガリー帝国皇太子夫妻に対して発射された数発の銃弾が、三国同盟と三国協商との全面戦争をもたらした。この戦争は長期化し、一九一八年一一月にドイツに革命が起こり、ドイツと連合国との間に休戦協定が締結されるまで、実に四年余りにわたった。過去二回開催された万国平和会議での議論や、第一回万国平和会議での議決をもとに創設された常設仲裁裁判所は、戦争勃発とその拡大の抑制にはまったく役立つことはなかった。

武力か経済か

阪谷はこの戦争どのように見ていたのか。第一次世界大戦が勃発した時、阪谷は東京市長であった。市長を辞職してから一年後、戦争が始まって一年半ほど経過した大正五年（一九一六）一月一五日、彼は東京経済学協会の講演会で、「戦争は武力と経済の両面でとらえなければならぬ」とし、「武力の戦争」ではあらゆる方面でドイツが優位であり、経済の面では相互に協力している英仏露伊の協商側が勝っており、今後どちらがアメリカを取り込めるかが勝敗の鍵であると説く。

……独逸《ドイツ》が亜米利加《アメリカ》を取らう、英吉利《イギリス》も亜米利加を取らうとして居るので、新聞で御覧の通り亜米利加のモルガン氏に独逸人がダイナマイトを打突けた。何故かと云えばモルガン氏が英仏の方に金を貸してやらうと尽力をした。それでは敵わぬからと云ふのでモルガン氏を殺さうと云ふ訳で、それが為に爆弾でモルガン氏は大怪我をした、側の人は死んだと云ふやうな騒ぎが起こつた。〔独や英仏は〕亜米利加をお互に自分の贔屓に置かうとして居る。英仏にとっては十億からの公債、英仏借款が出来たと云ふやうな訳である。……〔英仏は〕大蔵大臣が互いに寄つては相談し、相談しては金を一緒にして居るから……経済の方の戦争は今日英仏側が勝ち、武力の方の戦争は独逸側が勝つて居る（阪谷「所感」、『東京経済雑誌』第一八三四号、六七頁）。

右に阪谷が触れた「モルガン」とは、ウォール街の有力者にして世界的大富豪のジョン・ピアモント・モルガン二世（John Pierpont Morgan Jr, 1867~1943）のことで、アメリカ金融資本の象徴的な人物である。彼は一九一五（大正四）年七月三日、ニューヨーク郊外のロングアイランドの別荘で、ドイツ系アメリカ人フランク・ホルトに銃撃され、重傷を負った。一九一二年に死去した父親から事業を引き継いだ彼は大戦が勃発するや、ドイツではなく協商側（連合国）に盛んに軍需品を供給し、莫大な利益を収めた。犯人はそれさえなければ戦争は早く終結すると考え、彼を銃撃したばかりか、その前日の連邦議会上院議事堂爆発事件を引き起こした容疑者でもあった（大正四年七月五日付『東京朝日新聞』）。爆弾によるテロと阪谷は講演で述べたが、彼の記憶違いである。

モルガン銃撃犯の視点

ちなみに『東京朝日新聞』ニューヨーク特派員によれば、同地の資本家が、英国軍事公債一億〜三億ドルを引き受け、米国市場に売り出すとの報があり、犯人はこれを米国の対連合国への軍需物資輸出に結びつけ、モルガン邸に乱入し「戦争を止めよ」とモルガン二世に要求し、格闘となって発砲した、犯人は、モルガン二世らアメリカの資本家が軍需物資を大量に生産して連合国に売りつけ、さらにその購買を可能とする資金調達までして英仏両国に貸し付け、ドイツに対する戦争を継続させている、と考えた（大正四年七月六日付『東京朝日新聞』）。

連合国の兵器廠

たしかに連合国は軍需物資と戦費の多くをアメリカに依存し、そのことが戦争を長期化させ、大規模化させたことは否めない。この時点でアメリカは参戦こそしていなかったが、連合国の兵器廠《へいきしょう》であり、兵器購入のための資金を提供する金融機関であった。テロの犯人も阪谷と同様、この戦争の経済的側面に注目していた。

参戦国日本の立場

ともかく阪谷は、連合国側で相互に資金協力をしたり、為替の調整をしたりすることで、経済の戦争は連合国側が勝ち、武力の方はドイツ側が勝っているが、武力が経済を打ち破るか、経済が武力を圧するかは「見もの」ではある、しかし日本は参戦国であり、世界経済の動向を見据えつつ日本の利益を伸ばし、日本の危害を防いでいかねばならぬ、とこの講演を締めくくっている。

二　連合国パリ経済会議に出席

連合国パリ経済会議

第一次大戦の東西両戦線が膠着《こうちゃく》する中で、フランスはパリでの連合国経済会議の開催を提唱し、日本に代表者の派遣を求めてきた。ヨーロッパの連合国各国は、いずれも首相・蔵相級の人物を派遣する方針を採った。これに対し第二次大隈内閣は代表団の派遣を決め、阪谷を代表団の委員長に起用することを決定した。元蔵相であり、二度の外遊を経た阪谷は、今や国際的な知名人となっていたからである。

阪谷が代表団委員長

彼が大隈首相から内命を受けたのは大正五年（一九一六）三月一四日である。随員には大蔵省より、曾禰・阪谷両蔵相の秘書官を務め、その後の海外勤務が長い森賢吾（財務官、ロンドン駐在）はじめ六名が任命された。

長男・三女の結婚

渡欧前の三月から四月にかけて、阪谷は公私共に慌ただしい日々を送った。外遊の準備に加え、三月に長男希一が三島弥太郎（子爵、貴族院議員、日本銀行総裁、前横浜正金銀行頭取）の長女寿子《ひさこ》と結婚し、翌四月には三女八重子が中村雄次郎（男爵、陸軍中将、関東都督、前満鉄総裁）の嗣子貫之（横浜正金銀行に勤務）に嫁いだのである。

さて阪谷は五月一日、文相の高田早苗ら約九〇〇名の見送りを受け、東京駅を出発し、敵国ドイツや戦場を迂回して、六月七日にパリに到着した。会議は、主催国フランスに加え、イギリス、ベルギー、ロシア、イタリア、ポルトガル、セルビア、および日本の参加八か国、総勢八〇名余りの参加者があった。

三項目の合意

この会議の議決は全会一致によったが、それは本国政府を拘束しないことが基本原則とされた。したがって、一つの問題について長時間議論することはせず、議決の内容も合意できたところに留められた。そのため会議の進行は迅速であった。会議の期間は六月一四日から四日間で、二一日には一部を除き、合意事項の全部が公表された。それは三項目から成る。①戦時に対する措置、②連合国の商業工業農業および海運業の回復期における応急手段、③連合国間における共助および協力の永久的措置、がそれである。

会議の「効果」

一一月三日に横浜に帰着した阪谷は記者団に、この会議の「効果」は敵国を威圧すると共に、連合国の経済政策を定める上に有力な一資料を供したことであり、参加国が共同歩調をどの程度とりうるかは今後の問題、と語った（大正五年一一月四日付『東京朝日新聞』）。

三　欧米視察とアメリカの対日不信—対華二一カ条要求の影響—

各国の経済を視察

パリでの会議を終え、阪谷ら代表団が西部戦線を視察しているところに、首相の大隈重信から各国の経済状態を視察するように、との訓令が届いた。そこで阪谷ら一行は、イタリアやスイスを訪れ、いったんフランスに戻り、イギリスを経てアメリカに入った。アメリカでは、ワシントンでランシング国務長官と、ニューヨークでシフ、ゲリー、スチルマン、モルガン二世ら、アメリカ財界の指導者たちと会談を重ねた。この時、アメリカは好景気に沸いていた。それを目の当たりにした阪谷は、

欧羅巴の金が悉く米国に集まって、地球が傾きはせぬかと云ふやうな、一寸云へば評する程に米国に金が集まって来る。それ故に米国は此余れる資本を以て南米なり東洋なりに仕事をしたいにちがいない

（「欧州視察談」、『龍門雑誌』大正六年一月号、『阪谷伝』四二六頁、所収）と感知した。

『ワールド』紙の取材

ところで、『東京朝日新聞』の特派員は、大正五年（一九一六）一〇月、阪谷らの来米後、極東に対する注意が米国人の間に喚起され、日本の政策を猜疑《さいぎ》する記事が続々と新聞に

掲げられるようになった、そうしたなかで『ワールド』紙日曜版付録に次のような阪谷へのインタビュー記事が掲載されたと、東京に記事を送って来た。その阪谷の発言の要点は次の四点である（大正五年一〇月七日付『東京朝日新聞』）。

①欧州大戦開始以降、日米間の貿易は増加する一方である。

②米国人は、日本の東洋における商業の拡張ぶりを嫉視するが、日本の対中貿易の拡大により、米国産の綿花織材の輸入が増加し、その分、米国も利益を得ている。

②米国人は、日本はアメリカの中国への投資を歓迎しないと考えるが、それは中国市場がいかに広いかを理解していないからだ。

④日本が最近獲得した利益でもって中国市場を独占することは不可能であり、各国が今後なお継続して中国へ投資をしても、中国には十分それを吸収する余地がある。

対華二一カ条要求

しかし、なぜアメリカで日本を猜疑するような風潮があったのか。

前年、すなわち大正四年（一九一五）一月、第二次大隈内閣は、袁世凱《えんせいがい》の北京政府に、山東半島におけるドイツ権益の日本への譲渡、満鉄や旅順・大連の租借期限の延長など二一カ条要求を突きつけた。特に、警察権への日本の介入、日本人顧問の採用、三つの鉄道施設権の日本への提供などを要求する第五号は希望条項ではあったが、中国はもちろん、国際社会の厳しい反発を招き、袁世凱政権は日本政府に抵抗した。しかし大隈内閣は最後通牒を突き付け、第五項を除く日本側の要求の多くを、中国側に受諾させた。

アメリカの不信感

この対華二一カ条要求は、日本人移民問題に加え、多くのアメリカ国民の日本への反発をかったであろうことは想像に難くない。それから一年余りが経過し、この問題は多少沈静化に向かったが、阪谷らの訪米がアメリカ国内における日本への不信感を再び呼び起こした。阪谷はその緩和のために『ワールド』紙の取材を受けたのであろう。そこで彼は、中国市場を日本が独占しようとは考えていない、と明言した。

四　日米共同による中国投資

阪谷が新聞を通じてアメリカ国民に対し、中国市場の独占を日本が考えていないことを説くと、今度は阪谷に対し、日米共同による中国への投資の必要性を説いた財界有力者がいた。その一人がクーン・ローブ商会のシフである。

シフの対中共同投資案

大正五年（一九一六）一〇月二日、阪谷はシフより、元在華米国銀行団代表のストレート（元奉天総領事）をはじめ他のグループとも共同して、中国への投資を日米共同で行なおうと考えており、「他の問題は之にて総て解決すべし」と告げられた（「阪谷日記」大正五年一〇月二日の条）。その翌々日、再訪した阪谷に対しシフは、日米共同で五億五〇〇〇万ドルという巨額の対中投資を提案した（「阪谷日記」大正五年一〇月四日の条）。これに対し阪谷が即座にどう反応したかは不明であるが、彼は会談直後に、同行した横浜正金銀行や日本銀行のニューヨーク駐在員と、シフの提案について話し合っている（同前）。

シフはそれから六日後、国務省顧問フランク・ポークに宛てて、中国における日米経済協力の必要を説き、両政府が中国において提携するならば、中国が折々必要とする金は、それが最終的にどれほど巨額になろうとも、アメリカの金融市場において調達される可能性がきわめて高いだろう、と書き送っている（一九一六年一〇月一〇日付書簡、三谷太一郎『ウォールストリートと極東』一一一頁）。

ゲリーの日米共同案

一方、阪谷は同じ一〇月四日、U・Sスティール社長で、元イリノイ州郡裁判所判事であったことからジャッジ・ゲリーの異名を持つエルバート・ヘンリー・ゲリー（Elbert H. Gary）と、夕食を共にしながら歓談した。その折、ゲリーは、

一、支那に対しては憲法、幣制、内地改善の必要。

一、日米共同の精神を必要とす。戦後欧州諸国の投資に対抗して必要云々。素より公平を欠くと云ふの意にあらず、自衛上なり（「阪谷日記」大正五年一〇月四日の条）。

と戦後を見据えつつ、日米共同で中国市場の開拓を目指す必要性について、阪谷に語った。ゲリーはモルガン一世の右腕として、カーネギー製鋼はじめ製鉄メーカー一〇社を

統合してU・Sスティール社を設立し、社長として同社を全米粗鋼生産額の六割以上を占める巨大企業に発展させた辣腕経営者である。六日、阪谷はゲリーやシフとの話の内容を、東京に向けて報告した（「阪谷日記」大正五年一〇月六日の条）。

モルガン二世に会う

この二人が中国への投資について日米共同を説いたのに対し、ウォール街の覇者になりつつあったモルガン二世は、阪谷に対しどのような態度をとったか。阪谷の日記によれば、それは九月二六日に阪谷がモルガン二世に会った際の「他日の仕事を約」したという程度のもので、そっけないようにも思われる。日記に見る限り、モルガン二世とシフとでは、阪谷への対応は対照的である。しかし、ゲリーがモルガン商会系列のU・Sスティール社の社長であることを考える時、モルガン二世の言う「他日の仕事」とは、日米共同による中国への投資のことであったのかもしれない。

カナダから日本へ

阪谷は、シフやゲリーとの会談結果を東京に報告したのち、カナダに入った。オタワでは、ロバート・ボーデン首相主催の晩餐会に出席し、政財界の名士と交流し、バンクーバーに移動した。ここから海路、横浜に戻ったのは一一月三日のことである。

五　アメリカの参戦

アメリカ、大戦に参加

アメリカが中立を放棄し大戦に参加したのは、阪谷の経済学協会での講演の一年余り後、すなわち一九一七年（大正六）四月のことである。これより二年前になる一九一五年（大正四）五月、ドイツの潜水艦が無警告で、イギリス商船ルシタニア号を撃沈した。一一九八名の犠牲者の中にアメリカ人一二八名が含まれていたため、中立国アメリカではドイツへの反感が高まった。ドイツは一九一七年二月、ついに無制限潜水艦作戦の発動を宣言した。アメリカはこれを機に、連合国の側に立って参戦した。

ロシア革命

また、一九一七年三月にロシア革命が起こったことも、アメリカにとって参戦の理由として大きいであろう。アメリカは、イギリスとフランスに対し、戦費として巨額の資金を貸し付けていた。第一次大戦中の英・仏両国の対米債務は、それぞれ四二億七七〇〇万ドル、三〇億四七九七万ドルにのぼった。それはイギリスの場合、戦費総額の約二二%、フランスについては約三〇%を占めた（山室信一ほか編『現代の起点　第一次世界大戦』第二巻一〇九〜一一一頁）。ロシア臨時政府の動向次第では、ロシアが戦線を離脱し、東部戦線の崩壊もありえたであろう（一九一七年一一月、ソビエト政権が樹立され、現実となる）。それは連合国側の勝利を困難にするかもしれなかった。ちなみにソンムの戦い（一九一六年七月）以来、連合国側にとって西部戦線は膠着《こうちゃく》し、一進一退の戦況が続いていた。連合国側の敗退は英仏両国を債務不履行に陥し入れるのではないかと、アメリカ側とりわけウォール街は恐れたのかもしれない。

アメリカの経済力

それにしても阪谷が東京経済学協会の講演で述べたように、この戦争の帰趨を制したのは、アメリカの経済力であった。ウォール街の覇者ともいうべき投資会社「モルガン商会」社主モルガン二世がテロに遭遇したことからも、大戦期におけるアメリカの対外政策に、ウォール街の影を読み取ることができる。

津島寿一の回顧

なお、第二次世界大戦後、敗戦国日本の賠償交渉や外債処理を担うことになる津島寿《つしまじゅ》一《いち》は、大正から昭和戦前期に財務官としてヨーロッパに駐在しており、この時のことを回顧して述べているが、その趣旨は次のようなことであった。

ウォール街におけるクーン・ローブ商会とモルガン商会との地位は、第一次世界大戦の結果、相当大きな開きを生じた。モルガン商会は開戦以来、英仏伊ら連合国を支持し、これらの政府との外債を発行し、またその物資購入上、大きな役割を果たした。そのため、この戦争でその地位は飛躍し、俄然一頭地を抜きんでた。一方、ユダヤ系のクーン・ローブ商会は出身がドイツである関係上、アメリカが参戦するまでは、連合国の財政に、積極的な活動をむしろ差し控える立場をとった。このことが戦後、両商会の地位に変化をもたらした（『芳塘随想』第九集、一五五〜一五六頁）。

「両国資本家の協同」

津島が言うように、この時のモルガン商会をはじめウォール街の関心は、もっぱらヨーロッパであった。一九一七（大正六）年四月、アメリカが参戦すると、石井―ランシング会談によって、中国をめぐる日米関係の調整が行なわれた。会談の開始に先立ち、寺内正毅内閣の外相本野一郎は、特派大使の石井菊次郎に次のように内訓した。

支那の現状に徴するに両国資本家の協同は相互の為有益にして、又支那の為にも其富源開発に資せる所大なるべく、従て帝国政府は日米両国政府に於て双方の資本家の協同を奨励し之が気運を促進するを得策と思考す（外務省編『日本外交年表竝主要文書』上、四三六頁）

阪谷がアメリカから東京に送った電報や報告書が、外務省の方針にいくぶんか影響を与えているのかもしれない。この訓令には、中国における日米「両国資本家の協同」が日本の利益となる、とある。

モルガン商会の主導

余談だが、その後、日米関係は対立をはらみながらも、金融資本のレベルでは緊密となる。しかし、その主導権はクーン・ローブ商会のシフではなく、モルガン商会のモルガン二世と同商会の有力パートナー、トーマス・ラモントにあった。第一次世界大戦後におけるウォール街の主導権は、モルガン商会がとったのである。モルガン商会は、大戦後に成立した、米英仏日四カ国による対中国投資のための国際シンジケート（「四国借款団」）におけるアメリカ側銀行団の中核であり、さらに日本政府による関東大震災復興のための外債募集の中心的な担い手となった。

第一一　幻の中国幣制顧問

一　辛亥革命後の中国

中国からの顧問要請

連合国パリ経済会議から帰国して四カ月後、すなわち大正六年（一九一七）三月、中華民国北京政府が、財政改革のため阪谷を顧問として招きたいと要請してきた。三月一二日に、竹内綱（元自由党系政治家、元京釜鉄道常務）が阪谷を自宅に訪ね、「支那中央銀行の件に付余に一切担任を望む」（「阪谷日記」大正六年三月一二日）との意思が中国側から伝えられた、との伝言があった。

幣制改革の必要性

すでに見たように、阪谷が中国幣制と関わるきっかけは、明治二二年（一八八九）に李鴻章に通貨に関する意見書を送ったことに始まる。後年、阪谷は、

支那からは屢々親王殿下が御いでになったり、或いは大官が御いでになったり屢々幣制改革についてお見えになりまして、私が当時大蔵省に居りましたが、始終支那から来られた御使いに対して応答して居りました（阪谷「支那幣制改革に就いて(一)」『東京

経済雑誌』第一九四七号、一三頁）

と語っている。この親王とはおそらく慶親王を指し、また大官は、明治三八年に来日した端方であろう。清国から大官の端方が来日して財政意見を求めたときには応接し、また阪谷自身も中国で幣制改革の必要性を説いたのであった。

「支那財政所見」

明治四一年九月には、阪谷が最初の欧米歴訪の際、帰路に奉天（現在、瀋陽）で講演を行ない、中国の幣制の混乱が富国を妨げると述べた（奚伶、前掲論文、七八頁）。一九一一年の辛亥革命の直後、臨時大総統孫文が、大隈重信を介して中国財政の立て直しに阪谷の意見を求めてきたのを受けて、明治四五年（一九一二）七月に、阪谷が中国の『遼東新報』紙上に「支那財政所見」を六回にわたって連載し、紙幣発行権の保有、中央銀行の創設、貨幣の整理、国庫金取り扱いの便宜などを説いた（『阪谷伝』四三三頁）。

以上のような阪谷の中国幣制改革をめぐる取組みが、李鴻章の系譜を継ぐ北京政府をして、このたびの彼の招請へとつながったのであろう。

第二革命

しかし辛亥革命後、中国国内では混乱が続いた。そのため中国への日本政府の対応は二転三転した。中国南部における革命闘争が激化するなかで、一九一二年二月には清朝皇帝である愛新覚羅溥儀が退位した。清朝を崩壊に導いた袁世凱は、孫文から中華民国総統の地位を譲り受けたが、一九一五年、ついに自ら帝位に就こうとした。これに対し、揚子江流域とそれ以南の革命勢力は大きく反発し、中国は南北に分かれて鋭く対立するに至った（第二革命）。

日本政府の対応

時の内閣は第二次大隈内閣である。同内閣は組閣三カ月後に勃発した第一次世界大戦への参戦を決定し、年明け早々の一九一五年一月には袁世凱の北京政府に対し、二一カ条を要求した。さらに、中国における袁世凱の帝政復活には諸外国と同様に反対を表明し、右翼や大陸浪人と称する人びとが袁政権と対立する孫文の南方政権を支援し、排袁運動を展開することを黙認した。

南北政権の溝

翌一九一六年六月に袁世凱が死去すると、かわって黎元洪《れいげんこう》が大総統に就任し、袁によって廃止された臨時約法（憲法）を復活し、休止に追い込まれた国会を再開した。しかし、南・北政権の溝は埋まらず、南方政権と対峙する北京政府の実権は袁世凱直系の北洋軍閥の手に握られたままであった。この時、北洋軍閥の巨頭にして国務総理の職に在ったのが段祺瑞《だんきずい》である。

寺内内閣の方針変更

大正五年（一九一六）一〇月に大隈内閣に代わって成立した寺内正毅内閣は翌年七月、前内閣の方針を変更し、この段祺瑞政権を財政的に援助する一方、南方政権には援助しない姿勢に転じた。幣制改革実現に向けた阪谷への北京政府の協力要請は、こうした中国情勢変化のなかで行なわれることになった。

二　清末〜中華民国初頭の貨幣制度

清朝以来の幣制

ここで中国の当時における幣制について簡単に見ておこう。

清朝以来、中国の幣制は伝統的に秤量貨幣制を骨子とし、銀を中心に銀貨、銅貨、銭貨は額面価格をもって通用する強制力をもたず、それぞれの貨幣の価値はその需要の大小とそれが含有する金属の地金の市場価格とによった。そのことが、アヘン戦争以降、外国の貨幣、たとえばメキシコ銀貨の中国大陸での流通を容易にさせたのである。

また、清朝時代には、もっぱら両《テール》を貨幣の単位としたが、銀地金の純度について厳格に統一されていたわけではなく、官憲が用いる庫平両《クピンテール》の他に、数百種類の両があったといわれる。さらに、銭荘、銀爐といわれる金融商が発行する銀票・銭表・荘票なる私設紙幣も流通した。こうしたことが通貨間の交換、すなわち為替をきわめて複雑なものとしたが、清末の不安定な政治情勢がそれに拍車をかけていた。

そこで清末から中華民国初めに、かかる状況克服のため、庫平両をもとに新たな通貨単位「元」の創設（一庫平両は純度九〇パーセントの銀三七・三〇一グラムの価値をもつが、その一庫平両の百分の七二を一元とする）が、政府内部でも検討されていたのである（ジー・ヴィッサリング

〔ヴィセリング〕・山本唯三郎訳『支那幣制改革論』参照）。

北京政府の起債申し出

一九一七（大正六）年九月、北京政府の財政部長梁啓超《りょうけいちょう》は後述の四国（英仏日露）借款団に、幣制改革のため二〇〇〇万ポンド（約二〇〇〇億円）の起債を申し出た。すでに述べたように、中国は銀本位制をとっていたが、国内に多種類の銀貨が流通し、為替（通貨間の交換比率）は複雑を極めていた。北京政府は対独参戦問題で分裂し、対峙する南方の孫文政権に対し、政権の基盤強化のため銀貨を統一し、さらに紙幣を整理して将来の金本位制の導入に備えようとしたのである。梁財務部長はこの事業遂行のために、外国人顧問一名を招聘することを起債の条件の一つに挙げていた。

四国借款団

ここで四国借款団について述べておきたい。そもそも中国への投資を共同して行なう目的で、英米仏独の四カ国の国際銀行団が存在したが、一九一二（大正元）年、日本はロシアとともにそのグループに加入し、六国借款団が形成された。これにより日露は中国への投資について、右の四カ国と共同歩調を取らざる得なくなった。

しかし一九一三年、アメリカでウィルソン政権が誕生すると、大統領の支持が得られないことを理由に、アメリカ銀行団は六国借款団から離脱した。さらに第一次世界大戦の勃発によって、ドイツ銀行団が除名された。こうして国際借款団は、英仏日露の四カ国から成るシンジケート、借款団によることとなった。

ところが第一次世界大戦の戦闘の苛烈化と長期化により、日本を除く三カ国は、中国への投資活動を事実上休止のやむなしとした。すなわち、列国のなかで中国の要請に応えられるのは、ひとり日本だけであった。かくして中華民国北京政府が財政改革のため、阪谷を顧問として招きたい、と要請するに至ったのである。

金輸出禁止

なお、ちょうどこの頃（大正六年九月）、寺内内閣は金輸出禁止に踏み切った。第一次世界大戦勃発後、ヨーロッパ主要国が相次いで金輸出を禁止してきたが、一九一七年九月のアメリカ政府の金輸出禁止を受けての措置であった。ともかく世界的に金輸出が禁止されるなかで、日本の在外正貨は増え続けたが、金の輸入量は激減し、インド綿を中心に輸入代金の支払いにも支障が生ずるありさまであった。また、世界的な金輸出禁止状態はアジア圏において相対的に銀価格を上昇させ、中国の通貨に対して円は下落し、日本の中国への金流出が続いた（小松和生「第一次世界大戦期寺内内閣の外交および軍事＝経済政策―対ソ戦略と総力戦体制―」六二～六四頁）。梁啓超はこうした状況を好機と捉え、幣制改革への着手を考えたのであろう。

三　中華民国の幣制顧問への就任問題

顧問就任要請に応じる

阪谷には、先述したように、連合国パリ経済会議から帰国して四カ月後の大正六年（一九一七）三月一二日、竹内綱よりその旨が伝えられた。それから半年を経た九月一一日、寺内内閣蔵相の勝田主計《しょうだかずえ》（元大蔵官僚、前朝鮮銀行総裁）は、阪谷を大蔵省に招き、北京政府の意向を伝え、阪谷もそれに応ずる旨を伝えた。こうして、阪谷の中国幣制顧問就任に向けた動きが一気に進むことになる。

勝田の求めに応じた阪谷は翌日、中央銀行設立と銀本位制の一元化を徹底したのち、金本位制に移行するというロードマップを作成し、勝田に手渡した。そこで阪谷は、蔵相の勝田、外相の本野一郎（元外交官）、そして帰国中だった中国駐在公使の林権助と協議の結果、三カ月間中国各地を視察する一方で、中国の要人とも会って協議を重ねた後に、顧問に就任することとした。

北京へ

阪谷は翌大正七年（一九一八）三月二二日、東京を発ち、朝鮮経由で北京に向かった。出発前に、内相の後藤新平や陸相の大島健一ら各閣僚、犬養毅、加藤高明、原敬ら各政党指導者、市来乙彦（日本銀行総裁）や三島弥太郎（横浜正金銀行頭取）ら金融機関のトップとそれぞれ会談した。彼らに協力を要請するとともに、幅広く各方面の意見に耳を傾けたのである。

政府要人と会談

阪谷は北京で大総統である馮国璋《ふうこくしょう》、国務総理の段祺瑞、元財政総長の梁啓超、梁士詒《りょうしい》ら政府要人と会談し、中国南部をはじめ各地を視察した上で意見書を作成し、提出することを約した。視察への出発直前、財政総長の曹汝霖《そうじょりん》は阪谷に対し、「金券発行」すなわち金本位制即時移行論を述べた。阪谷は、「深く注意すべき」と慎重論でそれに応じている（「阪谷幣制改革日記」大正七年四月二三・二四日の条、当該日記は『阪谷伝』所載）。

「特任」顧問

五月二九日、阪谷が中国各地を視察して北京に戻ると、財政総長の曹汝霖から書面で正式に「特任」顧問就任の要請を受けた。「最高」顧問ではなく「特任」顧問であった。

西原亀三の報告

首相の寺内正毅の側近であった西原亀三は、阪谷が中国政府へ協力的かつ積極的に行動することを心よく思っておらず、西原は翌日の五月三〇日付で、以下のように「曹汝霖財政総長の意見」への対応につき、首相の寺内に指示を仰いでいる。

〔中国政府の曹汝霖財政総長は〕今回阪谷男爵の交渉は恰も押売的にして中国政府の期待と一致せず、故に此の際、阪谷男には一と先づ帰国せらるることを希望する次第にして、而て今後適当なる方法に仍り中国政府より顧問傭聘を寺内首相閣下又は日本政府に懇嘱し、その推薦に仍り筋道を明らかにして招聘したき也（外務省編・

刊『日本外交文書・大正七年』第二冊下巻、八〇九頁）。

要するに、中国政府は阪谷を財政家として評価し、幣制改革に関する顧問としての傭用を望んではいるが、西原によれば、阪谷の方針と中国側の期待とは矛盾があるため、阪谷の顧問招聘の話は一旦棚上げにしたい、と中国側は考えていたようであった。

小林丑三郎の考え

六月三日には、帰任した北京駐在財務官の小林丑三郎が、「日本借款を引当てに金券発行の考ある旨」を阪谷に語った。これを聞いた阪谷は強く反対し、そんな考えは博士（小林は法学博士）の「面汚しなり」と痛罵《つうば》している（「阪谷幣制改革日記」大正七年六月三日の条）。小林は、かつて阪谷の最初の外遊に同行したメンバーのひとりでもあった。中華民国財政総長の曹汝霖の背後には、財務官の小林さらには蔵相の勝田、そして首相の寺内の存在があったのかもしれない。

一二カ条の意見大要

阪谷は六月一一日に予備調査を終え帰国の途に就くが、この時「中華民国幣制改革実行の計画に付意見大要」（『阪谷伝』四五〇〜四五二頁、所収）を作成し、国務総理の段祺瑞と財政総長の曹汝霖に手渡した。それは、①厳格な会計・出納と節約、②健全な中央銀行の創設と為替銀行の設立、③既存の不換紙幣の整理、④金本位制を最終目的とし、金準備に努める、⑤銀貨の整理統一、を骨子とする一二カ条から成った。これらは当初、梁啓超が金本位制導入を念頭に置きつつ構想した財政改革の内容とほぼ一致している。しかし、④の漸進的金本位制移行については、曹汝霖の考えと矛盾するものであり、このことが後に阪谷の顧問就任を阻むことになる。

帰国した阪谷は、後藤新平（外相、このときは内相から外相になっていた）、勝田主計（蔵相）、山県有朋（元老）、松方正義（元老）に逐次報告した。その一方で大蔵省において、大蔵省関係者や日本銀行関係者に意見を求め、その結果彼らの了解を得た。阪谷はこの時、市来乙彦（日本銀行総裁）、水町袈裟六（日本銀行副総裁）、元老の井上馨らに、中華民国の金本位制即時移行の不可について語り、彼らもそれに同意したという（「阪谷幣制改革日記」大正七年七月一日の条）。

中国政府との交渉

阪谷の報告を受けた政府は、阪谷の待遇と権限につき中国政府と交渉を開始したが、その進捗は遅々としたものであった。阪谷は七月八日、北京にいる中国公使の林権助に宛てて、「例の金札発行の計画は何人も賛成し居らざるも、あるいは勝田、西原二氏の考にて、多少試み候様成るやも計られずとのことに候」（「阪谷幣制改革日記」大正七年七月八日の条）と、東京から電報を発している。

西原借款

首相の寺内正毅と前朝鮮銀行総裁だった蔵相の勝田主計、そして寺内の私的顧問である西原亀三による西原借款については、よく知られるところである。すなわち、袁世凱直系軍閥の段祺瑞政権を支持する寺内は、大正六年（一九一七）から翌七年にかけて、西原を通して総額一億四五〇〇万円の借款を行なっていたのである。

阪谷は、小林丑三郎を含む大蔵省グループが、公使の林権助やその後任の小幡酉吉《おばたゆうきち》、つまり公使館—外務省ルートを通すことなく財務総長の曹汝霖とのパイプを持ち、中国を強引に金本位制へと移行させようとしている、と見ていた。

金本位制即時移行宣言

中国政府は八月一二日に「金券条例」を公布し、日本からの融資金をもとに金本位制に移行すると宣言した。中国における一九一八年の金本位制採用案は、アメリカの元財務長官ウィリアム・ウィンダム（一八二七—九一）や、オランダの財政家G・ヴィセリング（一八六五—一九三七）が、それぞれ以前に起草した草案に基づき作成されたという（奚怜、前掲論文、九四〜九五頁）。

中国側の躊躇

いずれも、その草案はだいぶ以前のものであろうが、ともかくも阪谷の現実を見据え、漸進的に金本位制に移行するという基本方針は、中国側の希望するものではなかったのである。中国側は金本位制の即時実施を決定して以来、阪谷の幣制改革顧問就任を躊躇しはじめた。阪谷の経験と見識を高く評価しつつも、幣制改革に関する積極的で誠意ある言動が、かえって善意の「押売」と中国側には映じていたようであった。

四　石井・ランシング協定とアメリカの「変節」

ランシングの「覚書」

西原借款が本格化した大正六年（一九一七）秋ごろより翌年にかけ、アメリカ政・財界は再び中国市場に注目しはじめた。その結果、大正七年一〇月八日、国務長官ロバート・ランシングは、駐米大使の石井菊次郎に「覚書」を示し、日米英仏の四カ国による新国際借款団構想を提唱した。

ランシングはその前文で、各国が優先権および選択権から派生し、将来派生するすべての事業に、この四国借款団が協同してあたることこそが、中国にとって最も利益となる、と述べた。本文冒頭の第一項では、幣制改革もまた新国際借款団で扱うべき問題であり、英仏両国の積極的参加が望ましく、そのための借款についても米国政府は、日本と共に英仏両国の持ち分を引き受けるよう米国銀行団に勧奨したい、と言明した（「対華新借款団組織に関する米国覚書」、外務省編『日本外交年表竝主要文書―一八四〇～一九四五―』上、所収）。

要するに、第一次大戦で大きく傷ついたイギリス・フランスは中国に投資する余裕もないので、形式的にはともかく、実質的には日米が両国の分を肩代わりしてはどうか、とランシング国務長官は言う。

対中外交の変換

この「覚書」を受け、日本政府はすぐに動いた。大正七年八月の米騒動の後、寺内内閣に代わった原内閣は、その成立早々、すなわち同年一〇月二九日、中国へのいかなる資金提供や借款を差し控え、南北妥協を促進し、いやしくも「政治借款の性質を有するもの」は「誠実に四国共同の事業」とするべきである、との閣議決定をしたのである（「対支借款善後ニ関スル覚書」、外務省編・刊『日本外交文書・大正七年』第二冊下巻）。こうして日本政府の対中外交は大きく転換した。

ランシングの「覚書」が日本政府に伝えられ、四カ月が経過した時—大正八年二月五日、北京駐《ちゅうさつ》劄米国公使ポール・ラインシュ（Paul S. Reinsch）は、同じく日本の公使小幡酉吉に対し面会を求め、中国幣制改革問題は日英米仏の共通の利害問題であり、銀行団新設の計画が順調に進行していることから、財政または幣制顧問の任命は関係各国に十分な協議を見るまで延期したい旨を本国政府から言って来た、と通告した。ラインシュ自身、阪谷とは旧知の間柄であり彼を尊敬もしているが、今はこの問題について決定する時ではないと考えていた（P.S. Reinsch『An American Diplomat in China』P345～346）。

小幡はラインシュに、前年五月、寺内内閣が中国をめぐる日米協議のために派遣した特派大使石井菊次郎と国務長官ランシングとの協議のなかで、阪谷の顧問就任をランシングは口頭で承諾したはずと詰め寄った。しかしラインシュは、それは国務長官の記憶するところではないと小幡に応じ、会談は物別れに終わった（Reinsch, ibid, p346、『阪谷伝』四五九頁）。

「マキャベリズム病」

阪谷は後日、日記に「米国政府並《ならびに》米公使行動の紳士的ならざる……米政府の誠意疑われ、マキャベリズム病に罹りたるにあらざるや」（「阪谷幣制改革日記」大正八年八月三日の条）と書きつけた。阪谷は純粋に中国経済の救済のため、幣制改革に尽力したかったのであろう。しかし、その幣制改革は北京政府の、それも政府あげての統一的な基本政策とは言いがたく、阪谷が北京政府による中国の幣制改革の顧問に就任して成功させることをアメリカは望まなかった。

アメリカの「変節」

阪谷にとって、それはアメリカ政府の「変節」であり、アメリカは「マキャベリズム病」、つまり目的のためにはいかなる反道徳的な手段も許されるとする精神的な病に冒されたと、彼は揶揄《やゆ》した。アメリカはともかくにも、日本が政治的にも経済的にも中国大陸で突出することを阻止したかったのである。この時、原内閣は外交の機軸をイギリスからアメリカに移しつつあり、対中国政策についても対米協調の姿勢を採った。

「阪谷顧問」消滅

ともあれ、いったんは決まりかけた「阪谷顧問」であったが、中国側が躊躇するまま時間が経過し、その後アメリカの対中姿勢が鮮明になるに及び、闇に葬られてしまった。阪谷は再び中国に渡ることはなかった。

日本の動きを掣肘

以上は「阪谷顧問」問題だけに止まらない。アメリカは日本に対し、〈英仏日米四カ国〉という枠組みを使って、日本の動きを掣肘した。この手法は、その後のワシントン会議にも踏襲され、九カ国条約と並ぶ、英仏日米による四カ国条約に結実することとなる。この四カ国条約によって、明治三〇年代前半より二〇年余りにわたって日本外交の基軸であった、日英同盟は解消されることとなった。なお、寺内内閣が行なった西原借款は、第一次世界大戦後に段祺瑞が失脚し、回収不能となった。

第一二　貴族院議員になる―「公正会」を設立―

一　貴族院という舞台

貴族院議員に当選

阪谷が男爵議員として貴族院議員となったのは、大正六年（一九一七）一月二七日のことである。この日、男爵議員の堤正誼《つつみまさよし》が辞任したのを受けて補欠選挙が行なわれ、阪谷は投票総数二八三のうち二八三票を獲得した。この後、彼は三〇年近く貴族院議員として活躍することとなるが、今回の当選はその第一歩であった。

貴族院

ここで貴族院について簡単に説明しておきたい。帝国憲法と共に公布された貴族院令では、その構成は皇族議員、華族議員（世襲および互選）、勅選議員、多額納税者議員によるが、大正一四年の同令の改正で帝国学士院議員が新設された。華族議員（有爵議員）は、公・侯爵議員が世襲で、伯・子・男爵議員は各同爵中より任期七年で互選された。

勅選・多額納税者議員

勅選議員は「国家に勲労あり又は学識ある者より特に勅任せられたる者」（貴族院令第一条第四項）で、内閣の奏薦によって勅選され、任期はなく終身である。歴代の内閣は自らの政治的グループに属するか、近い所の元官僚や政治家を奏薦することが多かった。多額納税者議員は任期七年で、各府県（当初、北海道・沖縄県を除く）における「多額の直接国税を納むる者」の互選により、一名選出された（のち、一または二名）。なお大正一四年の改正までは、勅選議員と多額納税者議員の合計が華族議員の総数を超えてはいけないことになっていた。貴族院は少なくともそれまで、制度上、華族優位であった。

会派と互選推薦団体

また、貴族院では院内会派が衆議院の政党のような動きをした。特に定期的な互選、すなわち通常選挙や随時実施される補欠選挙で選出される伯・子・男爵議員を中心として構成される会派は、その選挙母体ともいうべき互選推薦団体を有することが多かった。たとえば明治三〇年の通常選挙以来、子爵たちは子爵議員互選推薦団体「尚友会」を組織し、その推薦で当選した子爵議員を中心に院内会派「研究会」（明治二五年設立）を組織し運営した。男爵議員には、男爵議員互選推薦団体「協同会」があった。その互選は定数分の連記によったので、有権者である各有爵者総数の過半数を会員とした互選推薦団体が、それぞれの推薦者全員を当選させることができた。子爵議員については明治三〇年代、伯爵・男爵議員については大正期前半には、むしろそれがほぼ常態化していた。会派のリーダーが互選推薦団体の有力者であることが多く、彼らは選挙を実質的に管理し、会派のリーダーとして会派を統制し、院内有力者として貴族院を動かした。

二　貴族院入りまで

元次官は勅選議員

さて、阪谷が男爵議員補欠選挙に当選する以前に、おそらく彼が勅選議員に奏薦される機会は少なからずあった。次官経験者の多くは、大概勅選議員に就任している。大蔵省に限っても、阪谷の後輩である若槻礼次郎は明治四四年（一九一一）に、勝田主計は大正三年（一九一四）に、次官ではないが元部下の仁尾惟茂（元専売局長）は明治四〇年にそれぞれ勅選議員となった。大蔵省ではないが、阪谷とは第一次西園寺内閣の同僚山県伊三郎（元逓相）は明治四一年に、牧野伸顕（元文相）は大正三年に、大学のそして官僚として先輩であった加藤高明は大正四年に、いずれも勅選議員に就任している。すでに触れたが、阪谷は桂太郎によく思われていなかった。が、桂が亡くなった後も阪谷の勅選議員としての出番はなかったのである。

協同会入会

阪谷は大正五年三月五日、男爵互選推薦団体「協同会」への入会手続きをとった（『阪谷伝』四六二頁）。入会は長州出身の元海軍中将で男爵の有《あり》地《ち》品《しな》之《の》允《じょう》の紹介によった。入会して五日後、男爵議員の補欠選挙があり、阪谷は投票日の前日（三月一〇日）、故船越衛の嗣子にして元広島藩士、そして元外交官の「船越光之丞」と記した投票用紙を有地に送付している（「阪谷日記」大正五年三月一〇日の条）。船越光之丞を貴族院に送り出すことから、阪谷の貴族院との積極的な関わりが始まった。

有地品之允

貴族院華族議員選挙では、宮内省が有資格者の名簿を作成し、各有爵者の自治的管理下で選挙が実施され、代理投票も可能であった。阪谷は船越の名を記した投票用紙を、有地に託したのである。有地もしくは協同会幹部の指示によるものであろう。有地は「協同会」の有力者であり、また同時に貴族院議員のクラブ組織「幸倶楽部」の設立者のひとりで、その長老でもあった。

幸倶楽部

『幸倶楽部沿革日誌』によれば、幸倶楽部は明治三二年（一八九九）一二月、貴族院議員の交際と会合に供することを目的として、帝国議会議事堂に近い内幸町一丁目五番地の煉瓦家屋を取得して設立され、二五名の評議員と評議員の中から選出された一〇名の幹事によって運営された。独自の事務所を持った研究会に所属しない勅選議員や男爵議員たちが主にその会員となった（一二頁）。

有地はこの建物の一室を、自身が主宰する帝国海軍協会に貸与し、同協会の書記にこのクラブの事務を兼嘱させるなど、幸倶楽部の創設から大きく関わっていた。クラブはその後、男爵議員の増員とともに拡大を続け、大多数の会員たちは、山県系勅選議員平田東助を中心とした院内会派「茶話会」と、同様に男爵議員有地品之允による院内会派

「無所属派」に分かれ、議員活動をした。両会派はともに幸倶楽部の建物の中に事務所を持ち、その構成員はクラブの会員であったため、院内会派として議会で連携することが多く、院の内外では両会派合わせて「幸倶楽部派」と称せられた（一三〜一九頁）。

勅選議員に奏薦されず

阪谷が協同会に入会して半年経った大正五年九月、退陣直前の第二次大隈内閣が一四名の勅選議員を奏薦した時、前評判ではその候補者たちの筆頭に阪谷の名前があったが（大正五年九月三〇日付『読売新聞』）、結局彼は奏薦されなかった。大正五年一〇月に勅選議員として貴族院入りをし、無所属派議員として幸倶楽部の会員であった伊沢多喜男（勅選議員伊沢修二の弟）は、後年の回顧録のなかで、阪谷芳郎の貴族院入りを次のように述べる。

阪谷芳郎は、幾度か勅選になろうと運動したけれども、どうしてもなれない。そこで仕方なく、男爵互選議員として大正七年〔ママ、大正六年〕年頃出たんだが、この阪谷も、互選議員として出すか出すまいかといふことを幸倶楽部の勅選〔議員〕が決するので、つまり〔勅選議員が〕男爵議員の選挙畑まで入つた形だね。勿論、表面は入つてないけれども、僕ら阪谷を及第させるかどうかにも参与していたのだよ（『伊沢多喜男』二六六頁）。

つまり阪谷の貴族院入りは、幸倶楽部会員の勅選議員によって決められたのである。

無所属派へ入会

ともあれ、阪谷は大正六年一月二七日実施の補欠選挙で当選が決まると、貴族院正・副議長や同院書記官長を訪ねて挨拶をし、幸倶楽部に回って加入手続きを済ませ、さらに無所属派への入会手続きをとった。無所属派への入会は、有地品之允と安場末喜（元内務官僚安場保和の嗣子）の紹介によった（「阪谷日記」大正六年一月二七日の条）。こうして阪谷は、幸倶楽部の長老にして幹事、そして男爵議員の互選推薦団体「協同会」と会派「無所属派」の指導者ないしは実力者である有地の後ろ盾によって、貴族院入りを果たした。

三　新人議員の「心得」を無視

各会派の議員別構成

阪谷が男爵議員となった頃、男爵議員独自の統一的会派がなかった。次頁の表は、阪谷が最初に登院した第三九議会（第三八議会は一月二五日に衆議院解散）における各会派の議員別構成である。「交友」は政友会系勅選議員の会派・交友倶楽部、「甲寅《こういん》」は伯爵議員団である甲寅倶楽部、「純無」は無会派・純粋に無所属であることを示す。第三九議会開会当時、会派に属さない二名と研究会所属の九名を除けば、その残りの五一名の男爵議員は茶話会、無所属派、土曜会に分属し、その多くが幸倶楽部の会員でもあった。

しかし、このような既成の院内会派およびクラブ組織とは別に、「党派及情実に超越し公明正大の行動をなす事」を綱領とし「五全会」と称する、会派を横断する団体が若手男爵議員の間に存在した。この五全会の成立した時期やその規模については明確では

第三九議会（大正６年６月23日～７月14日）における会派別議員数

	皇族	公爵	侯爵	伯爵	子爵	男爵	勅選	多額	合計
研究会			4	4	67	9	11	12	107
茶話会						16	36	10	62
無所属			1			28	25	4	58
土曜会		1			2	7	14	9	33
交友							23	8	31
甲寅				13					13
純　無	12	12	31			2	15	2	74
合計	12	13	36	17	69欠１	62欠１	124	45	378

出典：酒田正敏編『貴族院会派一覧―1890～1919―』より作成

ない。が、『幸倶楽部沿革日誌』には、大正四年に「男爵五全会」の集会がしばしが開催されていたとの記載がある。また、「公正会の成立事情」と題する貴族院議員の同人誌『青票白票』三九号（昭和一一年刊）掲載の記事は次のように言う。

黒田〔長和〕、岩倉〔道倶〕、杉溪〔言長〕、坪井〔九八郎〕らが男爵界長老の有地の下に集まり、男爵議員のみの同志の会を作らふと、有地男を中心として男爵議員互選議員会を作り出した。之を互選会と名付けやうと云ふ議もあつたが、これでは如何にも勅選に楯をつく様で穏やかでないから名を「五全会」と名付けた……〔このような動きには〕真面目なるもの〔男爵議員ら〕が極く僅かの勅選の踏台となる事は潔からず……

という男爵議員の勅選議員への反発があった（尚友倶楽部編『青票白票』二九八頁）。阪谷は有地の紹介で協同会に入会したことは先に見た通りである。有地の勧めによるのか、自ら希望しての入会かは判然としないが、阪谷は反勅選議員派の男爵議員たちから「同志の会」結成に向け、「同志」として期待されていたようである。

五全会入会

阪谷は貴族院議員となってまもなく五全会のメンバーとなり、その会合に出席していることは、彼の日記に明らかである。そこで彼は「男爵互選議員の合同」を論じている（「阪谷日記」大正六年五月五日の条）。阪谷が五全会で男爵議員の糾合の必要性を主張した頃、有地が枢密顧問官に転じ（大正六年四月二七日）、貴族院を去った。阪谷は院内での後ろ盾を失ったが、新人議員でありながら、議会では予算委員会を中心に政府を質《ただ》した。その鋭い質問はしばしば議場を震撼させ、その活躍ぶりは新聞でも取り上げられた。

議会での最初の発言

阪谷が帝国議会で行なった最初の発言は、寺内内閣の下で召集された第三九議会である。彼はこの時予算委員会に所属していたが、大正六年（一九一七）七月九日、予算委員会総会（予算総会）で、寺内内閣がこの議会に提出した追加予算の妥当性について政府を追及した。その質問の概要は次のようなものであった。

会計法の規定するところによれば、追加予算は必要欠くべからざる経費や法律、または契約による経費の不足に限られなければならないが、今回の追加予算の中身はそうでなく、さらに日露戦争に匹敵する重大な時期であるにもかかわらず、戦時でなく平時の予算編成になっている。戦時では経費は極力節約し、既存の年間予算を余らせることが必要であろうが、はたしてそれを考慮したのか、工業動員、原料供給、運搬、物価、労働に関する施策についても無計画である、と。

予算の形式を問う

会計法案作成の中心にあり、日清・日露戦争で財政を切り盛りした阪谷からすれば、電話回線などというインフラ整備は当初予算に盛られるべきで、追加予算によるなどとは予算作成について計画性がなく、言語道断であった。電話回線の是非はともかく、彼は予算の形式にこだわったのである。七月一一・一二日の予算第一分科会でも予算総会に引き続き、戦時の財政計画に関し、政府の姿勢を問いただした。こうした彼の姿勢は、貴族院内では「新参者でありながら」と不評で、貴族院議員の間では嫌われたが、当時の新聞はこれを歓迎し、好意的に報じた（『阪谷伝』、四六五頁）。

『東京朝日新聞』の評

大正六年八月二二日付『東京朝日新聞』は、コラム欄「東人西人」で阪谷を採りあげ、来年は貴族院互選議員の総改選の年だが、評判が芳しくない阪谷は来年の改選では再選されないであろうとし、評判が悪い理由を次のように言う。

第一は阪谷男が過る特別議会（第三九議会）に於て本会議や委員会で遠慮会釈なく政府当局に質問したと云ふことださうな。議員が議会で質問するに不思議は無い筈だが、貴族院の不文憲法では新議員が一期間（七年）だけは沈黙の修業を積まねばならぬ、然るに阪谷男は新議員当選草々人並みに口を利いた。第二は幸倶楽部の集会で阪谷男が領袖株に対し忌憚なき質問を敢えてしたと云ふのである。阪谷男は平田東助子に対し外交調査会〔寺山内閣が設立した外交に関する諮問機関〕の件で露骨に質問をした事がある。之が老人連の癪にさわつて居るらしい。更に第三には首相の招待会で阪谷男が平田子の次位に着席したのが生意気だと云ふにある。

そしてコラムは、阪谷の提灯持《ちょうちんも》ちをするわけではないが、貴族院の老閥打破こそ最急務であると締めくくっている。

阪谷への期待

さらにこの年の八月、『東京朝日新聞』（大正六年八月一六日付）によると、学歴・閲歴があって党派的色彩が薄い勅選議員一木喜徳郎を推戴した男爵議員たちは、有地の後釜を狙った茶話会所属の勅選議員・田健治郎《でんけんじろう》（男爵）を排して来た。しかし有地と同様、一木も枢密院顧問官に就任して貴族院を去った今、無所属派は、茶話会に対峙し得る指導者を求めていた。そこで一部の勅選議員ら「老人連」を別として、無所属派やさらに幸倶楽部内では、将来の指導者として阪谷への期待が高まりつつあった。

評議員と幹事を重任

大正六年一二月、幸倶楽部総会において平田東助が会長に推挙されたが、平田はこの時、阪谷を評議員に指名した。さらに翌年一二月、阪谷は、幸倶楽部の設立者の一人で死去した高橋新吉の後任として幹事に就任し、評議員を重任した。その翌年も同様、評議員・幹事となり、その後も重任を続けた。阪谷が男爵への互選推薦団体「協同会」に入会して三年も経たないうちに、彼は幸倶楽部系議員のエースとなりつつあった。

第一次世界大戦終結

ところで、このころのヨーロッパ情勢はめまぐるしく変わった。ドイツで、一一月三日にキール軍港で起こった海軍兵士の反乱が革命へと発展し、ドイツ皇帝が退位するに至った。そうして一一月一一日、ドイツの臨時政府と連合国との間に休戦協定が結ばれ、一九一四年七月に始まり四年三か月に及んだ第一次世界大戦が終結した。

四　第四一議会—田中光顕問題—

「田中伯問題」

五全会で独自の男爵議員団体の設立が具体化したのは、第四一議会（大正七年一二月～同八年三月）終了後のことである。大正八年（一九一九）六月八日付『国民新聞』によれば、直接のきっかけとなったのは、いわゆる「田中伯問題」であった。この問題は、かつて宮内省による東本願寺別荘買上をめぐって収賄の疑惑をもたれていた元宮内大臣で伯爵の田中光顕が、臨時帝室編修局総裁に任ぜられ、明治天皇の正史編纂の責任者となったことに対する広範な国民の反発によるものであった。

この人事は寺内内閣によるものだったが、当初より世論の大きな反発をかい、さらにこの問題は続く原敬内閣下で開かれた第四一議会の衆議院と貴族院とで採り上げられ、政治問題化するに至った。収賄に関する事実の有無は明らかではないが、少なくともこの問題は一般国民ばかりではなく、華族間にも相当深刻な衝撃を与えたようである。貴族院でこの問題を採り上げたのは阪谷だった。彼は二月一四日の本会議において、

人事の白紙撤回を要求

先帝の御聖徳を顕彰し奉り、之を後世に伝ふる上に於て少しの不都合もないやうに致したいと云ふことは、是れ臣子の至情止むを得ないものでございます。……若しも政府が唯々外形上の設備のみに重きを置き、精神上の内容を忘れたならば斯の如き予算〔臨時帝室編修局の予算〕は寧《むし》ろ害が有つて益はない（大正七年二月一四日貴族院予算委員会）。

と述べ、首相の原に対し田中問題への「善処」、すなわちこの人事の白紙撤回を求めた。これに対し原は、臨時帝室編修局総裁に関する事項は宮内省の管轄であり、政府がこの問題に関与することは宮中・府中の別を乱すものである、と突っ放ねた（同）。

ガス抜きの提案

貴族院内では茶話会と研究会がともに、この問題の取り扱いには慎重であった。しかし幸倶楽部内の五全会のメンバーは終始強硬だった。原内閣に好意的態度をとる研究会は事態収拾のため、内相の床次竹二郎に対し、男爵議員が政府の姿勢に承服しないので、

子爵議員団である研究会もそれに対応せざるを得ないが、貴族院が政府への批判の意味を持つ建議を成立させることで、事態の沈静化をはかったらどうか、と提案した（『原敬日記』大正八年二月二二日の条）。要はガス抜きである。

田中光顕、総裁を辞す

研究会主導による建議案提出により、この問題解決が模索されたものの、結局は研究会筆頭常務委員の徳川頼倫《よりみち》（侯爵）と同常務委員大木遠吉（伯爵、研究会は毎年改選される常務委員の合議によって運営された）が宮相の波多野敬直と面談したことで、建議案提出は見合わせとなった。そして議会閉会後一カ月余りして、田中光顕は臨時帝室編修局総裁を辞した。要は、責任の所在を明確にしないままでの幕引きであり、貴族院では研究会、衆議院では政友会をそれぞれ与党とする原内閣による問題解決であった。

縦横無尽の追及

成立して間もない原内閣下で開会された第四一議会で阪谷が政府を追及したのは、この「田中伯問題」ばかりではない。大正八年（一九一九）二月の本会議で、教育費問題のほか、米穀収容令事後承諾問題を論じ、三月には同じくシベリア出兵の意義目的を問題にした。さらに阪谷は予算総会やその分科会で、二月から三月にかけ国際連盟、衆議院選挙問題、財政問題、北清事変の賠償金還付、シベリア出兵、アヘン問題、航空政策、治安警察法、物価調節、予算編成などについて縦横に論じ、政府を質した。

五　新会派「公正会」の創設

新会派結成の理由

先の六月八日付『国民新聞』は、五全会を基礎とする男爵議員糾合の動きについて、このたびの新会派結成は、政党系勅選議員によって貴族院が牛耳られることに対する、男爵議員の強い危機意識によるものであり、「田中伯問題」をめぐり幸倶楽部内部の意見が一致をみなかったことが、「公正会」設立の動きを促進した、と報じている。

ちなみに、公正会結成の数日前、阪谷とならんでその推進者のひとりであった郷誠之助は原首相と会見して、官僚系勅選議員が牛耳をとってきた幸倶楽部幹部に対する不満が、新団体結成を促進したと述べている（『原敬日記』大正八年六月三日の条）。先にも触れたように、伊沢多喜男によれば、男爵互選議員候補者の選出に幸倶楽部の勅選議員たちが関与し、当選後は院内会派について、彼等から無所属派か茶話会への入会を指定され、さらにその後も「百分の百まで」勅選議員に支配されるので、男爵議員から勅選議員への不平の起こるのは当然であった（前掲『伊沢多喜男』二六六～二六七頁）。

自由問題

たしかに第四一議会の貴族院では、「田中伯問題」、高等教育機関拡張問題、衆議院議員選挙法改正問題のいずれもが従来のやり方によって解決が模索されたのではなかった。

それ以前は、官僚出身の勅選議員が幸倶楽部を主導し、研究会がその幸倶楽部派である茶話会と無所属と提携することで貴族院を動かしてきた。しかし四一議会では、幸倶楽部を牛耳ってきた茶話会の平田東助や田健治郎をはじめとする古手の勅選議員たちが、事態打開のためにリーダーシップを発揮することはなかった。幸倶楽部では、むしろ阪谷ら五全会の男爵議員を中心に、「現内閣への悪意」はないにしろ、同倶楽部と政府との対決姿勢を鮮明にした。元山県系官僚として著名な田健治郎は、のちに原内閣の下で初の文官総督として台湾に赴くが、第四一議会の頃から原政友会による懐柔があったのかもしれない。

結局、幸倶楽部では「田中伯問題」をはじめ、高等教育機関拡張、衆議院議員選挙法改正という原のいわゆる「二大問題」についても、クラブとして意見の統一をしない、自由問題となったのである（大正八年三月二四日付『読売新聞』）。

担い手は五全会

これに対して研究会は、かってのように幸倶楽部派ではなく、伯爵団の会派「甲寅倶楽部」と提携しつつ、政府に対してほとんど一糸乱れざる援助をする行動をとった。幸倶楽部派は貴族院において依然として政党や政党内閣への対抗組織ではありえたが、その担い手はその倶楽部会員による院内会派「茶話会」「無所属派」ではもはやなく、同倶楽部を横断する男爵団、すなわち五全会が担った。

五全会評議員会決議

さて、第四一議会を終えてほぼ一カ月たった大正八年（一九一九）五月二日、五全会評議員会にて、新団体結成について次のような決議をみた。

政界の情実に超越し、公正不偏の義に則り忠良穏健を旨とし、吾人議員たる職責を完うせんかため時運に鑑み速かに男爵互選議員を中心とする一交渉団体を組織せんことを期す（『阪谷伝』四七〇頁）。

この決議は五月五日の五全会総会で確認され、つづく一五日には、男爵議員中心の院内会派創設推進につき、幸倶楽部の茶話会および無所属派との交渉をする委員が選出された。阪谷、郷誠之助、宇佐川一正、平野長祥、長松篤棐の五人の男爵がそれにあたった。この五名の男爵議員たちは、手分けして茶話会や無所属派の主だったメンバーと交渉して、その了解をとりつけた。

公正会発会

六月五日には、幸倶楽部で公正会の発会式が挙行された（「阪谷日記」大正八年六月五日の条）。この日は、まず五全会総会が開かれ、五全会の解消と「党弊情実を超越したる公正不遍の判断に頼りて国政を翼賛」（「設立趣旨」『阪谷伝』四七一頁、所載）することを目的とした、院内会派「公正会」の設立が正式に決定された。

「党弊」の意味

この「党弊情実を超越したる」とする設立趣旨の文言に、政党をはじめとする諸々の政治勢力から独立を保ち、独自の立場から国政に参与しようとする男爵議員たちの意気込みが感ぜられよう。しかし、公正会が山県・桂系官僚グループの強い影響下にあった幸倶楽部にとどまったことと、右の「趣旨」における「党弊」云々の部分が、その将来の政治的方向性を示唆している。ここでいう「党弊」とは、政友会のそれであったようである。公正会の成立に際し、男爵議員少壮派の長老に対する反撥や勅選議員との対立とともに、高田早苗や江木翼《えぎたすく》ら「大隈系乃至《ないし》憲政派の〔勅選議員の〕活躍せし形跡」（大正八年六月八日付『読売新聞』）があると述べた某貴族院議員がいたが、その後、公正会は徐々に反政友会化し、政友会のライバル政党の憲政会に近い政治的立場をとるようになった。

初代幹事に選任

この新会派「公正会」の設立に参加した男爵議員は、諸新聞の記事を総合すると、茶話会と無所属派からそれぞれ一八名と三四名、そして純無所属から一名、合計五三名であった。その中から岩倉道倶、島津久賢、坂本俊篤、阪谷芳郎、内田正敏、山内長人、平野長祥、黒田長和、郷誠之助の九名が、初代の幹事に選任された。会計監督には、長松篤棐および小畑大太郎が選出された。この公正会の成立によって、貴族院内の勢力分野に大きな変動が生ずることになる。

六 「公正会」発足後の貴族院の変化と第四二議会

発足前の会派別会員数

貴族院における公正会発足前と後の、会派別議員数を比べてみよう。

発足前の第四一議会開会当日、すなわち大正七年（一九一八）一二月二七日には、研究会一一八名、茶話会六七名、無所属派六〇名、土曜会二九名、交友倶楽部三六名、甲寅倶楽部一七名、その他純無所属派五七名、皇族議員一四名であった。

同成会

ところが公正会が成立すると、大量に男爵議員に抜けられた無所属派は院内交渉団体の資格を失ったため、同様な状態に置かれた土曜会と合体して、新たに「同成会」を発足させた。他方、伯爵議員たちの甲寅倶楽部は研究会に合併吸収される道を選んだ。こうして公正会の発足に伴い、貴族院の政治構造は大きく変わった。第四二議会（通常議会）開会日当日（大正八年一二月二六日）の会派別議員数は次の頁の表の通りである。

「幸三派」の中核

新会派たる公正会は、数において茶話会を抜き、研究会に次ぐ第二の会派として、そして公正会・茶話会・同成会の三派すなわち幸倶楽部に事務所をもつ「幸三派」の中核として、以後、貴族院内外に、政治的に重要な地位を占めるようになる。その中心の一人に阪谷がいた。

大正九年度予算案

阪谷は予算案に反対

第四二議会における会派別議員数

	皇族	公爵	侯爵	伯爵	子爵	男爵	勅選	多額	合計
研究会			6	20	70	10	17	17	140
公正会						63	5		68
茶話会							40	9	49
交友							25	14	39
同成会			1				23	7	31
純無	14	13	28		2		10		67
合計	14	13	35	20	72欠1	73	120	47	394

出典：酒田正敏編『貴族院会派一覧―1890～1919―』より作成

ところで原内閣は、国防の充実、教育の振興、産業の振興、交通運輸の整備の四大政策を掲げ、政友会の党勢拡張を意図しつつ、積極政策と放漫財政を推進したことはよく知られている。それは、原内閣が独自に編成した最初の次年度予算案―大正九年（一九二〇）度予算案に如実に現れている。第四二議会に原内閣が提出した予算案は、前年度を二億円超える一般会計総額一二億七六〇〇万円という大型予算であった。そして、この膨大な予算案を賄うために所得税・酒税を増徴し、一般会計からの減債基金繰り入れを停止し、さらに三億三九〇〇万円の公債発行が予定されていた。

阪谷は均衡財政論者であった。年末年始の休会明けの貴族院で、首相・外相・蔵相による施政方針演説が終わるや、阪谷は予算案への反対を表明した。それは、大正三年（一九一四）一二月末での通貨流通量が四億円、大正八年一二月末にかけてのそれは一八億円に達し、通貨流通量が急速に膨張して物価騰貴の要因となっているのにもかかわらず、公債や増税までして大型予算を組み、さらにインフレ・物価騰貴を助長するとは何事か、と痛烈に政府を批判する演説であった（大正九年一月二七日貴族院本会議）。

普通選挙を巡る論議

貴族院で物価問題をめぐる議論が白熱する一方、衆議院では普通選挙について熱心な論議が続いた。前年度の議会では、憲政会を中心に野党は、納税条件を直接国税二円の納入者であることを主張したが、院外における普通選挙運動（普選運動）の高まりを受け、第四二議会では、憲政会や国民党は一致して普通選挙の実現を目指したのである。各党の普通選挙法案は異なったが、場合によっては法案の一本化も考えられた。

衆議院解散

政友会は衆議院の三八一議席中一六〇を占め、それに保守系勢力を加えれば、憲政会・国民党などを合わせた普通選挙支持勢力一五〇を僅差であるが勝り、統一法案を廃案に追い込むことはほぼ確実であった。しかし原は、普通選挙について民意を問うとして、その法案の審議中に突如衆議院を解散した。大戦景気に沸く最後の年となる大正九年（一九二〇）は、好景気に加え、積極政策が地主を中心とした有権者三〇〇万の支持を得ている時であり、普通選挙は「民意」によって当面排除されることになる。

阪谷談話

なるほどこれは「巧妙という言葉を超える政治的トリック」（坂野潤治『日本近代史』三二

九頁）であろう。野党や各紙は、与党や大政党に有利な小選挙区制によって、衆議院の過半数を獲得しようとする原の「策謀」だと非難した。しかし阪谷は違った。彼は前年の原内閣による衆議院議員選挙法改正（小選挙区、納税資格三円）を踏まえ、次のような趣旨の談話を発表した。

「立憲的態度」

原による衆議院解散は正当である。衆議院議員選挙法が改正されて一年も経っておらず、もし普通選挙案が僅差で通過したりすれば内閣総辞職となろう。そうなった時、憲法付属の法典である衆議院議員選挙法の改正を、僅差という薄弱な根拠で決定してもいいのか。ここは原がしたように、解散・総選挙によって「与論」に問うべきであり、それが立憲的態度である（『阪谷伝』四七五～四七六頁）、と。

原が自らの政治姿勢と政治手法を「立憲的」と見ていたかどうかはともかく、阪谷はそう見ていた。阪谷は元官僚として、政治家として保守主義者であった。現行制度を、社会経済的現実にできうる限り近づけて解釈こそすれ、その変革はできる限り望まなかったのであろう。従って、阪谷にとって手続きは重要であり、原は表面的にはその手続きをとったがゆえに、阪谷は原の行為を「立憲的態度」と評したのである。

孫芳直の誕生

なお、第四二議会で大正九年度予算が審議されようとする頃、希一・寿子夫妻に長男芳直が誕生した（大正九年一月）。孫の芳直は、のちに第一高等学校・東大法学部に進むが、その学生時代に、晩年の阪谷の謦咳に接することになる（口絵を参照されたい）。

七 「公正会」崩壊の危機

親和会

大正一一年（一九二二）四月、阪谷ら公正会の主流派に対し、郷誠之助ら一部の不満分子が脱会して、研究会所属の男爵議員と合流し、「親和会」なる新会派を組織した。彼らは既存の男爵議員の互選推薦団体「協同会」に対抗して、独自の男爵議員互選推薦団体を組織しようとした。仕掛けたのは〈研究会—尚友会〉の領袖水野直《なおし》（元結城藩主家当主、子爵）である。水野と郷らは、子爵議員の互選推薦団体である「尚友会」に男爵部を設け、協同会員の引き抜きにかかった。水野は明治末年において、〈研究会—尚友会〉打破を目指した、子爵者の団体「談話会」を解散に追い込んだ辣腕政治家として知られた。

「陰謀」の挫折

公正会に所属する男爵議員のほぼ全員が協同会員であり、協同会は全男爵者の大半を組織していた。従って、〈親和会—尚友会男爵部〉の攻勢により、数の上で協同会の男爵界における優位性が崩れるなら、それを基礎とした男爵議員の院内会派「公正会」は崩壊の危機に瀕することとなる。阪谷は、水野直や郷誠之助のこうした動きを「公正会破滅の陰謀」（大正一一年四月七日付都築馨六宛阪谷芳郎書簡、「阪谷芳郎関係文書」所収）と大いに警戒した。両陣営の対立は激化していったが、〈親和会―尚友会男爵部〉は、水野らが期待したほどに会員を獲得できず、大正一二年（一九二三）七月に親和会が、翌年七月には尚友会男爵部がそれぞれ解散を余儀なくされ、水野らの「陰謀」は挫折した。

阪谷、主導権を確立

その二年後、大正一四年（一九二五）の通常選挙、すなわち互選議員総改選の直前に、田健治郎が阪谷に宛て、ジーメンス事件（大正三年〈一九一四〉に起きたドイツのジーメンス社の日本海軍高官への収賄事件）で、第一次山本権兵衛内閣を退陣に追い込んだ際に活躍したとして、かつて親和会に走った平野長祥の再選を阪谷ら協同会の幹部に懇請したが（大正一四年六月五日付阪谷芳郎宛田健治郎書簡、『阪谷芳郎関係書簡集』所収）、阪谷らは、平野ら大半の旧親和会員の再選を認めなかった。

公正会が組織されて六年後、大正一四年の通常選挙―総改選を経て〈公正会―協同会〉の男爵界における政治的基盤は盤石となり、阪谷をはじめとする男爵議員の、幸倶楽部や院内における自立性はここに確立された。

なお、大正一三年一〇月、母恭が死去した。享年九三。

議会での最多発言者

八　最多発言者―内閣批判―

政府委員そして大臣として、阪谷は帝国議会で幾度となく発言や演説を行なってきたが、攻守所を替え貴族院議員として彼が帝国議会で行なった最初の発言は、大正六年七月寺内内閣の下での第三九議会においてであった。それから彼は死去する前年まで貴族院で発言し、政府を質した。

演壇上の阪谷（昭和2年2月15日）
国会図書館所蔵　「阪谷芳郎関係文書」所収

阪谷が貴族院議員であったのは大正六年（一九一七）一月から昭和一六年（一九四

二）一一月までで、在任期間は二四年一一カ月、議会は第三九議会から七六議会、都合三八回の議会を経験した。この間、昭和六年から七年にかけての一時期、彼は軽い脳溢血とその後のリハビリのため議員活動の休止を余儀なくされたが、議員在職中の、本会議・委員会・分科会での演説を含む議会での発言は、四一二回に及んだ。貴族院議員として最多である。阪谷の断トツぶりは、勅選議員ではあるが、彼と同じような条件を持つ伊沢多喜男と比べると明らかである。

伊沢は阪谷より六歳年下で、内務官僚を経て大正五年（一九一六）一〇月に勅選議員となり、昭和一六年（一九四一）一月、枢密院顧問官に就任することで貴族院を去った。この間、約二年間は台湾総督として東京を不在にしたが、二四年三カ月間、貴族院議員を務めた。彼は第三八議会から第七五議会まで、阪谷と同じく三八回の議会を経験したことになる。伊沢の場合、議員在職中の演説を含む議会での発言は一一七回である。演説や発言の長短の差はあろうが、それにしても二人の間には、ほぼ三〇〇回もの差がある。阪谷がいかに多くの発言をしたかがわかるであろう。

第一三　関東大震災からの東京復興と昭和戦前期の貴族院

一　震災復興予算

関東大震災と次女の死

大正一二年（一九二三）九月一日、関東一円を襲った大地震は、東京・横浜に甚大な被害をもたらした。関東大震災である。この大地震により、この二つの大都市の大半が崩壊し灰燼に帰した。この時、阪谷邸は帝大植物園（現在、小石川植物園）に隣接した小石川区原町（今日の文京区白山四丁目）にあり、被災を免れた。

すでに述べたように、阪谷は明治四五年（一九一二）七月から大正四年二月にかけ、二カ年半にわたり東京市長を務め、それなりの都市構想を持ちつつも、道半ばにして辞任を余儀なくされた。彼は関東大震災後の東京の復興について、貴族院議員としてどのように考えたのであろうか。なお、高嶺家に嫁いだ阪谷の次女和子も、この地震のため横浜で亡くなっている。

後藤新平復興案を支持

阪谷邸（明治32年に竣工　『華族画報』より）

大地震が発生したのは、首相の加藤友三郎が急逝して八日後のことであった。この大震災の混乱のなかで、第二次山本権兵衛内閣は成立した。世に言う「地震内閣」である。この内閣にあって復興の陣頭指揮をとったのが、内相の後藤新平である。後藤は、帝都復興院総裁に就任し、復興計画の策定にあたった。彼の復興への構想は抜本的な都市改造を目指すものであったが、「大風呂敷」と揶揄された。首相を委員長とし閣僚や九名の閣外委員から成る帝都復興審議会では、伊東巳代治（枢密顧問官）ら一部の閣外委員が政府原案を厳しく批判した。その結果、同審議会は当初の予算案を大きく縮小し、東京と横浜の復興費の合計四億四八〇〇万円を中核とした、総額五億七八〇〇万円余りを復興予算とした。阪谷はこの時、後藤新平の依頼で帝都復興院総裁の諮問機関「帝都復興評議会」の会長に就任していたが、後藤による政府原案を積極的に支持し、帝都復興審議会による計画縮小を批判した（越澤明『後藤新平』八六頁）。

阪谷は後藤の理解者

そもそも阪谷と後藤は、同じ中央政府の官僚として互いに旧知であった。かつて乃木希典の後を受け、台湾総督に就任した児玉源太郎に、後藤の構想力と実行力を評価した阪谷は、民政長官として彼を推薦したのである（鶴見祐輔『後藤新平伝』二、一三頁）。明治三一年（一八九八）のことである。この時、阪谷は大蔵省主計局長として政府予算案作成の中心にあった。彼は各省幹部の人物や能力についても熟知していたにちがいないが、後藤の能力と人物を高く評価していた。後藤が民政長官として難治とされた台湾で実績をあげ、その後の政治家としてのキップを手にしたことを考えれば、「阪谷は後藤の衛生官僚から大政治家への転身を可能にした陰の功績者、支援者である」（越澤明、前掲書、八二頁）と言ってよい。

復興費事業費の削減

さて、東京・横浜という二つの都市に関わる予算概要は、街路費、運河費、公園費、土地整理費から成った。震災復興のための第四七議会（臨時議会、大正一二年一二月一一日〜同年一二月二三日）は、衆議院の多数党であり野党であった政友会が、土地整理費を中心に大鉈《おおなた》を振った。その結果、東京・横浜両市の復興費事業費四億四八〇〇万円が、一億六〇〇〇万円あまり削減されることとなった。ただし、政友会は復興計画そのものの大幅な縮小を要求したのではない。国の復興事業の一部を、東京・横浜など地方公共団体の事業に移すべきとの主張の下、政府予算の縮小を求めたのである。後藤に対する反発もさることながら、選挙区を地方に持つ多くの政友会所属の衆議院議員にとって、東京・横浜に多大な国費をつぎ込むことへの反発もあったにちがいない。

政友会案を閣議決定

しかし、東京市にしろ横浜市にしろ、土地整理事業を移管されてもその資金はなく、事業そのものの執行は事実上不可能で、国が補助費を提供するなり、何らかの方法で援助しなければならないことは、政友会も認めるところであった（鶴見祐輔『後藤新平』四、七二〇頁）。第二次山本内閣は復興事業の早期着手の必要性を考慮して、一二月一九日午前、政友会案の採用を閣議決定した。修正された政府案はただちに貴族院に送られたが、その内容もさることながら、貴族院はその政府の姿勢に反発した。

貴族院の反対

蔵相の井上準之助による提案説明を受けて、まず勅選議員の若槻礼次郎が、復興に向けて政府の姿勢が定まらず信用できないと、暗に政友会案を政府が容認したことについて批判した。これに続いて阪谷が述べたのは、次のようなことであった。

「千載一遇の好時機」

帝都復興予算が一億何千万円を削られ、火災保険問題（一度に巨額の支払ができない火災保険会社への公的資金貸与に関する問題）は未解決の状態のままであり、政治の中心はどこにあるのか。かつて岐阜・愛知地震（明治二四年一〇月、濃尾地震）の折りに、三五〇〇万円の支出を衆議院が承諾しないために、政府は同院を解散したが、（今回の予算は）大幅に削減されて差し支えない程度の政府原案であったのか。冒頭から復興に向け、一貫した方針がない。震災は国家の不幸だが、都市計画の実施には「千載一遇の好時機」であり、道路を広くし、運河を拡張し、公園をたくさん整備しなくてはならない。今日横浜から東京に船で物を運ぶのに、一トンあたり一三円を要するが、この金額はロンドンやニューヨークから日本に物を運ぶ運賃と変わらない。横浜港が被災した現在、横浜から鉄道や船で、東京さらには東北地方に物資を運ぶことができず、神戸港などに依存しているではないか。

帝都一新の勇気

このように政府の姿勢と復興内容を厳しく質したのに続けて、阪谷は次のように言う。

都市計画なるものは経済の根本、特に帝都は全国の商工業の中心である、其の中心地の大本が破壊されて居つたならば其枝葉が動くことが出来ぬ、又動くと極めて不経済であると云ふことは論を俟たぬ……〔政府は〕此度帝都を一新する勇気ありや
（大正一二年一二月一九日貴族院本会議）

阪谷は一〇年余り前の東京市長時代に、東京は生産都市としてロンドン、ニューヨークのように整備された港湾を持つべきであるとし、隅田川の浚渫を中核とする港湾の整備を構想したが、具体的な計画すら立てることができないまま、電灯問題未解決の責任を取り辞任を余儀なくされた。その無念の思いを胸に、彼は本会議場の演壇に立った。

貴族院、政府案を承認

予算委員会が開かれたのは、大正一二年（一九二三）一二月二一・二二日の二日間で、こ

の時すでに、震災から四カ月近くが経過していた。衆議院の復興予算削減と、それを受け入れた政府に反発した貴族院だったが、早期の復興着手を考慮してか、第二院としての自制心からか、貴族院予算委員会は政府案すなわち衆議院回付案を承認した。

阪谷、修正案を提出

阪谷自身、予算委員として二日間にわたり「完全な都市計画」策定の必要性を説いたが、少数派でしかなかった。阪谷らがこの予算委員会開催前の一二月一日、「協同会」例会に後藤新平を招き、復興計画について男爵議員らに講演をさせた（阪谷日記、大正一二年一二月一日の条）にもかかわらず、である。

会期末の一二月二三日、本会議に予算委員会の審議結果が報告されたが、阪谷はそれに承服できず、別途、政府原案を修正案として提出した。その提案理由を、彼は今までにも増して平易な言葉で、将来、歴史家がこの議会をどのように評価するであろうかとし、次のような趣旨の発言をした。それは、貴族院議員に対してばかりでなく、全ての衆議院議員、そして広く東京市民にも向けられたようであった。

もともと政府の原案は、一帯の焼け跡を整理してその中から道路の敷地を造るものであった。衆議院回付案では、国がやることは一二間（約二一・八メートル）以上の大きな道路に限られるが、一二間未満の裏道や露地を整理すれば「喞筒」（シリンダーポンプ）による消火活動が容易であり、飛行機で敵が襲撃しようとすれば、飛行機を撃つ大砲をどこへでも運び廻して飛行機を防ぐことが出来るようにしなければならないのではないか、どうせ金が掛かるならば、中途半端なことをしないで将来も活用のできるように、その幾億の金を使わなければならない（大正一二年一二月二三日貴族院本会議）。

衆議院・貴族院を批判

このように、阪谷は全面的な国費の投入による土地整理・区画整理こそが都市計画の前提であり、震災直後の今がその好機であるにもかかわらず、衆議院はそうした政府の方針を排し、今回の衆議院回付案を作成したと、衆議院の無理解ぶりを批判した。そしてまた、それに貴族院が追随するに至ったことを難じた。

阪谷に賛成の議員

阪谷に賛成した議員に、神奈川県選出の多額納税者議員の大谷嘉兵衛（元横浜商業会議所会頭、日本茶の製茶貿易で財を成した）がいる。彼は、今こそ将来に安全無窮のものを拵えて、国家の安全をたもたねばならないのであり、阪谷の修正案、すなわち政府原案は、長い間の苦心をもって樹《た》てられて提出されたものであり、「全く吾々の望むべき案」であると述べた（大正一二年一二月二三日貴族院本会議）。しかし、阪谷が予期したように、政府原案復活に賛成する議員は大谷の外、少数にとどまった。

東京大空襲

この臨時議会が終了して二二年後の昭和二〇年、後藤新平らが構想し、阪谷が必死の思いでその実現を貴族院で訴えた復興計画について、東京大空襲の惨劇により、それが適切であったことが証明された。東京の下町・城東地区は、裏道や露地が十分整理されないまま、米軍の空爆のため、甚大な人的・物的被害を蒙ったのである。

昭和天皇は後年、回想して次のように述べたという。

もし、それ〔後藤新平の復興計画〕が実行されていたならば、おそらくこの戦災がもう少し軽く、東京あたりは戦災は非常に軽かったんじゃないかと思って、今さら後藤新平のあの時の計画が実行されないことを非常に残念に思っています

と（高橋紘『陛下、お尋ね申し上げます』三四四頁）。

二 清浦内閣

第二次山本内閣総辞職

阪谷は貴族院において、政治の節目節目に演壇に経ち、政府の姿勢を正した。

大正一二年（一九二三）一二月二七日に発生した虎ノ門事件（無政府主義者による皇太子・摂政宮裕仁親王〈のち昭和天皇〉狙撃事件）の責任をとり、年が明けた一月七日、第二次山本権兵衛内閣は総辞職した。成立後三か月の短命内閣であった。

清浦奎吾内閣組閣

元老西園寺公望によって、枢密院議長の清浦奎吾が後継首班に挙げられたが、いったん清浦は大命を拝辞したものの、貴族院時代のかつての古巣「研究会」の青木信光、水野直、小笠原長幹ら領袖たちの援助により、新年早々に組閣を完了した。新内閣は、首

相が元貴族院議員、全閣僚が現職の貴族院議員という「貴族院内閣」で、それも研究会主導の「研究会内閣」であった。

政友会分裂

政友会は、原内閣時代より研究会と組んで高橋内閣、加藤友三郎内閣を支えたが、今回「貴族院内閣」への態度をめぐり党内は激しく対立、支持派の床次竹二郎らが脱党して政友本党を立ち上げたことでついに政友会は分裂した。こうして政友会は憲政会・革新倶楽部の側に立ち、その成立が非立憲的であるとして清浦内閣否認を表明した。

清浦に退陣を迫る

阪谷も、新内閣成立にむけた手続きを問題にした。拝辞したにもかかわらず、研究会それも一部の幹部が半ば強引に、貴族院議員を網羅した内閣を組織したことを問題にした。阪谷は年明けに再開された第四八議会貴族院本会議で、清浦首相の組閣の方法や手段には問題があり、首相は「思想善導」について語るが、ここで「貴族院内閣或は特権内閣の寿命」を延長するために衆議院を解散などするならば、それこそ総理の言う「思想善導」に反するのではないかと、暗に退陣を迫った（大正一三年一月二三日貴族院本会議）。

院内で暗に内閣の退陣を迫った阪谷は、院外でも清浦退陣に向けて行動を開始した。彼の「貴族院日誌」（『阪谷伝』所載）によれば、これから数日後、貴族院各派有志と清浦への辞職勧告の是非を論じ、公正会の幹部である矢吹省三や東郷安と、清浦内閣の閣僚である藤村義朗を訪問して「内閣総辞職説」を申し入れ、藤村の「決心」（＝辞任）を促したが、藤村は不同意を表明したとある（「貴族院日記」大正一三年一月二八日の条）。

清浦、衆議院を解散

一月二九日、公正会総会は、首相辞任勧告を可決し、その翌日、阪谷は公正会として他の会派の有志とともに院内大臣室に清浦を訪問し、退陣を申し入れた。しかし清浦は、阪谷らの「忠告」を容れず、翌日衆議院を解散した。

この日、阪谷らは公正会を中心とした「清浦退陣貴族院有志の会」を解散した。解散のない貴族院としては、反清浦の活動はこれで終わった。しかし、解散された衆議院の反清浦勢力は、護憲運動の先頭に立った。憲政会を中心として、政友会と革新倶楽部を加えた、いわゆる護憲三派である。彼らは、普通選挙と貴族院改革の実現をスローガンに選挙運動を展開し、五月一〇日の総選挙で大勝する。

護憲三派

貴族院改革に反対

貴族院改革は、清浦内閣を作り上げた貴族院、特にその最大会派である研究会に対する政党勢力、すなわち護憲三派、ジャーナリズム、民衆の反発によるものであった。しかし、阪谷はこの改革に反対した。

貴族院の改革を唱ふる前に、既往に於いて貴族院は如何なる善き立法に反対したりや、また如何なる悪しき立法に賛成したりや、其の功罪如何を挙げざるべからず（日付不明「貴族院日記」）。

なるほど、阪谷は議員就任以来、できるかぎり党派に偏せず、正論を院内で展開してきた。彼にとって、制度的な問題点など見当たらなかった。ところが、普通選挙と共に反清浦・貴族院改革をスローガンに護憲運動を展開し、選挙を戦った護憲三派としては、貴族院改革を引っ込めることは不可能である。阪谷は「衆議院の選挙法改正と貴族院改革と必ずしも伴はざるべからざるの理なし」（同前）と考えるが、政治的基盤の安定化をはかる護憲三派にとって、両者は「伴はざるべからざるの理」があったのである。

「微温的」改革を実行

清浦内閣倒壊の後、大正一三年（一九二四）六月一一日に成立した加藤高明を首班とする第一次加藤内閣は、まずは第四九議会（特別議会）で激化する小作争議に対応するため、小作調停法を成立させた。そして一二月に召集された第五〇議会で同内閣は、普通選挙法を成立させるとともに、治安維持法を成立させ、貴族院の同意を得て（貴族院令一三条による）、貴族院令を改正し、勅選・多額納税者議員らに対する、皇族議員を除く有爵議員の数的優位性を撤廃するなど「微温的」な改革を実現した。

三　議院法改正問題

議院法改正

ところが、貴族院の権限は貴族院令だけではなく、議院法などの法令でも規定するところであった。特に議院法第四〇条の予算審議に関する規定は、衆議院の審議期間を二一日以内と具体的に定めていたが、貴族院のそれは定めるところではなかった。通常の議会では、衆議院で多数の法案審議が錯綜するなか予算案を議了し、貴族院にそれが送付されるのは会期も半ばを過ぎた二月下旬であることが多かった。それゆえ貴族院は会期末に、衆議院回付案を政府原案と対照させ、関連法律案をチェックしつつギリギリまで持ち越して審議し、審議未了をチラつかせることで、政府を牽制することが可能であった。いわば議院法第四〇条は、貴族院の権力の重要な源泉であった。そこで護憲三派内閣は、貴族院令改正とともに議院法の改正を目指したのである。

貴族院先議

貴族院令・議院法などの貴族院改革関連法令案を議会へ提出するに先立ち、その事前審査が枢密院で行なわれた。その審査は、阪谷の義兄である穂積陳重顧問官を中心とする小委員会に委ねられた。第五〇議会が終盤にさしかかった三月九日、委員長の穂積は議院法改正について、両院間に均衡を保ちつつ時代の要請に叶うという趣旨からすれば問題ない（国立公文書館所蔵『枢密院会議議事録』三七）と、枢密院会議に審査結果を報告している。この審査報告は、枢密院会議の容れるところとなり、政府は翌三月一〇日、貴族院令改正案とともに議院法改正案を貴族院に提出した。貴族院先議である。

阪谷、法改正に反対

枢密院は「支障なきもの」としても、貴族院としては大いに支障があった。阪谷が所属し、その指導者でもあった公正会は、一月に政府が貴族院改革関連法令案を議会に提出することを予測して、貴族院改革反対を決議し、決議案第三項で議院法改正による貴族院の権限縮小をさせない、としていた。三月一八日、阪谷は、貴族院改革関連法令案特別委員会の席上、衆議院で可決された予算関連法案と予算書に関する貴族院側の精査のなかで、前者について再検討の余地は生ずるであろうし、そのたびに両院会議を開き、貴衆両院の調整をしていたら、二一日間という時間は貴族院にとって不十分であると主張し、従来からの権限、いわば既得権を根拠に議院法改正に反対した（大正一四年三月一八日貴族院「貴族院令中改正案外二件」特別委員会）。

容認の対象　精査の対象

しかし政党政治の展開は、憲法が定める両院対等ではなく、衆議院優越を当然指向する。大正デモクラシーの時代では、上院にとって、下院が認めた予算案は従来のような精査の対象ではなく、容認の対象なのである。が、阪谷にとって予算案は、昔と変わらず精査の対象であるべきであった。そして、そのことが貴族院の権力の源であり、阪谷はじめ公正会が守るべき対象であった。

道半ばの貴族院改革

結局、一週間の審議期間の延長可能性を条件に、貴族院は審議期間二一日という制限を甘受することとしたが、衆議院はこの貴族院案を拒否したため、議院法改正案は不成立となった。こうして護憲三派内閣は、貴族院令の改正と普通選挙法を成立させることに成功したものの、議院法の改正には失敗した。貴族院改革は道半ばであった。加藤高

小野塚喜平次
（『東京帝国大学五十年史』より）

明の急死（大正一五〈一九二六〉年一月二八日）を受けて、一月三〇日に成立した若槻内閣は、続く第五一議会に同様の議院法改正案を提出したが、それは全会一致で衆議院を通過した。

これに対し貴族院は、この法案に関する特別委員会で、全員一致で否決したのである。これを本会議で問題にしたのが、先の貴族院改革で新設された学士院会員議員（定員四）である小野塚喜平次（元東京帝国大学教授、純無所属）だった。政治学者で吉野作造の師でもあり、貴族院改革の必要性を認めていた彼は、前年の議会で貴族院改革に応じたのに、なぜ今年はまったく応じようとはしないのかと、この特別委員会委員長の一条実孝（公爵）に食い下がった。ところが本会議では、圧倒的多数が特別委員会案の姿勢を受け容れたのである。

大正から昭和へ

これは続く第五二議会（昭和元年〈一九二六〉一二月二六日〜二年三月二五日）でも問題となった。この議会開催前日の一二月二五日に大正天皇崩御、そして裕仁親王の践祚、大正から昭和への改元というなかで、この問題は再燃した。

三度目の同一改正案

さて、今度は政府ではなく、政友会が独自に昭和二年一月二九日、従来と同一の議院法改正案を衆議院に提出した。これに対し衆議院は、前回同様、全会一致でこれを可決し（二月二六日）、即日貴族院に回付した。三度同一法律案が衆議院に上程され、しかもいずれもほぼ全会一致で可決されることなど、前代未聞であった。

改正案審議特別委員会

しかし今度は、研究会が改正案受け容れの方向で動き始めた。その結果、この改正案審議の特別委員会の陣容は、委員長の近衛文麿（公爵）、副委員長の阪谷芳郎、その他の委員には、のちに近衛とともに貴族院改革に奔走することになる佐佐木行忠（侯爵）、研究会の領袖青木信光（子爵）、小野塚喜平次ほか四名が、議長の徳川家達より指名された。この布陣は明らかに阪谷対策であった。藤原摂関家直系として公家華族筆頭の近衛を委員長に据え、なおも議院法改正に反対する阪谷を副委員長として取り込み、しかも委員の数は前回の半数に抑えられた。委員会としてのまとまりやすさも考慮されたのである。

この委員会で阪谷は、衆議院が予算先議権を持つのに対し、貴族院は議会の後半に予算案と法律案とを関連付けての審査を余儀なくされるため、審査期間を付されないのは妥当であって、今「国民が変に思ふ」というだけで、貴族院にも予算審査期間を付すというのは、世の中の一部の誤った議論に迎合することになる（昭和二年三月二二日貴族院「議院法中改正法律案」特別委員会）と、持論を繰り返した。

これに対し小野塚は、議院法改正は貴族院改革の一部であり、早く解決してしまった方がよい。しかし「予算のことなどに付いて、例えば議院法などについては阪谷男爵の御弟子になりたいのでございますが」（同前）と、阪谷に配慮しつつ、議院法の早期改正を訴えた。委員会外の非公式の場での委員相互による話し合いもあり、阪谷はついに折れた。小野塚によって阪谷は説得されたのである。

小野塚喜平次の説得

こうして、衆議院から回付された議院法改正案は、昭和二年（一九二七）三月二三日、貴族院を通過した。この年、小野塚はこの問題について『国家学会雑誌』に論稿を寄せ、自らと阪谷について次のように述べている。

改正案、貴族院を通過

予算の学理と実際とに通暁せらるる同（阪谷）博士に対して敢えて反対の主張を公言するは予の狐疑するところなり。されど公事は私情の為に累せらるべきにあらず。予は予の所信に忠実なること公平に、予の義務感覚を満足せしむるのみならず、又憂国慨世至誠奉公の一好模型たる同（阪谷）男爵に対して返つて敬意を表する所以なりと思考す（「貴族院予算委員の審査期間に就いて」『国家学会雑誌』第四一巻第五号、八頁）。

若槻内閣への批判

なお、この若槻内閣は、外相の幣原喜重郎が中国への内政不干渉や国際協調の外交方針をとっていたが、中国統一を目指した国民政府による北伐戦争が満蒙をはじめ日本の既得権に脅威を与えつつあったことから、その外交政策への批判が高まっていった。

四　田中義一内閣―金融恐慌と「優諚問題」―

金融恐慌

昭和二年（一九二七）は、年初より国内に蔓延した金融不安がそのピークへと向かいつつあった。年初来、地方銀行の一部に休業する銀行が出始め、金融業界には動揺が走り、第五二議会における衆議院予算委員会審議の席上（三月一四日）での片岡直温《なおはる》蔵相の不用意な発言がきっかけで、休業に追い込まれる銀行が続出した。昭和二年一月から九月にかけ、「華族銀行」とも呼ばれた第一五銀行など有力銀行を含む四四の銀行が休業した。

田中義一内閣発足

こうしたなかで、巨大商社であった鈴木商店の経営破綻が明らかとなり、鈴木商店と関係が深かった台湾銀行が経営危機に陥った。これに対し若槻内閣は、緊急勅令と財政の緊急処分とによってその救済を目指した。ところが、枢密院が台湾銀行救済のための緊急勅令案を否決したため、若槻内閣は昭和二年四月一七日に総辞職に追い込まれ、新たに政友会の田中義一《ぎいち》内閣が成立した。

緊急勅令

首相の田中義一は、蔵相に財界の信頼が厚かった高橋是清《これきよ》を起用し、金融恐慌の鎮静化に努めた。高橋は四月二二日に、三週間の支払を猶予する緊急勅令（昭和二年勅令第九六号）を出し、即日実施するとともに、日本銀行に対し全国の銀行に向けて二二億円にも上る巨額の非常貸し出しを行わせ、全国に広まりつつあった銀行取り付け騒ぎを鎮めた。
恐慌が小康を得た五月三日、田中内閣は帝国憲法第八条（緊急勅令は次の会期にて議会の承諾が必要と規定）に基づき、臨時議会を招集し、先に発した緊急勅令について議会の承諾を得ようとした。貴族院では「昭和二年勅令第九十六号『承諾を求むる件』特別委員会」が設けられ、蔵相の高橋是清の一連の措置について検討が加えられたが、阪谷も副委員長としてそれに加わった。

田中内閣の施策を支持

阪谷は、大戦争が起こったわけでもなく、「モラトリアム」（法律による支払い猶予）によらずともやり方があったように思うが、反対党が多数を占める衆議院が承諾したのであれば、この緊急勅令に議会が早く「承認」を与え、政府の「財界安定策」に対し、議会が「裏書」すなわち保証することとしたいと（昭和二年五月八日「昭和二年勅令第九十六号『承諾を求むる件』特別委員会」）、田中内閣の施策を支持したのである。
六月となり、金融恐慌の終息を見届けた高橋は蔵相を辞し、その後任に三土忠造が文相から横滑りし、三土の後任には政友会系の勅選議員の水野錬太郎（元内相、交友倶楽部）が充てられた。

鈴木内相の選挙干渉

さて、内相の鈴木喜三郎は元司法官僚であり、昭和三年二月に予定された普通選挙（第一六回衆議院議員総選挙）に備え、政友会に批判的な知事を休職や免職に追い込み、総選挙に際しては、大規模かつ露骨な選挙干渉を行なった。

昭和三年一月の衆議院解散により、翌二月に実施された総選挙を受け、四月に第五五議会（特別議会）が招集された。衆議院では官憲の選挙干渉に関し、内相の鈴木喜三郎の責任を追及する声が多数あがった。首相の田中は内相の鈴木を辞職させ、自ら内相を兼任することで辛くも野党の追及を逃げ切り、この議会を終えた。

優諚問題

議会閉会後、首相の田中義一は内閣改造を策した。兼任した内相のポストに逓相の望月圭介を横滑りさせ、空いた逓相のポストに腹心の久原房之助を充てたのである。ところが、この人事が閣内分裂を生み、さらに「優諚問題」に発展して、昭和三年五月から翌年二月にかけて政界を揺るがすことになる。

田中が入閣させた久原房之助は山口県萩市出身で、「鉱山王」の異名をもつ実業家であったが、第一次世界大戦終結以降、事業は振るわず多大な負債を抱えていた。また、彼は田中とは竹馬の友であり、田中の政界進出にあたり、多額の政治資金を提供したとの噂もあった。閣内からも、蔵相の三土忠造と文相の水野錬太郎が久原の入閣に反対し、水野は辞表を提出するに及んだ。田中は慰留したが水野の思いは変わらず、水野は田中に辞表の執奏を迫った。

田中は天皇に水野の辞表を取り次いだが、天皇の「優諚」により、水野は留任した。

このこと—すなわち田中と水野が、閣僚もしくは自らの留任に天皇を利用したこと—が、即日政治問題化した。これを受けてその翌日、水野は再度辞表を提出し、政府はこの問題に関して異例の声明を出した。しかし、そのことが問題をさらに大きくした。

輔弼責任

まず衆議院では、野党民政党がこの問題を大きく取り上げた。貴族院では、貴族院改革を志向する近衛文麿らの火曜会と、公正会を中心とする昭和倶楽部(旧幸倶楽部)が、この問題を院内で大きく取り上げた。たとえば昭和三年(一九二八)五月二八日、公正会は総会を開き、閣僚の進退に関して総理大臣の措置が適切でなく、累を皇室に及ぼすおそれのある事態を生じさせたことは、輔弼の責任について欠けるところがある、との決議をした(昭和三年五月二九日付『東京朝日新聞』)。

首相問責の動き

与党政友会の内部でも、田中義一を総裁の座から排除する動きが顕在化した。また、貴族院に議席をもつ添田寿一(法学博士)や新渡戸稲造(農学博士)らの呼びかけにより、上杉慎吉(憲法)・美濃部達吉(憲法・行政法)ら一七名の著名な学者たちが共同声明を発して、首相の行動を非難し、さらに六月二日、貴族院では、政友会系の交友倶楽部を除く各会派連合が首相問責の意思を表明した。その後もこの問題は政界でくすぶり続け、第五六議会(昭和三年一二月二六日〜四年三月二五日)でも大きな争点となった。昭和四年(一九二九)二月一〇日、衆議院で、野党民政党提出の内閣不信任案が六四の大差でもって否決された。そこで、この一〇日あまり後の貴族院での議論とその動向に国民の関心が集まった。

決議案、貴族院へ上程

昭和四年二月二二日、近衛文麿以下二三名の発議者は、公爵鷹司信輔ら七五名の賛成者を得て「内閣総理大臣の措置に関する決議」案を貴族院本会議に上程した。発議者は、政友会系の交友倶楽部を除く、研究会ほか貴族院の五会派を網羅しており、阪谷も三四名の男爵議員の一人として賛成者に名を連ねている。この時、政友会とパイプをつないで来た研究会の幹部たちは、民政党と連携する会派内部の反幹部派の動きにも考慮して、従来からの決議拘束主義の除外例として、この問題に対応しようとした。他方、公正会はすでに昭和二年（一九二七）三月、阪谷ら官僚出身の男爵議員幹部への一部会員の反発や民政党へ傾斜を強める会員の存在に配慮し、従来の決議拘束主義によらない、会員の自由な院内活動を保証するよう会則を改正した。この「一人一党主義」に基づく会則改正で、阪谷ら幹部たちの派内での指導力は大きく低下していた。

不信任案賛成の演説

まず二月二二日の午前、研究会所属の子爵議員柳沢保恵が、前年からの「優諚問題」に関わる貴族院の動きに触れつつ内閣不信任案提案理由を説明し、「公正会」の池田長康（元研究会所属）が反対演説をした。これを受けて午後、阪谷が賛成演説のトップを務めた。阪谷は昭和三年（一九二八）五月三〇日の「一七博士による声明書」全文を読み上げつつ、首相田中の政治道徳の欠如を問題とする。阪谷は、「一七博士の声明」の内容の是非をここで問題にするのではなく、〔優諚問題が〕社会に対しては言うまでもなく、学者たちにまで大きな衝撃を与えた証左だという。

「一七博士の声明」

既述のように「一七博士の声明」とは、決議案の発議者の一人である添田寿一（法学博士）ら三名の学者の呼びかけで、美濃部達吉ら一四名の学者が東京会館に集まり、意見交換の後に宣言書を起草し、発表したものである。その趣旨は、元文相の水野錬太郎（昭和三年五月二五日に辞任）の進退について、首相として田中義一が責任をとらず、水野や天皇に責任を帰していることを非難するものであった。阪谷もまた、この点を問題にした。今回の決議案は内閣を弾劾するというようなものではなく、「要するに事、累を陛下に及ぼすと云ふ事は宜しくないと云ふことを茲に決議するのである」と。

新渡戸稲造の賛成演説

阪谷の後、研究会の伯爵議員の林博太郎、交友倶楽部の石渡敏一がそれぞれ反対演説を行ない、研究会の塚本清治（勅選議員）が賛成演説をした後、特定の会派に属さない勅選議員の新渡戸稲造《にとべいなぞう》（元東大教授、元国際連盟事務次長）が賛成演説をした。新渡戸は決議案の発議人でこそなかったが、前年五月の一七博士声明書の発起人の一人であった。新渡戸演説の要旨は次のようである。

外国生活が長かった自分にとって、今日日本が外国に対し誇りとするのはひとり「国体」しかないと思うが、総理大臣の意思はともかく、「優諚問題」に対する総理の措置は、結果的に国体に傷つけることになりはせぬか。さらに、昨年の議会でこの問題が議論された時、貴族院には解散がないので政府を弾劾することは不謹慎であると、小野塚喜平次は発言した。その小野塚は今病床にあり、登院できないが、自分も一票を投じてこの決議案に賛成したいと、見舞いに行った折に述べていた。このままでは自分たちのような教職者は、学生の思想の「善導」などできない状態である。

決議案可決

この新渡戸の演説には何度か拍手があった。貴族院では珍しい現象である。採決の結果、この決議案は一七二対一四九で可決された。二月二三日付『東京日日新聞』は、賛否が伯仲するなか、決議案が二三の大差をもって可決された有力な要因の一つとして、新渡戸の賛成演説が成功して「態度未定の人々を感動させた」ことがある、と報じた。

阪谷と新渡戸

既述のように、阪谷は一七博士の声明を読み上げ、一七名の名前をひとりひとり紹介した。それが、一七博士のひとりで最後の賛成演説者であった新渡戸の登場へとつながった。新渡戸演説は同成会の伊沢多喜男の発案によるものである。伊沢が一七博士のひとりである添田に話し、添田が新渡戸を説得して賛成演説をさせた（『伊沢多喜男』一八三〜一八五頁）。阪谷はおそらく添田と連携の上、新渡戸登場の〈前座〉を務めたのである。

田中内閣退陣

この貴族院における問責を意図した決議案の採択は、田中内閣の権威を大きく失墜させた。地租・営業税（地方）移譲法案、肥料管理法案、自作農創設維持法案、鉄道施設法改正法案など、政府提出の重要法案は、軒並み貴族院で否決か、審議未了・廃案となった。田中内閣は満身創痍《まんしんそうい》の中、前年に引き起こされた張作霖《ちょうさくりん》爆殺事件の事後処理を誤り、退陣に追い込まれていったのである。

東京博覧会副総裁選任

なお、田中内閣の時代に「大礼記念東京博覧会」（昭和三年三月二四日〜五月二二日の期間東京上野で開催）が開催された。これは昭和元年（一九二六）一〇月以来、東京商業会議所を中心に天皇即位の奉祝事業として計画されてきたもので、阪谷はその副総裁に選任された。博覧会終了後の昭和三年八月、総裁の閑院宮載仁《かんいんのみやことひと》親王より「尽力に付」御紋章入り銀製花瓶一個を拝領した（「男爵阪谷芳郎略歴」、「阪谷芳郎関係文書」所収）。宮様総裁の下で、阪谷はこの博覧会の成功に向けて陣頭指揮にあたったのであろう。

五　金解禁とロンドン軍縮会議

金輸出解禁

昭和四年（一九二九）七月、田中内閣は総辞職し、民政党総裁の浜口雄幸《はまぐちおきち》が後継内閣の首班となった。浜口内閣の金看板は、金輸出解禁（金解禁）であり、蔵相には井上準之助（元日本銀行総裁、元大蔵大臣）が起用された。一〇月二四日にニューヨーク株式市場の株価大暴落があったが、井上は外国為替銀行である横浜正金銀行をしてアメリカおよびイギリスとのそれぞれ五〇〇〇万円のクレジットを成立させ、金解禁に備えて正貨の積み増しをした。そのクレジット成立の日（昭和四年一一月二一日）、政府は大蔵省令をもって、翌年一月一一日を期し金輸出を解禁すると内外に宣言した。大正六年（一九一七）九月、寺内内閣によって金輸出が禁止されて以来、一二年四カ月ぶりの金輸出の解禁である。

阪谷の金解禁講演

一一月二五日に、東京日日新聞主催で財界振興講演会が東京で開催されたが、阪谷はここで「金解禁談」と題して講演した。その要旨は次の通り。

金解禁は遅きに失した感がある。金本位制下での、金の輸出禁止は「不自然なもの」であり、金輸出が禁止されているから国内と海外での金相場にズレが生じ、それが為替に反映される。為替は常に変動するから、それが商売の障害となって来た（昭和四年一一月二七日～一一月二九日付『東京日日新聞』に連載）。

全面的な賛意

金解禁を旧平価によるか、現行の為替水準を反映した新平価によるべきか、阪谷は述べることはなかったが、彼は金解禁に全面的な賛意を表すると共に、長期にわたる金輸出禁止は誤りであったと断じた。なお、講演会の翌日、『東京日日新聞』は、昭和四年八月末で日本の金準備率は七九・六パーセント（米国七九・〇パーセント）で、米国を含む主要国の中で一番高いと報じた。

海軍軍縮条約問題

さて、翌年二月二〇日に行なわれた第一七回衆議院総選挙に勝利し、衆議院の絶対過半数を獲得した浜口内閣の課題は、ロンドン海軍軍縮条約の調印およびその批准であった。金解禁については、政財界の協力を取り付け、出だしは順調であったと言ってよい（のち世界恐慌の影響が及びはじめて不況が深刻化し、租税減による歳入欠陥が生じることになるが）。しかし海軍軍縮条約問題は、当初より倒閣を策す野党政友会や、海軍―特に軍令部―の大きな反発を招き、その調印は統帥権干犯問題にまで発展することになる。

枢密院への諮詢

浜口内閣は断固とした方針の下、各方面からの反対意見を撥ね付けつつ、条約を締結し、ともかく条約批准のため、枢密院への諮詢にこぎつけた。枢密院では、右翼団体・国本社を主催する副議長平沼騏一郎や、故伊藤博文の懐刀として知られ、精査委員長の職にあった伊東巳代治が、政友会や軍令部と結びつつ、その批准に難色を示していた。

阪谷は浜口内閣を応援

反対派が「統帥権干犯」（天皇が持つ陸海軍を直接指揮する大権を犯すこと）であると喧《やかま》しくキャンペーンを展開するなか、阪谷は浜口内閣を応援した。昭和五年（一九三〇）九月、彼は『報知新聞』に一文を寄せ、手続き上、手落ちがあったかどうかは別として、条約を締結したうちの英米の二カ国はすでに批准を終えているので、日本のすみやかな批准が必要であると、次のように説く。

……今後国家の目的は平和主義か戦争主義かといふことである。既に英国が譲歩して米国と対等の海軍力にて満足するまで未来を達見したる以上、日本のみ断じて譲歩せず、我を主張するが、全局より見て果して得策なりや否や、我平和主義を以て進むなれば、英米と歩調を一つにして進むべし、我が戦争主義を以て進むなれば、到底英米と歩調を一つにして進む能わず、決裂の外なかるべし。今日の軍縮条約は平等の会議に基づく結果なり。この条約を日本が批准せざるとも勿論直ちに戦争とはならざるべし。しかし、英米両国に対する日本の信義はいちじるしく傷つけられ、今後経済上、政治上その他間接直接に失ふ處の大なる知るべきである。しかして、軍縮は結局来たらざるべからざる運命の道程にあるものなり。余は恐る、他日あるいは妥協によらず、日本が屈服的に軍縮せざるべからざる運命に立至ることなきを保せざるなり（昭和五年九月五日付『報知新聞』）。

軍縮は日本の「運命」

阪谷は、軍縮は従わざるを得ない日本の「運命」であり、英米両国と歩調を一つにして進むことが日本の平和を保障すると説く。ここで英米と妥協しないのなら、日本が「屈服的に軍縮せざるべからざる運命」を辿ることになろうとの一節は、その後―満洲事変勃発後―英米と妥協しないままに戦争に突き進んだ日本の第二次世界大戦での敗北を予見させる。阪谷が右の文章を寄せておよそ二カ月後の一一月一四日、首相の浜口は、東京駅頭で右翼団体の青年に銃撃され、重傷を負う。これが浜口内閣崩壊の始まりであった。

六　博覧会開催構想

博覧会の可能性に注目

阪谷は昭和五年（一九三〇）三月から五月にかけて、東京の上野公園と横須賀の「三笠」記念艦をそれぞれ第一、第二会場として開催された「海と空」博覧会の会長や、九月に開催された神戸港湾博覧会総裁を務めていた。大蔵次官として日露戦争の財政に深く関わった阪谷は、その後、連合艦隊の旗艦であった戦艦「三笠」の保存会会長に就任した。また、大蔵次官・蔵相時代に神戸港拡充に尽力した。そうしたことが、彼をしてこの二つの博覧会の会長や総裁に就任させたのであろう。中央・地方におけるいくつかの博覧会の企画と実施を通じて、彼は博覧会に関する認識を深め、その可能性に注目するようになったようだ。

博覧会開催の名目

阪谷は、世界恐慌下の緊縮財政と国際収支の悪化のなかで、博覧会の開催を考えた。困難な経済事情のなかでの博覧会開催である。名目が必要であると考えた阪谷が思いついたのは、「紀元二千六百年」奉祝である。初代の天皇とされた神武天皇が日向国から東征し、大和国で即位して橿原宮を営んで以来二六〇〇年の節目に当たるのが昭和一五年（一九四〇）であった。彼はこのことに注目したのである。

二千六百年を奉祝する

後年、彼が新聞記者に語ったところによれば、「紀元二千六百年」奉祝事業を提議したのは、昭和五年に開催された東京商工会議所での会議であったという。この時「二千六百年を奉祝するつて何をするんです」と反問されたという（昭和一五年一一月八日付『読売新聞』）。その後、彼は東京商工会議所をはじめ、いろいろな所で紀元二千六百年奉祝について語り、議論したのであろう、この年八月、彼は「二千六百年紀念大博覧会」について、米国連合通信の記者の取材に応じている（「阪谷日記」昭和五年八月二七日の条）。

日本大博覧会復活へ

九月に至り、彼は商工大臣の俵孫一を訪ね、「海と空」博覧会の「決算状況」を伝えたが、この時に古市公威《きみたけ》（東大名誉教授、男爵）を中心とした博覧会倶楽部の「博覧会計画申し出」について俵から話を聞き取っている（同、九月一四日の条）。博覧会倶楽部会長の古市は、日露戦争の直後に計画されながら、政府の財政難を理由に中止に追い込まれた「日本大博覧会」の会場建設準備委員の中心にいた人物である。日本が第一次世界大戦に勝利し、国際連盟の理事国のひとつとなり、さらに関東大震災の復興を果たしつつあるという自信が、二〇年近く前の「日本大博覧会」復活へと古市たちを駆り立てたのであろう。彼らは東京市や横浜市および双方の商工会議所を巻き込みつつ、博覧会開催を計画したのである。阪谷の構想と古市らの動きが一つであったか、別のものであったか判然としないが、その後、両者は一つになる（第一四章第一節参照）。

古市公威の提案

財政支出抑制の立場からすれば、古市の「申し出」と阪谷の博覧会構想に対し、関係する商工省はじめ政府の姿勢は積極的ではなかった。そこで古市らは、その資金の大半を入場券の前売りによって調達し、博覧会の開催を可能とすることを提案した。彼らの構想は次のようなものであった。世界大戦終了二〇周年・関東大震災一二周年を期して、昭和一〇年四月から七カ月間、会場は東京と横浜、開催のための資金は二五〇〇万円で、その大半を入場券の前売りによって確保する。

五輪との同時開催案

これに対し、横浜市はこの計画に乗りつつも、不況による財政悪化を理由に先延ばしを主張した。東京市長の永田秀次郎も、昭和八年開催のシカゴ万博の直後では外国からの旅行者を多数望めないので、昭和一五年（一九四〇年）に開催予定のオリンピックを誘致し、博覧会と同時に開催してもいいのではないかと提案した。商工省もこれに賛成した。

起爆剤としての博覧会

このような流れを受け、衆議院に万博開催に向けての動きが現れた。昭和六年三月二五日、第五九議会衆議院本会議に「日本万国博覧会開催に関する建議案」が提出され、可決された。これに先立ち、この議案の可否を審議した委員会で、一委員から博覧会開催によって「総ての産業の発達を図ると云ふのは実に洵《まこと》に結構なこと」（昭和六年三月二五日「中央卸売市場法中改正法律案委員会」）との発言があった。これは博覧会が不景気の折りの景気回復や産業発達の起爆剤として期待されていたことを示唆している。

脳溢血に襲われる

ところが同年四月、阪谷は脳溢血《のういっけつ》に襲われた。幸い症状が軽く、命に別状はなかったが、彼はそれから一年ほどリハビリに専念するため、政治活動の一時休止を余儀なくされた。その甲斐あって、彼はその翌年初夏の頃には活動を再開することができた。博覧会については、昭和七年八月に開催に向け、活動が開始されることになる。

他方、阪谷が脳溢血に襲われたころ、浜口雄幸の体調は悪化し、内閣は総辞職した。昭和六年四月一四日、第二次若槻内閣が成立した。

七　柳条湖事件

柳条湖事件勃発

昭和六年（一九三一）九月一八日、中国奉天省北部の柳条《りゅうじょう》湖《こ》で、南満洲鉄道（満鉄）の線路が爆発される事件が起きた（柳条湖事件）。関東軍幹部が仕組んだ事件であったが、犯人を奉天軍閥の張学良《ちょうがくりょう》軍によるものとして、関東軍は若槻内閣の不拡大方針を無視し、満洲の中心地の奉天をはじめとして満洲の諸都市を瞬く間に占領した。

「之を戒めよ戒めよ」

これに対し、張学良とその配下の軍は拠点を錦州に移し、関東軍に抵抗する姿勢を見せた。関東軍はかかる張学良軍に対し、錦州空爆を企図しつつあったが、若槻内閣はこれを阻止する有効な手立てを見いだせないまま、日本軍の侵略に抗議して各地で頻発する日貨排斥運動について抗議するだけであった。阪谷は次のように日記に書きつける。

右抗議は可なり。唯《た》だ、満洲に於る我出先き軍人の横暴止まざれば、この抗議も効力を減ずべし。……今後日本が下手をやれば、欧州大戦後の独逸以上の困難に陥ゆるべし。之を戒めよ戒めよ（昭和六年一〇月一〇日「阪谷日記」）。

陸軍に意見具申を試みる

しかし一二月二八日、関東軍は錦州への攻撃を開始した。第六〇議会（昭和六年一二月二六日〜翌年一月二一日）の開催直後で、官公庁が年末年始の休暇に入る時であった。

かかる事態に、阪谷はいまだ不自由な身ではあったが動いた。彼は自身が会長を務める帝国飛行協会の総務理事の蟻川五郎作《ありかわごろさく》と連絡を取った。蟻川は元陸軍少将で、大正一三年（一九二四）に衆議院議員に当選したことのある人物である。阪谷は、軍機に関わる問題であるため自らは遠慮し、元軍人の蟻川を通じて、陸相や参謀総長に意見具申を試みようとした（昭和六年一二月三〇・三一日「貴族院日記」）。

彼は、国際連盟ができた今、武力を排し平和裡に「満蒙自治国」を建設して満洲の権益を守るべきであると考えていた（昭和二年八月二二日付児玉秀雄〔関東長官〕宛阪谷書簡『児玉秀雄関係文書』Ⅱ、四〇〜四一頁、所収）。このままでは条約違反者として国際連盟から日本が除名され、信託統治領・南洋群島の管理権を剝奪され、さらに「満洲処分」案をいかなる相手と結ぼうにも列国は承認せず、アメリカも参加する日本への経済封鎖などもあり得る（『阪谷伝』五四〇〜五四一頁）と、陸相らに具申しようとした。

一二月三一日午後四時、蟻川から阪谷に電話があり、杉山元《はじめ》陸軍次官には「篤と話してきたり」とのことであった。阪谷自身は「唯知て言はざるは不忠」ゆえ、まずは軍幹部の耳に入れてはみるが、「その上の事は天命と詮《あきら》めるの外《ほか》なし」というスタンスをとった（昭和六年一二月三一日「貴族院日記」）。

憲法に忠実なスタンス

それは、文官の阪谷は軍機に介入できないとする、統帥権の政務・行政からの独立を認めた憲法そのものに忠実なスタンスであった。後述のように、彼の軍への抑止行動は財政の分野にほぼ限られ、財政という手段で軍の暴走にブレーキをかけようとした。

政権交替と岳父の死

他方、軍の暴走を抑えるべく、民政党総裁でもある首相の若槻礼次郎は、政友会を内閣に引き込む挙国一致内閣の設立を目論んだが、閣僚たちの意見をまとめることができず、一二月一三日、閣内不一致のため総辞職した。後継内閣の首班は政友会総裁の犬養《いぬかい》毅《つよし》であった。なお、この政権交代のひと月前、すなわち一一月一一日、阪谷の岳父渋沢栄一が死去した。享年九三。渋沢はその最晩年に日本国際児童親善会を設立し、子供たちの人形交換によって日米友好の促進をはかった。

八　高橋財政への疑問

大蔵官僚であった阪谷は、特に予算案について関心があった。先の議院法における貴族院の予算審議期間にこだわったのも、その表われである。彼の経済・財政に関する基本方針は古典派経済学の知見を基礎としており、松方財政がそうであったように均衡財政を是とした。それゆえ彼の政治・財政上の立場は、〈憲政会―民政党〉のそれに近いものであった。浜口内閣・第二次若槻内閣時の財政、すなわち蔵相の井上準之助が行なった、金解禁と緊縮財政によって通貨価値・為替相場の安定を図る井上財政については、大筋において彼の容認するところであった。しかし、アメリカで一九二九年（昭和四）に始まった世界恐慌が波及し、翌昭和五年三月以降、日本経済はそれまでの貿易収支がさらに悪化、金解禁の直後なだけに大量の金が国外に流出し、昭和恐慌をもたらした。

昭和恐慌

第二次若槻内閣後に成立した犬養内閣は成立早々、蔵相の高橋是清により金輸出再禁止に踏み切った。金輸出禁止、すなわち金本位制の停止は、為替安つまり円安による輸出振興が期待でき、通貨の発行は兌換準備に拘束されないので、積極財政とインフレ政策の遂行が可能となる。蔵相の高橋は、満洲事変による軍事費の増大への対応と、疲弊

金輸出再禁止

する農村対策としての「時局匡救事業《きょうきゅう》」の名目で、巨額の財政出動を計画し実行した。ちなみに、井上財政時代の一般会計の歳出は、概数にして昭和五年（一九三〇）は一五億円、昭和六年は一四億円であったが、高橋財政時代では昭和七年が一九億円、昭和八年が二二億円と、財政支出は急激に膨らんだのである（中村隆英『昭和経済史』七一頁）。

赤字公債の発行

問題は、その資金の調達方法であった。不景気な時期に増税をすることは困難である。財源は公債によらざるをえないが、個人・企業や一般銀行から資金を調達すると、市中に流通する通貨を減少させるので、それはせず、高橋は日本銀行に公債を引き受けさせることとした。こうして、日本財政にとって前代未聞の歳入補塡のための公債、すなわち赤字公債の発行が実行されることとなった。

募る阪谷の不満

昭和七年（一九三二）三月一日、関東軍主導のもとに満洲地域の中華民国からの独立が宣言され、「満洲国」が誕生する。中華民国はただちに国際連盟に提訴し、その結果リットン調査団が派遣された。それから二カ月、犬養首相暗殺を受け（五・一五事件）、二大政党や軍の支持を得て、挙国一致内閣として成立した斎藤実内閣でも、蔵相は高橋が続投した。こうした犬養・斎藤内閣期の高橋財政に対し、阪谷の不満は募る一方であった。

公債発行は言語道断

東京の府立六中（現、東京都立新宿高校）に通う孫の芳直（希一の長男）を捉まえ、「松方財政の正統を継ぐ私ならああいうことはやりません。高橋は間違ってます。高橋はバカですよ」と断固とした口調で言ったという（阪谷芳直『三代の系譜』一五〇〜一五一頁）。東京市長時代、工業都市建設を目指し、上下水道、港湾、電気という都市インフラ整備のための東京市債発行を決断した阪谷であったが（『東京市長日記』解題、六二二〜六二三頁）、償還の見込みが薄く、市場から資金を調達しない公債発行など、言語道断であった。

阪谷、政界に復帰

阪谷はほぼ一年間、脳溢血による後遺症のリハビリに専念してきたが、斎藤実内閣の下で第六二議会（臨時議会、昭和七年六月一日〜六月一四日）が召集されると登院し、この議会で彼は再三この問題を追求し非難した。

〔今回の赤字補塡の公債法案は〕我国憲法あつて以来曾て無い悪例であると思ふ。……斯う云ふ法案が出ましては誠に国家の不祥事と考へます（六月一〇日貴族院本会議）。

と。しかし、「国民大衆の生活を安定せしむる」（六月三日、首相斎藤の衆議院における施政方針演説）ことを標榜する挙国一致内閣の方針は揺らぐものではなかった。そして臨時議会の最終日の六月一四日、衆議院にて満場一致で「満洲国」承認が決議されたのだった。

高橋財政を論難

またこの日、阪谷は貴族院本会議場で、同じく四日前に「国家の不祥事」と断じた赤字補塡法案の成立に強い難色を示しつつも、断腸の思いで賛成するとし、高橋財政について次のように論難した。すなわち、来年度の公債発行額は七億円であり、その利息は年三五〇〇万円を下らないが、政府は新規の公債の元利償還に要する財源について何ら計画を持つものではなく、このような「不良なる財政計画より生ずる悪影響は、今後遠からず一般経済上、延いては国民全部の頭の上に落下」してくるのであり、寒心に堪えない（昭和七年六月一四日、貴族院本会議）、と。

景気回復せず

この五カ月後、蔵相の高橋は一一月一八日の首相官邸での閣議で、不況下に一時的雇用を作りだして国内需要拡大をめざした恐慌対策であった時局匡救事業費を昭和九年度までとし、それを打ち切ると発言した（『読売新聞』昭和七年一一月一九日夕刊）。

昭和七年（一九三二）とその翌年における巨額の借金による財政出動で、一時は日本経済に回復の兆しが見えた。景気の自然回復力を信じていた蔵相の高橋是清は、インフレの危険をはらむ財政出動はせいぜい二、三年のことで、あとは景気上昇に向かうと考えていたが、景気は予期したように回復せず、税収は伸び悩んだ。そして昭和九年から一〇年にかけ、悪性インフレの兆候と、日本銀行の国債消化能力に限界がきていることが明らかとなった（有沢広巳監修『昭和経済史』上、一一三頁）。

「満洲国」独立承認

なお、昭和七年六月一四日の衆議院での「満洲国」承認を経て、九月一五日、斎藤内閣は「満洲国」政府と日満議定書に調印し、正式に「満洲国」独立を承認した。当然ながら中華民国はその独立を認めなかった。そして一〇月二日にはリットン調査団の調査報告書が公表される。公表された内容は、柳条湖事件とその後の日本軍の行動は自衛とは言えず、「満洲国」は自発的な独立とは言いがたい、と日本の主張を否認したものだったが、満洲における日本の既得権益を一部認めるなど日本側への配慮もみせた。

日本、国際連盟を脱退

年が明けた翌昭和八年（一九三三）二月二四日、国際連盟総会が「満洲国」を否認するリットン報告書を採択した。日本首席全権の松岡洋右は派遣されるにあたって、日本の主張が否認されれば連盟脱退はやむを得ないが、出来得る限りそれを避ける方針で臨むよう、政府から指示されていた。採択という結果をうけて、松岡以下、日本全権団は総退場し帰国した。三月二七日、連盟脱退の詔書が出され、当時アジアで唯一の常任理事国だった日本は、国際連盟より脱退する旨を事務総長宛に通告した。

パンドラの箱は閉じず

斎藤内閣が帝人事件（帝国人造絹糸株式会社の株式売買をめぐる贈収賄事件）で総辞職すると、昭和九年（一九三四）七月八日、斎藤内閣で海相の職にあった岡田啓介が組閣した。この岡田内閣でも蔵相として再登板した高橋是清は、膨張する軍事予算に歯止めをかけようとした。しかし、それが軍の反感を買い、高橋は昭和一一年二月二六日、陸軍の青年将校たちに暗殺された。いわゆる二・二六事件である。

ともあれ、償還見込なき公債発行による財政運営というパンドラの箱は、高橋是清によって開けられ、高橋はその後、閉じようとはしたものの果たせず、その後の日本の財政は「非常時」の名の下に、軍事分野を中心に肥大化の一途をたどった。

第一四 「紀元二千六百年」奉祝に向けて

一 皇紀二千六百年記念万国大博覧会

東京湾埋立株式会社

阪谷がリハビリを終え、政界に復帰して間もない昭和七年（一九三二）八月九日、阪谷の許を東京湾埋立株式会社重役の関毅《せきはたす》が訪れた。東京湾埋立株式会社とは、渋沢栄一と関係が深い浅野総一郎（一八四八―一九三〇）が設立した会社で、当初は鶴見埋築株式会社といい、鶴見川河口から川崎にかけて広がる海面の埋立事業に従事していた。その後、「鶴見から東京湾」をスローガンに事業の拡大を図り、大正九年（一九二〇）、東京湾埋立株式会社と社名を変えるとともに、阪谷を顧問に迎えた。

関毅の相談と要綱作成

関は、博覧会の会場敷地を、東京市や東京商工会議所などの、東京の月島・新越中島埋立地（今日の晴見・豊洲）案に対し、鶴見・川崎から東京湾にかけて自社が有する埋め立て地を、阪谷が構想する博覧会場の敷地にできないかと、相談に来たのである（「阪谷日記」昭和七年八月九日の条）。この日、おそらく関が用意した意見書を、阪谷の名前で公表することが取り決められた（同前）。さらに数日後、阪谷は「皇紀二千六百年記念事業経営法要綱」を作成して関に送付し、その印刷を依頼した。

三つの事業

その要綱は、全一三条と「理由」、そして付言からなる。「皇紀二千六百年」記念、すなわち紀元二六〇〇年記念事業の企画と遂行のために、政府は若干名の創立委員を任命して「皇紀二千六百年記念事業経営株式会社」を設立し（同第三条）、次の三点を事業内容とする（同第一条）ことが明記されていた。

① 予算約五〇〇〇万円、会期八カ月で、東京とその付近に万国大博覧会を開催する、

② 奈良県内に神武天皇の記念碑を建設する、

③ 国内での関係各地域での記念事業への資金援助、

東京で万国博覧会開催

すべての条文や付言の文面を見ると、②や③はいわば付け足しで、紀元二六〇〇年記念事業の中心は万国博覧会であった。財政面でも、万国博覧会をはじめ、すべての記念事業の費用は、博覧会の前売り入場券の販売収入によるものとした。阪谷は、基本的には政府に資金を依存せず、民間資金による「皇紀二千六百年」記念事業の遂行を考えた。

古市公威ら博覧会倶楽部の計画や、東京市や東京商工会議所で検討されていた構想を拡大し、大規模な万国博覧会を「皇紀二千六百年」記念の名のもとに、東京とその付近で開催しようとしたことが、紀元二六〇〇年奉祝事業構想の発端であった。

二　貴族院で訴える

公正会総会

昭和八年（一九三三）一月一六日、第六四議会における本格的論戦の開始を前に、公正会総会が開かれた。阪谷はこの総会に文書をもって、紀元二六〇〇年に当たる昭和一五年に、万博を含む五〇〇〇万円規模の記念事業を起こすよう貴族院として政府に建議する趣旨の提案をした。審議の結果、その取扱いは幹事一任となったが、公正会幹事会は阪谷の提案を認めなかった。

自説を展開

そこで阪谷は、三月二〇日、本会議における追加予算審議の際、首相への質問というかたちで、「皇紀二千六百年の奉祝のこと」について次のような趣旨の自説を展開した。

昭和一五年までには七カ年あるが、記念事業の調査設計・工事・制作などに六、七年を要するので、政府はすみやかにその準備に着手すべきである。調査の結果を待たねばならないが、たとえば「幾千年の後まで伝ふべき堅固なる記念建造物」「世界全般に亘り注意を喚起し、我国に多数の観光者を引寄すべき性質のもの」は是非ともお願いしたい。全国挙げての記念奉祝を民間有志の計画に任せるのではなく、政府が調査会を設け、その報告に基き、統制して実行に着手すべきである（「昭和八年三月二〇日貴族院本会議」）、と。

これに対し首相の斎藤実は、「篤《とく》と調査を致しました上に其具体的なことに及びたい」（同前）と応ずるにとどまった。ともあれ、阪谷は首相から「皇紀二千六百年」記念事業について前向きな返事を引き出したが、その後の政府の動きは緩慢であった。

阪谷は、先の意見書と要綱の二つに、この貴族院での首相への質問とその答弁に関わる速記録とを付して「皇紀二千六百年〔記〕紀念万国大博覧会開催に就いて」と題する小冊子を作成して各方面に配布し、博覧会開催を訴えた。

五輪誘致建議案の可決

事態が大きく動いたのは二年後の昭和一〇年二月である。二月二六日、第六七議会貴族院本会議に「皇紀二千六百年を期し第十二回国際オリムピック大会東京開催に関し政府はよろしく相当の援助を与え以て其の目的の達成に努められんことを望む」という建議案が上程され、満場一致で可決された。衆議院と異なり、決議・建議がなされることがきわめて少ない貴族院に建議案が上程され、しかも満場一致で可決されたことは政府にとってそれだけ重たいものであった。

国民の関心高まる

東京市では、市会が昭和六年一〇月に、「開国二千六百年」記念と国民体育の向上を目指して、東京市へのオリンピック誘致についての建議案を満場一致で可決して以来、大規模なオリンピックの誘致活動を展開してきた（池井優『オリンピックの政治学』九一～九九頁）。そうした活動が新聞などで報じられ、国民のオリンピックへの関心も次第に高まっていった。

嘉納治五郎と副島道正

東京市とともに、オリンピック誘致活動の中心にあったのは、国際オリンピック委員会（IOC）委員である嘉納治五郎と副島道正（伯爵）である。嘉納は昭和一〇年当時貴族院勅選議員であり、副島道正はかつて貴族院に議席を有していた（翌年に貴族院伯爵議員に復活当選）。また、建議案の発議者の平沼亮三（神奈川県選出多額納税者議員）は横浜市財界の指導者で、日本体操競技界の重鎮として、ロスアンゼルスオリンピック大会（その後のベルリンオリンピック大会でも同様）で日本選手団長を務めた。貴族院工作は彼らを中心に進められ、建議案提出に漕ぎ着けたのであろう。

岡田首相を質す

さて阪谷はこの建議案に関連して次のような趣旨の意見を開陳し、岡田首相を質した。昭和一五年の二千五百年を祝する際、一定の方針が示されず、橿原神宮の修繕、オリンピックなど切れ切れだが、それを日本ばかりでなく世界的なものとするためには大規模な企画が不可欠で、万国博覧会の開催が最も適当であると考える。国庫から費用を出すのが困難ならば、東京市や民間企業により五、六千万円の資金提供は可能である。観光局の試算では、大々的に日本に祝典でもあるならば、十万人の外国人観光客が期待でき、その結果、五千万円の金が日本に落ちることになる。オリンピックの費用もその他の費用も、この博覧会の費用に込めて一緒に支出する道もあろう。窮乏した国庫への負担を増すことなく、「盛大なる祝典」や「万国にも其の威光を輝かす」ためにも、政府に一定の計画を示すよう希望する（昭和一〇年二月二六日第六七議会貴族院本会議）、と。

これに対し首相の岡田は、「追って委員をこしらえて統一あり意義ある方法を考えたい」（同）と答えた。前首相の回答は単に「調査」であっただけに、これは事態を進める大きな第一歩であった。「紀元二千六百年」記念事業開催に向け、政府は動き出した。

天皇機関説事件

なお、阪谷が首相の岡田から「委員をこしらえ」る発言を引き出した日の午前の貴族院本会議では、美濃部達吉（勅選議員）が、一週間前の菊池武夫（男爵議員）による自説への批判・誹謗に対し、「一身上の弁明」を行なった。これをきっかけに天皇機関説をめぐる論争は、学術上の問題から政治上の問題と化した。この「天皇機関説事件」が、このあと阪谷の皇紀二千六百年記念事業にも影響を与えていくことになる。

三　準備委員会

準備委員会委員に任名

昭和一〇年（一九三五）一〇月一日、先の第六七議会貴族院での首相岡田啓介の発言に基づき、「紀元二千六百年祝典準備委員会」が内閣に設置された。会長は首相の岡田で、委員には内閣書記官長、法制局長官、各省次官、東京府知事、神奈川県知事、奈良県知事など政府関係者や、貴族院議員・衆議院議員の二十余名に加え、学識経験者として東京市長、横浜市長、財界関係者、学界、教育界などから一二名がそれぞれ任命された。阪谷も、小倉正恒（住友合資会社総理事）、矢野恒太（第一生命保険会社社長）、鶴見左吉男（東京商工会議所副会頭）とともに、財界関係者のひとりとして委員に任命された。当初、全国神職会副会長の宮西惟助が予定されていたが、外されている（「内閣書記官長ヨリ委員ニ任命方照会案」、国立公文書館所蔵「紀元二千六百年祝典準備委員会原議綴」所収）。

第一回幹事会

一〇月一四日、首相官邸で、その準備委員会の第一回幹事会が開かれ、ここで阪谷は、「国体明徴論議盛なる今日に於て、神武天皇即位紀元二千六百年を奉祝する第一歩を踏出すことは極めて意義深きものあり」と述べた。さらに続けて、奉祝事業を政府や軍が推進する国体明徴運動と結びつけ、万博の割増金（当選金）付前売入場券の発行を政府が認め、万博のために獲得したその資金の一部を、祝典や奉祝事業にもあてることができれば、国費に依存せず、国民に寄付を強制しないで、かつて自らが推進した明治神宮外苑造営のように、国民の自主的な参加による奉祝事業の遂行が可能となる、と主張した（祝典事務局編『紀元二千六百年祝典記録』第一冊、四二二〜四二四頁）。

他方、東京帝国大学教授で日本史を専門とする黒板勝美は、「国史大博覧館」の設置を、奈良県知事の一戸《いちのへ》二郎は、橿原神宮とその周辺環境の整備を、貴族院多額納税者議員の平沼亮三（前出）は、費用節約のためにオリンピックの競技会場を月島埋立地でなく、神宮外苑としたほうがよい、とそれぞれ提案した。また、東京市長の牛塚虎太郎は、博覧会は政府主催か、そうでなければ、政府はしかるべき援助金を保障する割増金（当選金）付き前売り入場券の発売を認可するべきである、と述べた（同前）。

特別委員の中心に

昭和一〇年一二月一九日、第二回準備委員会総会が開かれ、会長を兼務する首相の岡田啓介によって、今までの議論を受けて、具体的方針と計画を盛り込む祝典要項作成のため、特別委員一〇名が指名された。その中心は阪谷、東京市長の牛塚、東京商工委会議所副会頭の鶴見、前東京市長の永田秀次郎、衆議院議員の植原悦二郎ら、以前から万博開催やオリンピック誘致に取り組んできた人びとであった。

二つの祝典事業構想

委員長に就任した阪谷は、二つの祝典事業を構想した。一つは政府が全面的に国費を投じて行なう観兵式・観艦式や橿原神宮の改築などの政府主管事業、他の一つは、財団法人「皇紀二千六百年奉祝会」を組織し、万博開催を前提として、万博入場券前売りによる資金調達をもとにした民営事業である。前売り入場券は、販売促進を考慮して宝くじ付とし、この時に「勧業債券」という名称で宝くじ事業が唯一公認されていた日本勧業銀行にも販売を委託できるようにするものであった（阪谷試案「皇紀二千六百年祝典要綱」、前掲「紀元二千六百年祝典準備委員会原議綴」所収）。前売り券の売上金や万博収入の一部は、オリンピックなどの事業経費の一部にあてることを考えた。

「概算大綱見込」

阪谷案をたたき台として、昭和一一年二月七日、特別委員会は紀元二千六百年祝典準備委員会に提出する「紀元二千六百年祝典其ノ他奉祝記念事業等準備要綱」を議決した。その骨子は、その後に彼が作成した「概算大綱見込」に明らかである。

要綱を準備委員会に報告した阪谷は、今後の計画進行上、収支概算を決定しておくことが大切と考えた。それに関し準備委員会での意見交換のため、特別委員会委員長として、「概算大綱見込」（同『原議』に合綴）を作成し、幹事の横溝光暉《みつてる》（内閣書記官）に提出した。彼は大蔵官僚時代の習性からか、政策や事業を予算化し図式化した。その冒頭の図表「皇紀二千六百年祝典奉祝所管系統」（後出）によれば、政府が直接主催し所管するもの（橿原神宮改築、観兵・観艦式など）を除いた祝典事業は、奉祝会によるものと万国博覧会協会によるものとに大別され、両者の事業を内閣に設置される祝典事務局が統括する。

必要経費

必要経費は、奉祝会関係三〇〇〇万円、万博関係四〇〇〇万円。主に前売り入場券の販売による万博事業による収入五五〇〇万から、一五〇〇万円を奉祝会関係事業に提供するとした。つまり奉祝事業経費三〇〇〇万円のうち、一〇〇〇万円は国庫に依存し、それ以外は万博入場料金による収入からの補塡（一五〇〇万円）と、一般寄付（五〇〇万円）である（阪谷芳郎私案「概算大綱見込」、「紀元二千六百年祝典準備委員会原議綴」所収）。

国史館建設に意見集約

後出の阪谷作成の図表の括弧内にも明らかなように、国史館の建設は準備委員の黒板勝美や外部の国風会や日本文化連盟らの強い要望によるものであったし、万博のパビリオンとして、日本歴史館設置の意見もあった。この日本文化連盟は、当時の内務省警保局長であった松本学を中心に、日本精神の保全・強化とその習得を目的に昭和八年に組織された、内務省元官僚や華族、財界人を中心とした団体である。この図表は、先の要綱作成時にさまざまな意見があったことを示唆するが、阪谷は国史館の建設を中心に意見を取りまとめ、予算的な裏付けを与えた。万博は、紀元二六〇〇年奉祝の中核事業であり、彼はその事業総経費七〇〇〇万円のほぼ八割を、万博の収入でまかなう腹積もりだった。

万博開催の目的

阪谷はなぜ、そうしてまで万博を開催したかったのか。祝典事業の中心がなぜ万博なのか。彼にとっての万博開催の目的は以下の通りである。

第　一

第一に、排他的でない日本の姿を、官民あげて対外的に印象づけることであった。昭和六年の満洲事変以来、日本は国際連盟から脱退するなど、国際的な孤立を深めつつあった。これまで二度欧米を回り、各国政財界の要人と親睦を深めてきた経験から、国家的奉祝事業の催行を通じて、日本の姿を世界に知らせたいと考えたのではないか。

第　二

第二に、万博は最先端の科学技術の応用を促進する場を提供する。先進国の首都パリ

第三・第四・第五

やロンドンで開催された万博では、エッフェル塔や水晶宮など、科学技術の粋を集めた建造物が造られた。科学技術の粋を集め、応用する博覧会の目玉が必要であろう。

第三に、国民への啓蒙であり、産業奨励のためである。そして第四に、日本製品のさらなる海外への販路拡大、第五に観光客誘致である（阪谷「皇紀二千六百年祝典万国大博覧会ニ付テ意見要綱」、前掲「紀元二千六百年祝典準備委員会原議綴」所収）。すなわち、第一次世界大戦を画期に大きく進展した先進国の産業の実態を、日本国民に示し、国際的視野に基づいた産業振興や海外での知日度アップと観光客増大、日本製品の輸出増加を、阪谷は万博に

皇紀二千六百年祝典奉祝所管系統

- 祝典事務局
  - 奉祝会
    - 橿原神宮神域拡張其他
    - 国史館（黒板委員意見、万国博覧会一部計画
国風会国体館、文化連盟主張等□集）
    - 国民的祝典其他種々記念
    - 予備（オリンピック援助）
  - 万国博覧会協会――万国博覧会

期待したのである。世界的な不景気のなかで、国民の意識改革を促進することによる、阪谷なりの日本経済活性化の手段として万博があった。

五輪誘致には冷淡

なお、阪谷は概してオリンピック誘致に冷淡であった。右の第一と第五、そして国威発揚についてはオリンピックでも可能であろうが、万博に比べ、オリンピックは開催期間は短く、その分海外からの来訪者数は限られ、右に挙げた目的の第二〜第四については、お門違いか不可能に近い、と彼は考えたのではないか。

二・二六事件

準備委員会が祝典事業の骨子を固めつつあるころ、陸軍皇道派の青年将校に率いられた約一四〇〇名の兵士によるクーデター事件（二・二六事件）が発生した。斎藤実（内大臣）や高橋是清（蔵相）らが暗殺され、数日間にわたって首都機能が麻痺し、各方面への影響は大きかった。にもかかわらず奉祝事業計画の策定は、万博を中心に政府部内で続けられた。

評議委員会の委員長に

昭和一一年七月、紀元二千六百年祝典評議委員会と、同祝典事務局が内閣に設置され、準備委員会は廃止された。共に官制の公布による正式な政府機関である。準備委員会のメンバーの大半がこの評議委員会に横滑りし、委員長には阪谷が任命された。阪谷の年来の主張であった紀元二千六百年奉祝事業の実施と、政府による事業の統一的管理は、ここに可能となったのである。続いて、新委員会による奉祝事業の検討と選定がなされ、橿原神宮の環境整備、神武天皇聖跡調査と保存、歴代天皇陵参拝道路の整備、万博開催、国史館の開設、『日本文化大観』の編纂・出版の、いわゆる「六大事業」が政府事業として指定された。同時に、国庫補助や寄付金によって運営される奉祝会を新たに立ち上げ、万博以外の五つの事業を、政府の指導監督の下に、直接か委託によって実施することとされたのである。これもまた、準備委員会委員長として阪谷の構想によったものである。

奉祝委員会副会長

この紀元二千六百年奉祝会の会長には、徳川本家第一六代の徳川家達（前貴族院議長）、副会長に阪谷、松平頼寿（伯爵、貴族院副議長）、郷誠之助（男爵、日本経済連盟会長）が任命された。こうして万博の実施が奉祝事業として確定された。

四　「割増金」抽選券付回数入場券

経費未定

紀元二千六百年奉祝会が管理・実施する事業から外された万博については、昭和一一年（一九三六）八月二五日、「日本万国博覧会実施要綱」が閣議決定された。商工省に博覧会監理課が設置され、その監督の下で、日本万博協会によって開催、実施されることに決まった。その会場は東京・横浜のウォーターフロント。東京会場は月島沖合の東京湾埋立地の第四号地と五号地（現在の晴海と豊洲、約四五万坪）、横浜会場には山下公園とその周辺の港湾隣接地（約三万坪）がそれぞれあてられ、開催期間は昭和一五年三月一五日〜同年八月三一日の一七〇日間とされた。ところが、肝心の経費については、岡田内閣に続く広田弘毅、林銑十郎の二代の内閣でも先送りされたまま、未定の状態が続いた。

政府は、膨大な経費を要する万博への財政補助には冷淡であったし、阪谷らが主張する宝くじ付回数入場券の前売りによる事業費捻出については、内務省が強く反対した。一般の賭博や富籤は刑法が禁ずるところであり、例外的に地方などの勧業資金の調達のために、勧業銀行による「割増金」抽選券付勧業債券の発行や競馬の実施が、法律により認められていた。「割増金」抽選券とは要するに宝くじである。従って、それはいたずらに国民の射幸心を煽ることになるというのが、内務省が反対する理由であった。

法律案提出

しかし、翌昭和一二年五月に財界の大物の藤原銀次郎（王子製紙社長）が万博協会の会長に就任し、事態が大きく動いた。彼が割増金抽選券（以下、抽選券）付回数入場券の発行に向け、政府や各方面に強く働きかけた結果、商工省が七月二四日、第一次近衛内閣の吉野信次商工大臣の下、第七一議会（臨時議会）に、万博の抽選券付回数入場券の発行を可能とする法律案（「紀元二千六百年記念日本万国博覧会抽選券付回数入場券発行ニ関スル法律案」）を提出することに決定した。万博の総費用を三五〇〇万円とし、そのすべてをまかなうことを目的に、抽選券付回数入場券の発売価格は一〇円、三六五〇万円を発行総額の限度とし、割増金（当選金）は二〇〇〇円を限度とするというものであった（昭和一二年七月二五日・二七日付『読売新聞』）。なお、この一〇円は現在、数万円に値する。

衆議院は全会一致支持

さて、この法律案は、七月二九日に衆議院特別委員会の審議に付され、実質二回の審議で同委員会は全会一致で政府案を支持した。そこでは、ほとんどすべての委員が万博開催に好意的で、社会大衆党の浅沼稲次郎のように、政府自ら開催の音頭を取り、補助金をもっと追加してやってはどうか、という意見まで飛び出した。

貴族院の反対意見

しかし、貴族院はそうではなかった。橋本実斐《さねあや》（伯爵）を委員長とする特別委員会に、同案審議が付託された。審議は八月五日と六日の両日になされ、万博開催には異議はなかったが、抽選券付き回数入場券を前売りして経費をまかなうのは本末転倒であり、いたずらに国民の間に射幸心を煽るものであるという意見が続出した。特に、勅選議員の長岡隆一郎（元内務官僚）と子爵議員大河内輝耕《おおこうちきこう》がその急先鋒であった。

委員外議員として発言

この特別委員会第一回審議で、阪谷が委員外議員として、委員長の許可と委員会の了解を得て発言した。同じ院内で委員会を異にする委員が、他の委員会の審議を傍聴することは日常茶飯事だが、委員会のメンバーではない議員が、所属外の委員会に出席して発言することはまずない。阪谷の行為は例外中の例外であった。この法律案を成立させ、万博開催に向け大きく歩を進めたいという思いが、阪谷にこのような行動をとらせた。

回数入場券（表紙、筆者蔵）

　彼は紀元二千六百年奉祝準備委員会の委員長に就任して以来の活動を、あらまし述べ、万博については、開催を止めるか、抽選券を付した回数入場券を前売りして資金を賄って開催するか、どちらかしかなく、他国にも例がある、準備委員会は全会一致で、入場券の前売りと売前に花籤を付することを認めた、本当は国営が一番いいとは思うが、財政上困難であるため、回数入場券の前売りという方法をとることにした（第七一議会貴族院「紀元二千六百年記念日本万国博覧会抽選券付回数入場券発行ニ関スル法律案」特別委員会議事速記録、昭和一二年八月五日）と語り、出席議員の理解を求めた。この法律案は二名の反対にあったが、翌八月六日、特別委員会で承認され、即日貴族院本会議に報告されたのち可決承認され、八月一四日に公布された。こうして抽選券付回数入場券はこの年の一〇月一日に第一回の発売をし、昭和一五年三月の博覧会開催の直前まで半年ごとに、合計六回に分けて発売されることとなった。

日中戦争と券発売延期

しかし、抽選券付き回数入場券の発売は遅れた。原因は発行に法的根拠を与える法律公布の一ヵ月前に起きた、盧溝橋事件に端を発した日中戦争の勃発である。法案成立を受け、年内の発売が予定されたが、政府の意向で当面延期となった。

「準備を怠らず」

このころ阪谷は、「万国博と支那事変に対する所感」と題し、明治一〇年（一八七七）の第一回内国勧業博覧会は、西南戦争に際しても中止とならずに開催されたし、第四回内国勧業博覧会も日清戦争に遭遇したが、いずれも「殖産興業の奨励」のため、中止されずに開催されたと、次のような一文を日本万博協会の機関誌『万博』に寄せている。

……私は日本の博覧会と戦争には何らかの因果関係があり、而して日本の博覧会開設は「戦勝」を表象するものであると思はれるのであります……日本国民たる者は寸時も国家総動員の覚悟を忘れてはなりませんが、一面に於いては国際的な平和親善、殖産興業奨励の意義を有する日本万国博覧会に対しても準備を怠らず紀元二千六百年を慶祝して昭和十五年にぜひ実現すべきであると思います（阪谷芳郎「万国博と支那事変に対する所感」、日本万博協会編刊『万博』第一七号、一二頁）。

この「準備を怠らず」の一節に、抽選券付き前売り回数入場券の発売により、順次資金を確保し、開催に向けて準備を進めていきたいという阪谷の思いが込められている。

南京陥落と券発売決定

二月には、国民政府の首都の南京が陥落し、東京はもとより全国各地でそれを祝う提灯行列が大々的に行なわれた。政府は、戦争終結に目途がついたと考えた。翌一三年一月一六日、「蔣介石を対手《あいて》とせず」の近衛声明の後、政府は商工省を中心に抽選券付き前売り回数入場券の発売を検討し始め、その結果、第一回分を三月に発売すると決定した。

第一回分発売

これを受け、三月一〇日から二週間の期間で、その第一回分が発売された。東京・横浜の両会場共通で、一二枚綴りの入場券を一冊とし、一等当選金二〇〇〇円（二等は一〇〇円、三等は一〇円）の抽選券付きで、販売価格は一〇円、今回の第一回と昭和一五年に実施予定の最終回である第六回の発売では、それぞれ一〇〇万冊が用意され、ともに一等一〇〇本、二等六〇〇本、三等四〇〇〇本とされた。全国の市・町に所在する郵便局、全国の主要銀行・信託銀行の本支店、日本勧業銀行の本支店などが販売窓口であったが、東京では第一回販売初日で、予定の半数余りを売り切る程好評であった。（昭和一三年三月一一日『東京朝日新聞』）。

阪谷、一等に当選

四月には、空席であった万博総裁に、昭和天皇の弟宮の秩父宮雍仁《やすひと》親王を推戴することが決定された。続く五月一〇日、第一回入場回数券の販売分について、宝くじ抽選会が勧業銀行本店で開催された。阪谷が「景気付に」と一〇冊購入していたうちの一つが一等に当選し、大いに新聞を賑わせた（昭和一三年五月一一日付『東京朝日新聞』）。

「国民精神総動員」が叫ばれ、戦時体制が徐々に強化されるなかで、このようなプレミアム付前売り回数入場券の販売や宝くじ抽選会は、国民の歓心を買ったであろう。こうして万博とオリンピック開催に向け、国民のムードは次第に盛りあがりつつあった。

高まる国民のムード

五　東京・横浜万博の「延期」と妻琴子の死

ところが昭和一三年（一九三八）七月一五日、万博開催は延期、オリンピックは開催を返上することとなった。首相の近衛文麿から「対手とせず」と名指しされた蔣介石は、国民政府の首都を南京から漢口、さらに重慶に移し、日本に対し徹底抗戦を叫び、イギリスやアメリカがそれを支援した。全面戦争に突入してほぼ一年たったこの時、日中戦争は泥沼化の様相を呈していた。万博延期やオリンピック返上は、戦争の長期化を考慮した第一次近衛内閣の決定であった。この決定は、戦争遂行のための物資や資源確保ばかりでなく、銃後の締め付けという意味合いも大きかった。

万博延期・五輪中止

この日、阪谷はある出版社編集部の質問に「万国博は紀元二千六百年奉祝の為なれば延期し得るも中止するを得す」「オリンピックは内閣申合わせになるものなれば都合により中止するも可なり」と回答した旨を淡々と日記に記した（昭和一三年七月一五日の条）。

奉祝事業の転換点

東京・横浜万博の延期、東京オリンピックの中止は紀元二千六百年奉祝事業の転換点であった。

当面の大きな目標を失った、その後の評議委員会での議論は、国民挙げての奉祝や祝典セレモニーの中身に移り、軍や内務省の主張や意向についてが中心となっていった。

平沼内閣の閣議決定

その翌年四月なると、平沼騏一郎内閣が「国民精神総動員運動新展開の基本方針」を閣議決定し、「紀元二千六百年」奉祝企画をも動員して、運動の強化を図る姿勢を明らかにした。その結果、橿原神宮の拡充や国史館の建設、神武天皇ゆかりの聖跡の保存・整備など、阪谷ら準備委員会、さらに評議委員会が議決した諸事業が、国威発揚と戦時体制強化の目的のために、もっぱら利用されるようになっていった。

妻琴子の急死

ところで、この年(昭和一四年)一〇月、妻の琴子が急死した。彼女には胆嚢炎《たんのうえん》の持病があった。これが九月に再発したが次第に快方に向かい、一〇月半ばには小康を得た。しかし、一〇月二五日に至り容態が急変、彼女は脳溢血症を併発して、昏睡状態のまま翌二六日に死去した。享年七〇。

「紀元二千六百年」

「紀元二千六百年」は琴子の死の翌年である。日本国内では、例年になく多くの人びとによる、神武天皇ゆかりの橿原神宮や、伊勢神宮など各神社への初詣から年が明け、多くの国民による建国聖地巡礼が行なわれた。日本国内および植民地などでの奉祝事業は一万二八二二件。その参加者は、のべ約四九〇〇万人に達した（古川隆久『皇紀・万博・オリンピック』一七四頁）。こうした行事のクライマックスは、一一月一〇日と翌一一日に皇居前広場で厳粛かつ盛大に行なわれた政府主催と奉祝会主催の二つの式典である。奉祝事業は、阪谷の当初の構想とは大分違ったものとなったが、彼は前者については祝典評議委員会委員長、後者については奉祝会副会長として、それぞれの式典を主催する立場にあった。

「感慨の十年」

一一月九日、二つの式典開催を前にして『読売新聞』が「式典生みの親　阪谷翁感慨の十年」と題して阪谷へのインタビュー記事を掲載している。彼は、今でこそ奉祝と言っても誰も不思議に思わないが一〇年前は違った、いまその式を迎えるにあたり胸が一杯だと言いつつ、次のようなことも語っている。

〔事業の〕スタートは颯爽たるものだが、始めて見ると大事業で未だに国史館の建設はなかなか出来さうもない。それにオリンピックと万国博覧会が中止となったのも何だか車の片輪が欠けたやうで残念に思つているが、世界戦争でも終われば盛大にやりたく、それまで私も死ねんと思つている（昭和一五年一一月九日付『読売新聞』）。

この時すでに、ドイツのポーランド侵攻（一九三九〈昭和一四〉年九月）によって第二次世界大戦が始まっており、国際社会は、オリンピックも万博も開催できる状況ではなくなっていた。

第一五　日米開戦直前の突然の死

一　「日中戦争の国際化」への懸念

友軍演説

「紀元二千六百年」の年が明けてまもない昭和一五年（一九四〇）二月二日、米内光政内閣下の第七五議会（昭和一五年一二月二六日〜一六年三月二六日、通常議会）で、民政党の斎藤隆夫が「事変処理に関する質問演説」を衆議院本会議で行なった。その内容が「聖戦」を冒《ぼう》瀆《とく》するものであると院の内外で問題化し、陸相の畑俊六は取り消しを要求したが、斎藤はこれを拒否、一カ月後、衆議院は彼を除名した。

日米通商航海条約破棄

斎藤の演説から八日後の二月一〇日、今度は阪谷が貴族院本会議で、緊迫の度を加えつつあった日米関係を憂い、日中戦争の内戦化と国際化を懸念する演説を行なった。前年、中国に侵攻を続けた日本軍は、イギリスやアメリカが蔣介石《しょうかいせき》率いる国民党政権を政治的・経済的に支援していると考え、天津のイギリス及びフランス租界を封鎖した。この問題をめぐって日英間で交渉中、アメリカのF・ローズベルト政権は、日米通商航海条約の破棄を日本政府に通告してきたのである。

この時、日中戦争は収拾の見込みすら立たない泥沼状態にあった。既に述べたように、昭和一二年（一九三七）に北京郊外で起こった日中間の軍事衝突（盧溝橋事件）を局地化できないまま、戦火は中国全土に飛び火し、窮した第一次近衛内閣は、昭和一三年一月「蔣介石を対手にせず」宣言を行なった。それを受けて重慶の国民党政権から離脱した汪兆銘を、日本政府は南京に擁立、一九四〇年三月、「中央政府」なる傀儡《かいらい》政権（南京政府）を樹立させた。

南京政府の樹立

阪谷演説

衆議院で斎藤隆夫の演説が問題化したことを踏まえてか、阪谷の演説内容と表現は、斎藤のように「激越」ではなかったが、それを要約すれば次のとおりである。

ヨーロッパの戦争だけでも、非常な迷惑を世界に及ぼしており、仮にもし日米の間に何か不和でも起こったならば、それは実に世界の大事である。日米関係を「親密」かつ「安全」にすることは、私一個の声ではない、日本国民の声である。政府は日米関係を親密にすべく調整する必要があるだろう。また、新たに汪兆銘《おうちょうめい》を中心として新政権ができることに日本も満幅の賛成を表すると、政府も国論も一致しているようだが、その場合に重慶政府はどうなるのか。重慶政府も今度の新政権と一つになるのであれば、中国の将来のためにそれは大変に都合がよかろうと思われるが、今日の情勢では、そうはいかないのではないか。中国には単一・統一政権が必要であり、相対立する重慶政権と南京〔汪兆銘〕政権の存在は、フランコ政権と旧政権とによる列国を巻き込んでの内乱という、今のスペインような事態を中国に招来する恐れもある。

対中国政策の危うさ

阪谷は、政府の対中国政策についての危うさを、このように痛烈に指摘した。『東京朝日新聞』夕刊は、彼のこの演説を「わが事変処理方策の展開に対してその核心的な重点に触れて政府の所信を質したものである」(昭和一五年二月二一日付『東京朝日新聞』夕刊)として、「紀元二千六百年祝賀貴衆両院上奏文可決」の記事と並べて大きく報じた。

世界戦争への懸念

この阪谷の演説は、政府、軍部そして国民に対し「日中戦争の国際化」、すなわち日中戦争がアジア・太平洋地域で世界戦争へと発展する可能性について、懸念を表明したものであった。

二　財政への懸念

財政への苦言と警告

この演説から一カ月半が経ち、第七五議会の閉会が迫った昭和一五年(一九四〇)三月二五・二六両日、阪谷は改めて財政に関し政府を質した。二五日の質問では、公債の元利償還の計画が立っているか政府を質した。二六日は、次年度予算案が増税を意図した税制改革法案に先んじて両院を通過したことにより、歳入不足が生じてしまい、その補塡について問題にした。

これは、自ら提出した税制改革法案に衆議院が修正を加えたことで生ずる歳入不足の補塡方法を明確にしないまま、会期末を理由にその回付案の承認を迫る、政府への苦言であった。そして、それを受け入れようとする貴族院に対する警告であった。彼はこの二六日の質問において、八年前の赤字公債による予算を第一の悪例と呼び、今回は第二の悪例となるとする。以上の質問の要旨は次の通りである。

第二の悪例

第一の悪例たる昭和七年の、大蔵大臣高橋是清による赤字公債の発行以来、それが習慣化して今日に至っている。第二の悪例は、今回の歳入不足予算案の提出である。財政の基礎を堅固ならしめるということを、憲法や会計法は一番重きを置いている。自分は憲法実施以来、五〇年間にわたり七五回の議会のほとんどに、政府委員、蔵相そして議員として出席したが、すでに二つの悪例ができてきてしまったことを、当時憲法、会計法の制定、その他のことに関与した者として、はなはだ残念である（昭和一五年三月二六日貴族院本会議）。

憲法・会計法に反する

このように阪谷は、赤字予算や歳入不足の補塡方法が不明確なまま、予算を通過させることなど、自ら制定に関わった憲法や会計法が予測していないことであると、やんわりとではあるが、憲法・会計法の趣旨に反すると述べた。さらに、大蔵大臣は出納上の責任者として、歳入不足分だけ事前に天引きし、予算執行にあたり、その分だけ実際に支出を削減したらどうか、と蔵相の桜内幸雄に迫った。蔵相は他を「節約」することによって歳入の不足分を補いたいとし、昭和一二年・一三年も同様にしたという先例があり、憲法上・会計法上問題はない（同前）、と阪谷に応じた。

最後の演説

この演説が阪谷の貴族院での発言・演説の最後である。彼はエリート官僚として、会計法（今日の財政法）や憲法の財政条項の制定に関わった。井上毅、伊東巳代治はすでに亡く、自分以外で当時を知る者はひとり、金子堅太郎が枢密院にいるだけだ、と阪谷は言う。阪谷は、明治二〇年代では予測できなかったであろう国家総力戦体制の枠組みのなかで、憲法や会計法の「形骸化」を目の当たりにして、おそらく帝国議会の場において、精いっぱいの警告を国民にしたかったのである。

三　阪谷芳郎の死

最後の大不幸

阪谷の甥の穂積重遠（東大教授）は、幸福であった阪谷の一生における「最後の大不幸」は「賢夫人」琴子に先立たれたことであって、それがなかったならば、阪谷はさらに長生きできただろう、と述べている（穂積重遠「故阪谷子爵の一生」『教育パンフレット』四二九号、五頁）。

『志のふの露』刊行

愛妻家阪谷は、妻の突然の死を乗り越え、その翌年の昭和一五年（一九四〇）一一月一〇日、皇居前広場における紀元二六〇〇年記念式典を奉祝評議委員会委員長として、続く一一日の同広場における奉祝会を奉祝会副会長として、それぞれ主宰し、ともに無事に終えた。また、記念式典開催の一カ月前の一〇月には、彼は亡妻琴子の追悼集『志のふの露』を編み、親戚縁者に配布している。亡き妻の追悼集の刊行と、紀元二六〇〇年記念式典の催行を終えたことは阪谷にとって大きな一区切りであり、それはまた、人生の終末が近いことを暗示するものであった。

肺炎を患う

国を挙げての奉祝を終えた昭和一六年一月、ふとして罹《かか》った風邪が原因で、阪谷は気管支肺炎を患った。一時重篤な症状に陥ったが、三月には体調をほぼ回復し、さらに四月二八日、紀元二六〇〇年記念式典実施の功により、旭日桐花大綬章を授与された。こうして天候不順の梅雨の時期や夏を、彼は乗り切った。しかし、九月から一〇月にかけて彼は再び体調を崩し、微熱や咳に見舞われ、食欲が落ちた。老人性の肺炎に罹っていた。

日米関係を憂慮

その後、彼は小石川原町の自宅で療養に努めたが、一一月に入ると容態は急激に悪化した。中国連合準備銀行の顧問として北京にあった長男希一は、空路急遽帰国し、阪谷のもとに駆け付けた。ところが彼は、希一に中国の金融経済や中国を取り巻く国際情勢について質問した。また、来栖三郎がワシントンに特派された後は、日米交渉の帰趨を気にかけていた。そして「最後に意識やや不明になつた後には自身飛んでも行きたい気持ちと思はれる言葉を出」した（穂積重遠「故阪谷子爵の一生」、八頁）という。死の床にあってもなお阪谷は、日米関係について憂慮していたのである。

子爵に陞授

一一月一一日午前、阪谷危篤の旨が発表されるや、夕方には勲功により子爵に陞授《しょうじゅ》の報が宮内省よりもたらされた。紀元二六〇〇年祝典事業に尽力したことも、新たな勲功であった（松田敬之『〈華族爵位〉請願人名辞典』阪谷芳郎の項を参照）。

陞授のご沙汰書は、母方の従兄弟の山成喬六《やまなりきょうろく》（元満洲中央銀行副総裁）が宮内省に赴き、宮内大臣より受け取った。阪谷は床に紋付袴を広げさせ、看護師の補助により口を漱《すす》ぎ、心持ち頭を上げてご沙汰書を押し戴いたという（昭和一六年一一月一二日付『東京朝日新聞』）。また彼は、希一はじめ五人の子供たちに「聖恩の有難さ」と「社会の恩」に報いるよう説き（同前）、二男俊作（名古屋市立図書館長）に、今は亡き父朗廬・岳父渋沢栄一・妻琴子の墓前にこの陞爵を報告させた（『阪谷伝』六九五頁）。

死去

翌一二日、天皇皇后両陛下より、病気見舞いとして果物・籠が届けられた。阪谷は意識明瞭であり、「有難き事なり」とくり返し、お礼言上を気にかけたという（同前）。それから二日後、一一月一四日午前九時三五分、彼は自宅で息を引き取った。享年七九。

一一月一七日、東京の青山斎場において葬儀が執り行なわれ、大蔵大臣賀屋興宣《かやおきのり》（代理）、東京市長の大久保留次郎による弔辞朗読に続き、秩父宮、久邇宮《くにのみや》、梨本宮《なしもとのみや》の各家および李王家《りおうけ》より、それぞれ使者による礼拝があった。葬儀後の一般告別式には、各界および一般市民らおよそ五〇〇〇名の会葬者があったという（『阪谷伝』六九七頁、昭和一六年一一月一八日付『東京朝日新聞』）。

アジア太平洋戦争開戦

そして、阪谷の死から半月も経ずして日米交渉は暗礁に乗り上げ、一二月八日、日米両国は戦端を開いた。世界大戦はアジア・太平洋地域にも及ぶこととなり、今日それは「アジア太平洋戦争」と広く呼ばれている。

おわりに

阪谷の人生は、大きく四つに分けることが出来よう。

第一に、生まれてから東大を卒業するまでの二一年間で、修学期ともいうべき時代。

第二に、大蔵省入省から蔵相辞任までの二四年間、大蔵省時代。

第三に、蔵相辞任から貴族院議員となるまでの九年間で、三回洋行し、東京市長を務めた時期。

第四に、貴族院男爵議員に互選されてから、死去するまでの二四年間で、貴族院時代。

第一期の修学期の舞台は東京であった。父朗盧の配慮で箕作秋坪の三叉学舎に学び、東京英語学校・大学予備門を経て、東京大学文学部に進学し政治学・経済学を学んだ。

東大時代の恩師田尻稲次郎の世話で大蔵省に入り、第二の時期が始まる。官僚となって間もなく、渋沢栄一の次女琴子と結婚し、大蔵省において主計官、主計局長、次官と累進し、明治憲法体制における金融・財政制度の構築に大きく関わった。日清・日露戦争では戦時財政の中核を担い、日露戦争後、第一次西園寺内閣の蔵相を務めた。阪谷は大蔵官僚として功成り名遂げたのである。

第三の時代は、阪谷にとって最も実りがあり、豊かな時代であったかもしれない。宿願であった欧米周遊を果たし、ベルン国際平和会議に委員として参加し、さらに第一次世界大戦に伴う連合国経済会議に日本政府代表として出席した。この三回の洋行で阪谷は国際的な知見を広め、国際的な人的ネットワークを作り上げた。この間、約二年半ではあったが東京市長を務め、岳父渋沢栄一とともに明治神宮の東京「誘致」に成功した。彼は、明治神宮奉賛会の実質的な責任者として外苑を中心に明治神宮の整備を続けた。出来上がった神宮の森は、今日、東京都民にとり、大規模で貴重な緑の空間となっている。大きな政治的制約も受けず、第二の時代、すなわち大蔵省時代に培い、手に入れた日本を代表する官庁エコノミストとしての名声をバックに、阪谷が比較的自由に活動できた時代であった。

第四の時期は、第二・第三の時期に獲得した知見に基づき、政治・経済・外交を縦横に論じ、貴族院議員として政治に参画した。阪谷は田尻稲次郎や若槻礼次郎など大蔵省の先輩・後輩たちのように勅選議員（終身）にはなれなかったが、男爵として七年ごとの互選により、二四年間にわたり貴族院に議席を維持した。この間、清浦奎吾首相より会計検査院長就任（大正一三年三月）や二度にわたって枢密院議長ないしは副議長から同顧問官就任要請（大正一三年一月、昭和一二年一二月）があったが、すべて断っている（「阪谷芳郎履歴書」、阪谷芳郎関係文書』所収）。いずれも政治的中立性が要求されるポストであり、特定の問題について、社会的に論じたり、書いたりすることが憚られた。しかし、阪谷は政治家であることを選んだ。

彼は、元外務官僚の加藤高明や元大蔵官僚の若槻礼次郎らのように、政党に入ることはなかった。彼らは貴族院に議席を持つ官僚政治家ではなく、貴族院に議席を持つ政党政治家であった。彼らと同様、桂系の元官僚である阪谷は政友会に入ることはせず、さりとて桂太郎との微妙な人間関係により桂自ら組織した同志会に入会を誘われることはなかったであろう。それ故、阪谷にとって政党に自らの居場所を見出すことは困難であった。彼は男爵議員として貴族院に自らの居場所を見出そうとした。他方、同じ桂系官僚グループにあって、加藤、阪谷そして若槻らのような学士官僚でなかった後藤新平は、桂新党に一旦参加はしたが、桂が死去するや離脱し、自らの才覚と実績によって官僚政治家として大成し、内相や外相、東京市長となった。一方、加藤や若槻は、桂の遺産とも言うべき政党（同志会・憲政会）の首領として首相となった。

しかし、阪谷は貴族院の指導者の一人でしかなかった。それも昭和初年には、自ら組織した院内会派「公正会」が一人一党主義による組織替えをしたため、彼は組織におけるひとりの長老ではありえたが、指導者であることは困難となった。特に第二次護憲運動後の政党内閣の時代の到来は、貴族院を政治の前面に立てなくした。阪谷は政党というバックを持たなかったし、衰退しつつあった山県・桂系官僚閥に依存するところが小さかった。従って彼は、大蔵省時代のキャリアと知見、そして第二の時代に得た知見や海外での経験とによる貴族院政治家であることを目指した。それも、明治憲法体制の「会計」部門すなわち財政のお目付け役として、重厚な国老を演じようとしたのであった。この時、彼は孤高の人であった。

戦後、阪谷が昭和七年（一九三二）に「不良なる財政計画より生ずる悪影響」と評した、高橋是清発案の歳入補塡公債（赤字公債）の発行を抑止するための方途が講ぜられた。財政法（昭和二二年〈一九四七〉施行）がそれである。戦前の会計法に替わって新たに制定されたそれは、公債や借入金でもって国の財政を賄うことや公債の日本銀行引き受けを原則として禁止した（同法第四・五条）。現在、この規定が現実政治の場でどの程度有効であるかはともかく、阪谷の指摘は、少なくとも戦後の財政法に生かされている。

なお、阪谷晩年の畢生の事業は、東京・横浜万博の開催であった。それは「皇紀二六〇〇年奉祝」という形で、日本初の万博として計画されたが、日中戦争のため「延期」の止むなきに至った。しかし、それは、第二次世界大戦後、場所を変え、より大規模に大阪万博（一九七〇年）や愛知万博（愛・地球博、二〇〇五年）という形で開催された。日本万博協会は、阪谷たちによる「幻の東京・横浜万博」の抽選券付回数入場券が、戦後の混乱の中で多数回収されないままになっていたことを考慮し、二つの万博での使用を認めた。ここにも阪谷芳郎の活動の痕跡を看取できる。

略系図

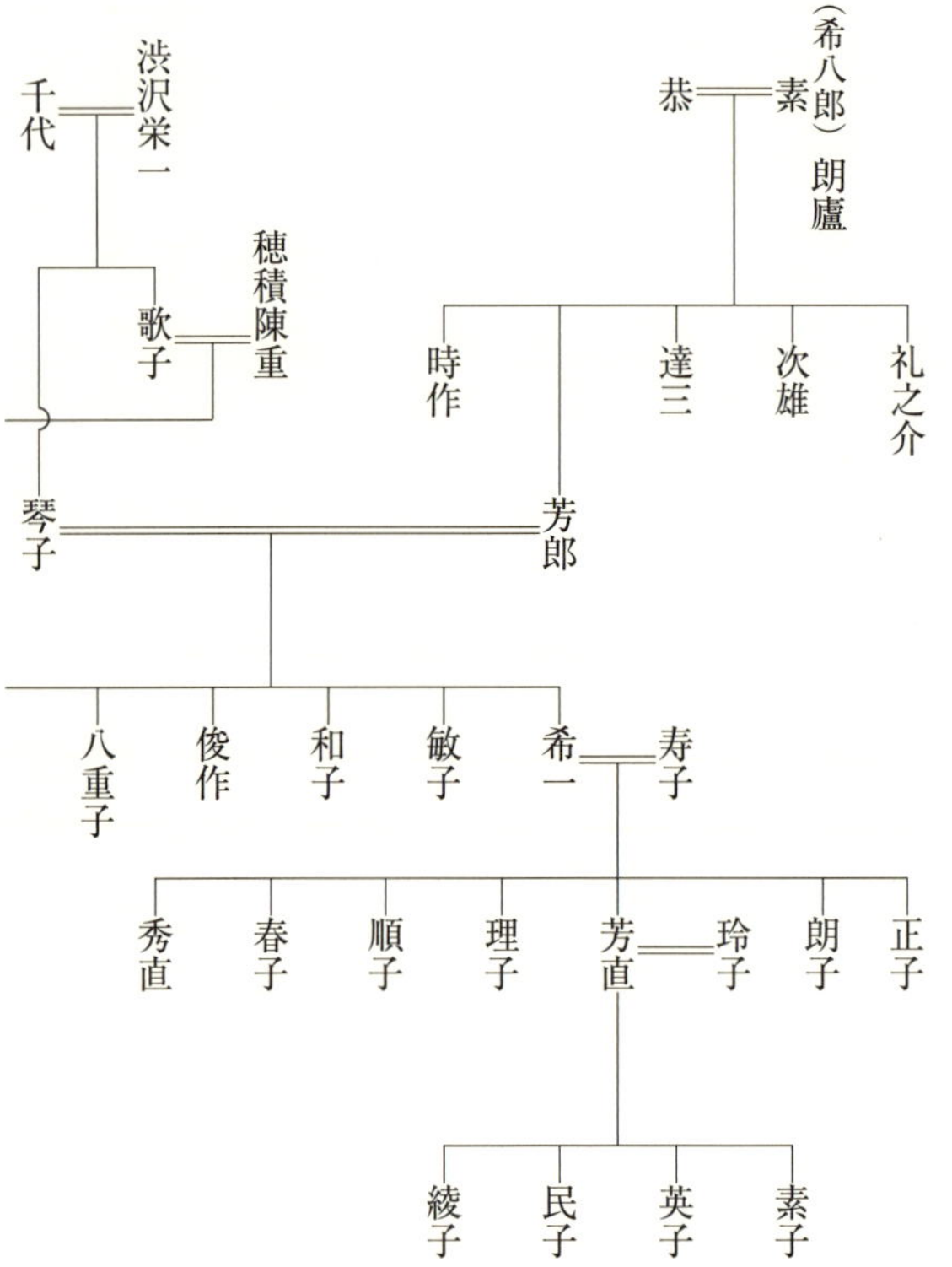
素（希八郎）朗廬
恭
礼之介
次雄
達三
芳郎
時作
渋沢栄一
千代
歌子
穂積陳重
琴子
希一
寿子
敏子
和子
俊作
八重子
正子
朗子
玲子
芳直
理子
順子
春子
秀直
素子
英子
民子
綾子

千重子
総子
重遠
律之助
貞三
孝子
光子
眞六郎
晴子

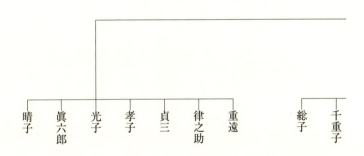

略年譜

年次	西暦	年齢	事跡	参考事項
文久三	一八六三	〇	一月一六日、備中国後月郡西江原村寺戸興譲館に生れる	七月、薩英戦争
明治元	一八六八	五	一〇月、父朗盧、広島藩主浅野長勲の召に応じ一家で広島鉄砲町移住	一月、鳥羽伏見の戦い○九月、明治改元
四	一八七一	八	一一月、父朗盧、東京に移る	七月、廃藩置県
五	一八七二	九	一月、母恭、子供三人と東京に移転○四月、父朗盧、明治政府に出仕	
六	一八七三	一〇	箕作秋坪の私塾「三叉学舎」に入門	一〇月、明治六年政変（西郷隆盛ら下野）
八	一八七五	一二	九月、東京英語学校に入学	
一三	一八八〇	一七	六月、東京大学予備門を卒業○九月東京大学文学部に入学	
一四	一八八一	一八	一月一五日、父朗盧死去（享年六〇）	一〇月、明治一四年政変（大隈重信罷免）
一七	一八八四	二一	七月一〇日、東京大学文学部政治学・理財学科卒業、一二日に大蔵省入省	七月、華族令公布

一八	一八八五	二二	一〇月、専修学校にて経済学と財政学の講義を開始	一二月、内閣制度制定
一九	一八八六	二三	九月 海軍計理学校教授を兼任○一一月、主計官・主計局調査課長に就任	
二〇	一八八七	二四	七月、会計原法草案を起草	六月、伊藤博文、憲法草案起草を開始
二一	一八八八	二五	二月二六日、渋沢栄一の次女琴子と結婚（媒酌人渡邉洪基夫妻）麹町区平川町に新居を構える	四月、枢密院設置
二二	一八八九	二六	三月一日～七日、『憲法義解』検討会に参加○三月三〇日、会計法草案取調べに勉励したことにより慰労金を賜る○五月、長男希一誕生	二月一一日、大日本帝国憲法、皇室典範・衆議院議員選挙法・会計法など公布
二四	一八九一	二八	八月、造幣支局長、大蔵省参事官を兼任	五月、大津事件○同月、ロシアがシベリア鉄道起工
二六	一八九三	三〇	一〇月、貨幣制度調査会委員に就任	
二七	一八九四	三一	八月一四日、財政の緊急処分に関する勅令が出される（原案は阪谷作成）○一〇月、臨時軍事費管理のため大本営付主計官として広島に赴任	三月、朝鮮で甲午農民戦争（東学党の乱）○七月、日英通商航海条約調印○八月、日清戦争勃発
二八	一八九五	三二	三月、蔵相松方正義より日清戦後財政計画策定を指示される○八月一四日、戦後財政計画策案提出○一〇月、専修学校で「戦時及戦時経済」講演	四月、下関条約締結（三国干渉おこる）
二九	一八九六	三三	四月、鉄道会議委員に就任	
三〇	一八九七	三四	四月、主計局長に就任	三月、貨幣法公布○一〇月、朝鮮、

明治三一	一八九八	三五	七月、社団法人東洋協会（前台湾協会）評議員に就任	国号を大韓帝国と改称 六月、第一次大隈重信（憲政党）内閣成立○七月、アメリカ、ハワイを併合
三二	一八九九	三六	二月、鉄道国有調査会委員に就任○三月、法学博士の称号を授与される○一〇月、小石川区原町に転居	九月、米、中国の門戸開放・機会均等（翌年さらに領土保全）を列強に提議
三三	一九〇〇	三七	四月、関税率に関する調査委員となる	六月、北清事変勃発○九月、立憲政友会結成○一〇月、第四次伊藤博文内閣成立
三四	一九〇一	三八	一月～二月、貴族院各派に出向き増税を説明○四月、緊縮財政の必要性説明のため閣議出席○六月五日、大蔵省総務長官就任（兼大蔵省主計局長）○六月に社団法人東京統計協会会長と日本興業銀行設立委員に就任	二月二五日、貴族院特別委員会、増税法案を否決（詔勅により復活）○六月、第一次桂太郎内閣成立
三五	一九〇二	三九	三月、政務調査委員に就任○六月、製鉄事業調査委員に就任○八月、開港設備委員長に就任	一月三〇日、第一次日英同盟協約締結○同月、シベリア鉄道完成
三六	一九〇三	四〇	五月、主計局長兼任を解かれる○八月、製鉄所商議員に就任○一二月、大蔵次官に就任	八月、対露同志会が結成される○一〇月、小村—ローゼン（ロシア駐日公使）会談
三七	一九〇四	四一	一月一八日、蔵相曾禰荒助とともに在京の銀行関係	二月八日、日露戦争勃発（宣戦布

			者に戦時公債募集への協力を依頼○三月一五日、井上馨とともに「非常特別税法案」を政党側に説明○四月、臨時煙草製造準備局長官（兼任）○一一月一六日、井上馨邸にて首相桂太郎らとともに政党側へ第二次増税案了解を求める	告は二月一〇日）○二月二三日、日韓議定書調印○八月二二日、第一次日韓協約締結
三八	一九〇五	四二	三月二二日、高橋是清から日本側の条件でロンドンでの三億円の公債発行の成功との電報を受け、井上馨に報告○四月、社団法人興譲館総理に就任○九月一日、井上馨よりロシアとの講和に関し内示を受ける○一二月、財団法人東亜同文会評議員に就任	七月、韓国・フィリピン問題に関して桂・タフト協定○八月、第二次日英同盟協約○九月五日、ポーツマス条約締結、六日、日比谷焼打ち事件○一一月一七日、第二次日韓協約締結
三九	一九〇六	四三	一月、大蔵大臣に就任（第一次西園寺内閣）○三月二八日、来日中のJ・シフを蔵相官邸に招待○四月三〇日、蔵相官邸でシフと満鉄資金などについて会談○五月一六日、首相官邸でシフ・高橋是清らと公債借り換えを協議○一〇月、全国商業会議所連合会総会に出席、戦後財政に関し講演	一一月、南満州鉄道株式会社設立
四〇	一九〇七	四四	一月、日露戦争の功により、勲一等旭日大綬章を叙勲○九月二一日、勲功により華族に列せられ男爵に叙爵○一二月二七日、新規鉄道拡張案に関し、逓相の山県伊三郎と首相・内相（原敬）の立ち合いの下	七月、第一次日露協約調印

			で会談	
明治四一	一九〇八	四五	一月一四日、次年度予算策定時の混乱の責任を取り大蔵大臣辞任○四月一五日、欧米諸国歴訪に出発。各国大統領・国王・政府要人・財界指導者と会見・懇談。帰途九月に奉天で中国幣制に関し講演（一〇月二四日帰国）	
四三	一九一〇	四七	五月二七日、国勢調査準備委員会設置、副会長就任	五月、大逆事件の検挙始まる○八月二二日、韓国併合条約締結
四四	一九一一	四八	六月二二日、外相小村寿太郎よりベルン平和会議への出席を依頼される○八月三～一四日、ベルンにて万国平和財団経済及び歴史部招集の会議に委員として出席（一一月、米国を経て帰国）○一一月一八日、東京帝国大学で講演「ベルン経済家会議に就て」を行なう	一〇月、清で辛亥革命が起こる
四五・大正元	一九一二	四九	一月、孫文（臨時大総統）の依頼により中国の国立中央銀行設立の基本計画を作成、送付○七月一二日、東京市長に就任○七月三〇日の明治天皇逝去により改元、八月一日、御陵墓誘致を宮内大臣の渡辺千秋に陳情○八月九日、明治神宮有志委員会発足（のち奉祀請願会、渋沢栄一会長）、特別委員に就任。二〇日、東京商業会議所会頭の中野武営らと「明治神	一月、孫文、中華民国建国を宣言○二月、清朝滅亡○三月、袁世凱、臨時大総統に就任（翌年、大統領）○七月八日、第三次日露協約調印○七月三〇日、大正と改元○一二月、第三次桂太郎内閣成立・第一次護憲運動起こる

			宮建設に関する覚書」を作成○九月一三日、明治天皇御大葬に参列○九月、日本調査会を発足。会長となり事務局を専修学校に置く	
二	一九一三	五〇	四月、東京経済学協会例会で講演「東京市の経営に就いて」を行なう○六月、中央乃木会会長に就任○一二月、神社奉祀調査会が組織され、委員になる(翌年四月、委員長に就任)	一〇月　桂太郎没
三	一九一四	五一	三月~七月、大正博覧会が開催され、協賛会会長を務める○六月、東京市会で電灯問題が重要問題となる○七月、長男希一が東京帝国大学法科大学を卒業、日本銀行入行○八月、東京市電気局電灯部長の安藤保太郎を休職扱とし電気局を改編(市会と対立)○一二月、日露協会評議員就任	四月、第二次大隈重信内閣成立○七月、第一次世界大戦勃発○八月二三日、日本がドイツに宣戦布告
四	一九一五	五二	一月、東京電灯・日本電灯買収交渉に失敗○二月二四日、東京市長を辞任○五月、明治神宮造営局評議員となる○同月、東京商業会議所特別議員となる○一〇月、明治神宮奉賛会が設立され、岳父渋沢栄一と共に副会長に就任(会長は徳川家達)	一月、中国に二一カ条要求を提出(五月、中国承認)
五	一九一六	五三	一月一五日、東京経済学協会で世界大戦について講演○三月、長男希一、三島弥太郎の長女寿子と結婚○六月一四~一七日、連合国パリ経済会議に日本政	六月、袁世凱、死去○七月、ソンムの戦い開始(ドイツ軍を総攻撃)、同月、第四回日露協約調印

年号	西暦	年齢	事項	一般事項
			府代表として参加○一〇月、アメリカでランシング国務長官、シフ、モルガン二世ら財界指導者と会談（一一月三日、帰国）	○一〇月、寺内正毅内閣成立
大正六	一九一七	五四	一月二七日、貴族院男爵議員選挙（補欠選挙）に当選、会派「無所属派」に入会○四月、日米協会名誉副会長となる。このころ会派横断団体「五全会」で男爵互選議員糾合の必要性を説く○五月、帝国発明協会会長に就任○八月、大倉集古館理事長に就任○九月、中華民国北京政府幣制顧問への就任依頼を受諾。同月、臨時教育会議委員となる	一月、西原借款開始（〜大正七年）○三月、ロシア革命起こる○四月、アメリカ、連合国側に参戦○九月、金輸出禁止（金本位制の事実上停止）○一一月、石井―ランシング協定を結ぶ
七	一九一八	五五	三月二二日、中国幣制改革予備調査のため中国視察旅行に出発、北京で馮国璋大総統らと会談○六月一一日、帰国に際して改革意見大要を国務総理・段祺瑞らに渡す○七月、貴族院男爵議員選挙に当選○一一月、日本女子大学校評議員に就任○一二月、国家学会評議委員長となる	八月二日、シベリア出兵宣言、翌三日に富山県に米騒動発生（一道三府三八県に波及）○九月、原敬内閣成立○一一月一一日、第一次世界大戦終結
八	一九一九	五六	二月一四日、「田中伯問題」で政府を追及（第四二議会）○六月五日、会派「公正会」成立を主導し幹事となる○七月、臨時法制審議会委員となる○九月、学士会理事長に就任	三月、朝鮮で三・一運動起こる○五月、中国で五・四運動起こる○六月二八日、ベルサイユ講和条約締結
九	一九二〇	五七	一月、孫の芳直誕生（希一の長男）、この月に協調	一月、国際連盟発足○三月、尼港

			会常議員となる○四月、東京湾埋立株式会社顧問となる○四月、日本国際協会副会長に就任○六月、沖電気株式会社取締役となる○九月四日、岳父渋沢栄一が子爵に陞爵○一一月、中央統計委員会会長に就任○一二月、東京地下鉄道株式会社相談役となる。同月、専修大学監事に就任	事件起こる（～五月）○一〇月、第一回国勢調査を実施
一〇	一九二一	五八	四月、東洋大学評議員、および大倉高等商業学校理事・協議員となる○七月、臨時教育行政調査委員会委員となる○一二月、財団法人斯文会副会長、および日本倶楽部理事に就任	三月、皇太子裕仁親王、欧州外遊○一一月、首相原敬が刺殺される。同月、ワシントン会議開催（～翌年二月）○一二月、ワシントン会議で日英米仏四カ国条約調印
一一	一九二二	五九	二月、海防義会顧問となる○一二月、明治神宮造営に尽力により金杯一個を賜る	二月、山東懸案解決条約・ワシントン海軍軍縮条約・九カ国条約調印
一二	一九二三	六〇	九月一日、関東大震災により次女和子死去○一〇月、帝都復興評議会会長に就任○一二月、貴族院予算委員会・本会議で復興予算に関し政府案支持の論陣を張る	九月一日、関東大震災起こる○一二月、虎の門事件により第二次山本権兵衛内閣総辞職
一三	一九二四	六一	一月二三日、貴族院本会議で清浦内閣成立時の手続きを批判し、二九日、公正会総会、首相辞任勧告を可決○二月、専修大学学長に就任○四月、帝国経済	一月、清浦奎吾内閣成立。清浦内閣打倒運動から第二次護憲運動起こる○六月、護憲三派内閣（第一

和暦	西暦	年齢	事項	一般事項
			会議議員、および文政審議会委員となる○五月、龍門社（渋沢栄一記念財団の前身）理事長に就任○七月、済生会理事となる○一〇月、母恭、死去（享年九三）	次加藤高明内閣）成立
大正一四	一九二五	六二	三月、衆議院で可決された議院法改正案に対し、公正会を指導し未成立とする○五月、預金部資金運用委員会委員となる○七月、貴族院男爵議員に三選○八月、三笠保存会会長に就任○一一月、社会教育協会会長に就任○一二月、帝国銀行協会会長に就任	一月、日ソ基本条約調印（国交回復）○三月、普通選挙法・治安維持法成立○五月、貴族院令改正（帝国学士院議員新設、同一三条削除）
一五・昭和元	一九二六	六三	三月、父朗廬ゆかりの興譲館総理となる○六月、湯島聖堂復興期成会理事長となる○七月、帝国工芸会会長に就任○九月、金融制度調査会委員となる○一〇月、都市美協会会長に就任○一二月、東京経済学協会会長に就任	一月、首相加藤高明の病没により若槻礼次郎内閣成立○七月、蒋介石、北伐開始○一二月二五日、大正天皇没、昭和と改元
二	一九二七	六四	二月、浅野セメント（株）取締役に就任○三月一八日・二二日、貴族院特別委員会で議院法改正案反対の論陣を張り、小野塚喜平次と対立（二二日、同特別委員会、修正案を可決）、二二日、貴族院本会議、議院法改正修正案を可決（翌二三日、衆議院、貴族院回付案を全会一致で可決）○四月、台湾銀行調査会委員となる（五月に委員長に就任）○五月八日、	一月、憲政会・政友会・政友本党の三党首会談（政争中止の合意）○二月、衆議院、議院法改正案を三度全会一致で可決○三月、金融恐慌始まる○四月、若槻内閣総辞職、田中義一内閣成立○四月二二日、モラトリアムの緊急勅令（支

			第五三臨時議会で田中義一内閣の金融政策支持を表明。同月、中央朝鮮協会会長に就任。この月、商工審議会委員となる○六月、震災手形処理委員会委員となる○八月、航空運輸会社設立準備調査委員会委員となる○九月、明治神宮外苑管理評議員となる	払い猶予令）を公布（即日実施）○五月、第一次山東出兵○六月、憲政会・政友本党が合同、立憲民政党結成。また同月に東方会議開催
三	一九二八	六五	三月二四日、大礼記念東京博覧会を副総裁（総裁は閑院宮載仁）として開催（～五月二二日）○四月、日豪協会会長に就任○五月二八日、公正会総会、「優諚問題」に関し田中首相批判の決議を採択。この月、日本倶楽部副会長となる○六月、特別融通損失審査会委員、および神田神社復興会会長となる○七月、仙石原地所（株）社長に就任○一〇月、日本航空輸送（株）取締役となる	二月、最初の普通選挙（第一六回総選挙）実施○四月、第二次山東出兵○五月、田中内閣閣僚人事をめぐり「優諚問題」起こる○六月、張作霖爆殺事件
四	一九二九	六六	二月二二日、貴族院本会議で近衛文麿ら発議による田中首相不信任決議案への賛成演説（決議案、二三名の賛成多数で成立）。この月、磐城炭鉱（株）（浅野系）取締役となる○三月、尼崎築港（株）取締役、および日本交通協会会長に就任○五月、東京市政調査会会長、および法制審議会委員となる○一〇月二八日、太平洋問題調査会第三回京都会議に出席（～一一月九日）○一一月二五日、東京日日新聞社主	七月、田中内閣総辞職、浜口雄幸内閣成立○一〇月二四日、ニューヨーク株式市場株価大暴落（世界恐慌の発端）○一一月二一日、金輸出解禁を宣言（翌年一月に実施）

			催の講演会で金解禁に賛意を表明（一二月二七～二九日付『東京日日新聞』に講演速記録が連載）○一二月、日本産業協会副総裁に就任	
昭和五	一九三〇	六七	三月、「海と空」博覧会の会長を務める（～五月、東京・上野）、この月、国際統計会議後援会会長となる○七月、国際観光委員会委員、および聖路加病院後援会会長となる○九月、（神戸）海港博覧会の総裁を務める（～一〇月）○九月五日付『報知新聞』紙上でロンドン海軍軍縮条約の早期批准の必要性を説く○九月、箱根温泉供給（株）取締役会長に就任○一〇月、日加協会会長、大日本米穀会会頭、臨時ローマ字調査会委員、東京市各区名誉職待遇者会連合会会長となる○一二月、服部報公会評議員となる	四月、ロンドン海軍軍縮条約に調印、統帥権干犯問題が起こる○一一月、首相の浜口雄幸が狙撃され重傷（首相臨時代理は外相の幣原喜重郎）
六	一九三一	六八	二月、聾教育振興会理事となる○四月、軽い脳溢血に罹る。この月、日本女子大学理事、カーン（フランスの銀行家）海外旅行財団理事長となる○一一月一一日、岳父渋沢栄一、没（享年九三）○一二月、静寛院宮奉賛会会長に就任○三一日、帝国飛行協会総務理事の蟻川五郎作を介して陸軍次官の杉山元らに意見具申を試みる	四月、浜口内閣、首相の病状悪化のため総辞職、第二次若槻礼次郎内閣成立○九月一八日、柳条湖事件起こる（満洲事変の始まり）○一二月、若槻内閣総辞職、一三日、犬養毅内閣が誕生し、初閣議で金輸出を再禁止

七	一九三二	六九	三月、第四回発明博覧会の会長を務める（〜五月、東京・上野）○五月、日本国際協会名誉会長に就任○六月一〇〜一四日、第六二臨時議会貴族院本会議で赤字国債発行について政府を批判○七月、貴族院男爵議員選挙で四期目の当選○八月、東京湾埋立（株）重役の関毅の訪問を受け、「皇紀二千六百年記念事業経営法要綱」を作成	一月、関東軍、錦州を占領○二月〜五月、血盟団事件○三月一日、「満洲国」建国宣言、中華民国は国際連盟に提訴○五月、首相の犬養毅が暗殺され（五・一五事件）、斎藤実内閣成立○九月、日満議定書調印
八	一九三三	七〇	一月、紀元二六〇〇年奉祝事業に関し政府への貴族院建議実施を公正会総会に提議（不承認）○三月一〇日、貴族院本会議で「皇紀二千六百年記念事業」実施について首相の斎藤実に質問（首相は検討する旨を回答）	二月二四日、国際連盟、リットン調査報告書を採択○三月二七日、日本政府、国際連盟脱退を通告（昭和一〇年三月発効）
九	一九三四	七一	六月、専修大学総長、および特許法実施五〇年記念会会長に就任○一一月、国際文化振興会名誉会員となる○一二月、文政審議会副総裁となる	七月、帝人事件により斎藤内閣総辞職、岡田啓介内閣誕生○一二月、ワシントン海軍軍縮条約廃棄をアメリカに通告
一〇	一九三五	七二	二月二六日、第六七議会貴族院本会議で東京オリンピック誘致に関連して皇紀二千六百年記念事計画について政府の姿勢を質す（岡田首相、委員会の組織を約束）○六月、長男希一、満州中央銀行常任監事に就任○一〇月一日、紀元二千六百年祝典準備委員	二月、天皇機関説事件が起こる○八月、岡田内閣、第一次国体明徴を声明

			会委員となる○一二月一九日、皇紀二千六百年祝典要綱作成特別委員長に就任	
昭和一一	一九三六	七三	二月七日、特別委員会、阪谷案を基に「紀元二千六百年祝典其ノ他奉祝記念事業等準備要綱」を議決○七月一日、紀元二千六百年祝典評議委員会委員長に就任○一〇月、長男・希一、南満州鉄道（株）理事となる	二月、二・二六事件発生、岡田内閣総辞職○三月、広田弘毅内閣誕生○八月、「日本万国博覧会実施要綱」が閣議決定
一二	一九三七	七四	四月二四日、紀元二千六百年奉祝会副会長となる○八月五日、第七一特別議会貴族院特別委員会に出席して万国博覧会抽選券付回数入場券について特別に発言○一〇月、学士会顧問となる、この月、『万博』第一七号に「万国博と支那事変にたいする所感」と題し寄稿○一二月、明治神宮奉賛会副会長ならびに理事長としての功績により御紋章付銀花瓶を賜る	一月、広田内閣総辞職○二月、林銑十郎内閣誕生○五月、林内閣総辞職○六月、第一次近衛文麿内閣成立○七月七日、盧溝橋事件勃発（日中戦争始まる）○八月、政府、中国の国民政府断固膺懲を声明（日中全面戦争開始）○一一月、大本営設置○一二月、国民政府の首都・南京陥落
一三	一九三八	七五	二月、長男希一、中国連合準備銀行顧問○五月一〇日、購入した万博入場回数券一〇冊の内一つが一等に当選、新聞を賑わす○七月一五日、政府、オリンピック開催を返上・万博開催は延期と決定○一二月、神武天皇聖跡調査委員会委員	一月、近衛首相、「蔣介石を対手にせず」を声明○三月、ドイツ、オーストリアを併合○四月、国家総動員法公布○一一月、近衛首相、東亜新秩序建設宣言

一四	一九三九	七六	二月、日語文化協会理事長に就任○六月、大日本航空株式会社設立委員となる○七月、貴族院男爵議員選挙で五選○同月、史跡名勝天然記念物調査会会長に就任○一〇月二六日、妻琴子、死去（享年七〇）	七月、アメリカ、日米通商航海条約廃棄を通告（翌年一月失効）○八月、独ソ不可侵条約締結○九月、第二次世界大戦勃発
一五	一九四〇	七七	二月一〇日、第七五議会貴族院本会議で演説し、日米関係再構築の必要性と政府の対中国政策の危うさを指摘○三月二五・二六日、同本会議で演説し、予算策定の杜撰さや赤字公債に依存する財政運営に強い懸念を表明○九月、帝国飛行協会会長を辞任、大日本飛行協会顧問になる○一〇月七日、日本倶楽部会長に就任○この月、亡妻追憶集『志のふの露』を刊行○一一月一〇日、紀元二千六百年祝典評議委員会委員長として政府主催式典を、翌一一日、紀元二千六百年奉祝会副会長として同会主催の式典をそれぞれ挙行	二月二日、衆議院で斎藤隆夫の事変処理に関する質問演説が政治問題化○三月七日、衆議院、斎藤隆夫を除名。九日、衆議院、「聖戦貫徹決議案」を可決○三月、南京に汪兆銘政権樹立○六月、フランス、ドイツに降伏○九月、日独伊三国同盟調印○一〇月、大政翼賛会発足
一六	一九四一	七八	一月、気管支肺炎を患う。四月二八日、紀元二千六百年祝典実施の功により、旭日桐花大綬章を授与される○九月～一一月、老人性の肺炎を病む○一一月一一日、子爵に陞爵。一四日、午前九時三五分、小石川原町の自邸にて死去（享年七九）○一七日、青山斎場にて葬儀執行	四月一三日、日ソ中立条約調印。一六日より日米交渉開始（～一二月）○六月、独ソ戦が始まる○七月、南部仏印進駐を開始○八月、アメリカ、対日石油禁輸○一〇月、近衛内閣総辞職。東条英機内閣成

立〇一二月八日、ハワイ真珠湾攻
撃（アジア太平洋戦争の始まり）

主要参考文献

一　未刊行史料

「紀元二千六百年祝典準備委員会原議綴」　国立公文書館所蔵
「斎藤実関係文書」　国立国会図書館所蔵
「阪谷芳郎関係文書」　国立国会図書館所蔵
「憲政史編纂会収集文書」　国立国会図書館所蔵

二　刊行史料

『石橋湛山評論集』　松尾尊兊編（岩波文庫）　岩波書店　一九八四年
『伊藤博文関係文書』　一、伊藤博文関係文書研究会編　塙書房　一九七三年
『井上毅伝　資料篇』　第一巻、井上毅伝記編纂会編　國學院大學図書館　一九六六年
『大蔵省史―明治・大正・昭和』　第一巻、大蔵省財政史室編　大蔵財務協会　一九九八年
『回顧三十年日露戦争を語る―外交・財政の巻』　時事新報社編　時事新報社　一九三五年
『桂太郎発書簡集』　千葉功編　東京大学出版会　二〇一一年

『桂太郎文書』千葉功編　東京大学出版会　二〇一〇年
『紀元二千六百年祝典記録』第一冊、祝典事務局編　ゆまに書房　一九九九年
『貴族院会派一覧―一八九〇～一九一九―』酒田正敏編（日本近代史料叢書）　日本近代史研究会　一九七四年
『憲法義解』伊藤博文、宮沢俊義校注（岩波文庫）　岩波書店　一九九七年
『児玉秀雄関係文書』Ⅱ尚友倶楽部児玉秀雄関係文書編集委員会編　同成社　二〇一〇年
『幸倶楽部沿革日誌』小林和弘・尚友倶楽部編（尚友ブックレット）　芙蓉書房出版　二〇一三年
『阪谷芳郎関係書簡集』専修大学編　芙蓉書房出版　二〇一三年
「『阪谷芳郎関係文書』とその目録」西尾林太郎・伊藤真希編（愛知淑徳大学大学院現代社会科編・刊
『現代社会研究科研究報告』第一一号）　二〇一五年
『阪谷芳郎東京市長日記』櫻井良樹・尚友倶楽部編　社団法人尚友倶楽部　二〇〇〇年
『枢密院会議議事録』三七、国立公文書館所蔵　東京大学出版会　一九八七年
『青票白票』尚友倶楽部編　社団法人尚友倶楽部　一九九一年
『東京帝国大学一覧―明治四二年～四三年』東京帝国大学編　東京帝国大学　一九一〇年
『日本外交年表竝主要文書―一八四〇～一九四五―』上　外務省編　原書房　一九六五年
『日本外交文書・大正七年』第二冊下巻、外務省編・刊　一九六九年
『日本金融史資料明治大正編』第一七巻、日本銀行調査局編　大蔵省印刷局　一九五八年

『原敬日記』一～五　原奎一郎編　福村出版　一九六五年
『明治期外国人叙勲史料集成』第四巻、梅溪昇編　思文閣出版　一九九一年
『明治財政史』第二巻　明治財政史編纂会編　吉川弘文館　一九七一年
『明治神宮叢書』第一七巻（資料編一）　明治神宮編　国書刊行会、二〇〇六年
『明治天皇紀』一一、宮内庁編　吉川弘文館　一九七五年
『明六雑誌』上、山室信一・中野目徹校注（岩波文庫）　岩波書店　一九九九年
※帝国議会本会議・各委員会などの会議議事速記録は、国立国会図書館編「帝国議会会議録データベースシステム」によるもので、引用にあたっては発言のあった会議の種類と日付を記すに止めた。

三　編著書・論文

有沢広巳監修『昭和経済史』上（日経新書）　日本経済新聞出版社　一九八〇年
五十嵐卓「カーネギー国際平和基金と阪谷芳郎の日本調査会」（『年報近代日本研究17　政府と民間』）　山川出版社　一九九五年
池井優『オリンピックの政治学』（丸善ライブラリー）　丸善　一九九二年
伊沢多喜男伝記編纂委員会編『伊沢多喜男』　羽田書店　一九五一年
伊藤隆『昭和初期政治史研究』　東京大学出版会　一九六九年
伊藤真希「阪谷芳郎の家庭教育」（愛知淑徳大学大学院現代社会研究科編・刊『現代社会研究科

研究報告』第六号）　二〇一一年
稲田正次『明治憲法成立史』上　有斐閣　一九六〇年
井上馨侯伝記編纂会編『世外井上公伝』五　内外書籍　一九三三年
今泉宜子『明治神宮—「伝統」を創った大プロジェクト』（新潮選書）新潮社　二〇一三年
薄田斬雲『天下之記者—一名山田一郎君言行録』　実業之日本社　一九〇六年
遠藤湘吉・加藤俊彦・高橋誠『日本の大蔵大臣』　日本評論社　一九六四年
岡田俊平「明治幣制改革における銀廃貨論」（『成城大学経済研究』五八）　一九七七年
小野塚喜平次「貴族院予算委員の審査期間に就いて」（『国家学会雑誌』第四一巻五号）　一九二七年
Karl Rathgen Japans Volkswirtschaft und Staatshaushalt　Duncker & Humblot, 1891
奚伶「大蔵官僚阪谷芳郎の一九〇八年、一九一八年の中国訪問」（『千里山文学論集』第八四号）　関西大学大学院文学研究科　二〇一〇年
桑田悦編『近代日本戦争史』第一編・日清・日露戦争　同台経済懇話会　一九九五年
故阪谷子爵記念事業会『阪谷芳郎伝』　故阪谷子爵記念事業会　一九五一年
越澤明『後藤新平—大震災と帝都復興』（ちくま新書）　筑摩書房　二〇一一年
小松和生「第一次大戦期寺内内閣の外交および軍事＝経済政策—対ソ戦略と総力戦体制—」（『富大経済論集』〈富山大学紀要〉第三一巻第一号）　一九八五年
斎藤直幹『戦争と戦費』　ダイヤモンド社　一九三七年

阪谷芳直『三代の系譜』　みすず書房　一九七九年
阪谷芳郎『日本会計法要論』　博文館　一八九〇年
阪谷芳郎「伊藤公と国家学会」（『国家学会雑誌』第二四巻七号）　一九一〇年
阪谷芳郎「欧州視察談」（『龍門雑誌』大正六年一月号）　一九一七年
阪谷芳郎「支那幣制改革に就いて㈠」（『東京経済雑誌』第一九四七号）　一九一八年
阪谷芳郎「所感」（『東京経済雑誌』第一八三四号）　一九一六年
阪谷芳郎「戦時及戦時経済」（『東京経済雑誌』第七九八号）　一八九五年
阪谷芳郎「日本将来の経済を論す」（『進歩党党報』第四号）　一八九七年
阪谷芳郎「東京市の経営に就いて」（『東京経済雑誌』第一六九七号）　一九一三年
阪谷芳郎「万国博と支那事変に対する所感」（日本万博協会編刊『万博』第一七号）　一九三七年
阪谷芳郎「「ベルン」に於ける経済家会議に就て」（『法学協会雑誌』第三〇巻一号）　一九一二年
阪谷芳郎「昔物語り」（『一高同窓会』第二四号）　一九三四年
阪谷芳郎『余が母』　私家版　一九二五年
ジー・ヴィッサリング〔ヴィセリング〕・山本唯三郎訳『支那幣制改革論』　松昌洋行　一九一四年
清水唯一朗『近代日本の官僚―維新官僚から学歴エリート』（中公新書）　中央公論新社　二〇一一年
尚友倶楽部・水野勝邦『研究会史』上下　尚友倶楽部　一九八三年

昭和会館伝統文化研究会・松田好史『貴族院の会派公正会史』　昭和会館　二〇一八年
神長倉真民『閥族の解剖』　四方社　一九一七年
鈴木晟『臨時軍事費特別会計―帝国日本を破滅させた魔性の制度』講談社　二〇一三年
隅谷三喜男編『京浜工業地帯』　東洋経済新報社　一九六四年
瀬戸口龍一「日本における財政学の導入構築と田尻稲次郎」（『専修大学史紀要』第四号）　二〇一二年
第一五回国際神道文化研究会「帝都東京と明治神宮造営―阪谷芳郎から読み解く近代日本―」（『神園』第一一号）　明治神宮国際神道文化研究所編刊　二〇一四年
高橋紘『陛下、御尋ね申し上げます―記者会見全記録と人間天皇の軌跡』（文春文庫）　文藝春秋　一九八八年
瀧井一博「帝国大学体制と御雇い教師カール・ラートゲン―ドイツ国家学の伝道―」（『人文学報』八四）　二〇〇一年
千葉功『桂太郎―外に帝国主義、内に立憲主義』（中公新書）　中央公論新社　二〇一二年
津島寿一『芳塘随想』第九集　芳塘刊行会　一九六二年
鶴見祐輔編『後藤新平伝』第二・四巻　後藤新平伯伝記編纂会　一九三七・三八年
東京都編・刊『東京百年史』第四巻　一九七二年
徳富蘇峰『書窓雑記』　民友社　一九三〇年

徳富猪一郎編述　『公爵山県有朋公伝』下　山県有朋公記念事業会　一九三三年
徳富猪一郎編述　『公爵松方正義伝』乾・坤　公爵松方正義伝記発行所　一九三五年
長　妻　廣　至　「カール・ラートゲンの明治期日本経済論」（『農業をめぐる日本近代』）
日本経済評論社　二〇〇四年
長　妻　廣　至　「マルクス、ヴェーバー、ラートゲン」（『農業をめぐる日本近代』）〃　〃
中　村　隆　英　『昭和経済史』（岩波セミナーブックス一七）　岩　波　書　店　一九八六年
西　尾　林　太　郎　「国際博覧会としての名古屋汎太平洋平和博覧会―その光と影」（豊橋技術科学大学・人文社会工学系編・刊『雲雀野』第二三号）　二〇〇一年
西　尾　林　太　郎　『大正デモクラシーと貴族院改革』　成　文　堂　二〇一六年
西　尾　林　太　郎　「阪谷芳郎と会計法の制定」（『愛知淑徳大学論集・交流文化学部篇』第七号）　二〇一七年
西　尾　林　太　郎　「貴族院議員阪谷芳郎と『紀元二千六百年』奉祝事業」（『愛知淑徳大学論集・交流文化学部篇』第八号）　二〇一八年
二　村　宮　國　「ジェイコブ・H・シフと日露戦争―アメリカのユダヤ人銀行家はなぜ日本を助けたか」（『帝京国際文化』第一九号）　二〇〇六年
西野喜与作　『歴代蔵相伝』　東洋経済新報社　一九三〇年
野　﨑　敏　郎　「カール・ラートゲンとその同時代人たち―明治日本の知的交流―」（『社会学部論集』

第三三号）　佛教大学学術委員会社会学部論集編集委員会編・刊　二〇〇〇年
野崎敏郎　「歴史学派受容と明治経済改革への視座―東京大学文学部政治学及理財学科の一八八四年卒業生たち」（『佛教大学総合研究所紀要』第八号）　二〇〇一年
野崎敏郎　「〈資料の紹介と研究〉カール・ラートゲン「日本人の世界観」」（『佛教大学社会学部論集』第五六号）　二〇一三年
馬場恒吾　『木内重四郎伝』　ヘラルド社　一九三七年
坂野潤治　『明治憲法体制の確立』　東京大学出版会　一九七一年
坂野潤治　『日本近代史』（ちくま新書）　筑摩書房　二〇一二年
平沼淑郎　「経済学研修の回想と予想　其二」（早稲田大学校友会編刊『早稲田学報』第三四二号）　一九二三年
広渡四郎　『添田寿一君小伝』　実業同志会　一九二四年
P. S. Reinsch　『An American Diplomat in China』　Doubleday, Page & Company, 1922（台北・成文出版社、一九六七年、復刻）
伏見岳人　『近代日本の予算政治 1900―1914 ―桂太郎の政治指導と政党内閣の確立過程』　東京大学出版会　二〇一三年
穂積重遠　「故阪谷子爵の一生」（『教育パンフレット』第四二九号）社会教育協会編・刊　一九四一年

古川隆久『皇紀・万博・オリンピック―皇室ブランドと経済発展』（中公新書） 中央公論社 一九九八年
三谷太一郎『ウォールストリートと極東―政治における国際金融資本』 東京大学出版会 二〇〇九年
室山義正『近代日本の軍事と財政―海軍拡張をめぐる政策形成過程』 東京大学出版会 一九八四年
室山義正『松方正義―我に奇策あるに非ず、唯正直あるのみ』 ミネルヴァ書房 二〇〇五年
若槻礼次郎『明治・大正・昭和政界秘史―古風庵回顧録―』（講談社学術文庫） 講談社 一九八三年
山下五樹『阪谷朗廬の世界』（岡山文庫一七七） 日本文教出版 一九九五年
山室信一・岡田暁生・小関隆一・藤原辰史編『現代の起点 第一次世界大戦』第二巻 岩波書店 二〇一四年
吉野俊彦『歴代日本銀行総裁論―日本金融政策史の研究』（講談社学術文庫） 講談社 二〇一四年

著者略歴

一九五〇年　愛知県に生まれる
一九七四年　早稲田大学政治経済学部政治学科卒業
一九八一年　早稲田大学政治学研究科博士後期課程退学
北陸大学法学部助教授を経て
現在　愛知淑徳大学交流文化学部教授・博士（政治学）

主要編・著書
『水野錬太郎回想録・関係文書』（共編、山川出版社、一九九八年）
『大正デモクラシーの時代と貴族院』（成文堂、二〇〇五年）
『大正デモクラシーと貴族院改革』（成文堂、二〇一六年）
『貴族院研究会の領袖　水野直日記　大正五年〜大正七年』（共編、芙蓉書房、二〇一七年）

人物叢書　新装版

阪谷芳郎

二〇一九年（平成三十一）三月二十日　第一版第一刷発行

著　者　西尾林太郎《にしおりんたろう》
編集者　日本歴史学会
　代表者　藤田　覚
発行者　吉川道郎
発行所　株式会社　吉川弘文館
東京都文京区本郷七丁目二番八号
郵便番号一一三―〇〇三三
電話〇三―三八一三―九一五一〈代表〉
振替口座〇〇一〇〇―五―二四四
http://www.yoshikawa-k.co.jp/
印刷＝株式会社 平文社
製本＝ナショナル製本協同組合

ISBN978-4-642-05286-3

『人物叢書』（新装版）刊行のことば

人物叢書は、個人が埋没された歴史書が盛行した時代に、「歴史を動かすものは人間である。個人の伝記が明らかにされないで、歴史の叙述は完全であり得ない」という信念のもとに、専門学者に執筆を依頼し、日本歴史学会が編集し、吉川弘文館が刊行した一大伝記集である。

幸いに読書界の支持を得て、百冊刊行の折には菊池寛賞を授けられる栄誉に浴した。

しかし発行以来すでに四半世紀を経過し、長期品切れ本が増加し、読書界の要望にそい得ない状態にもなったので、この際既刊本の体裁を一新して再編成し、定期的に配本できるような方策をとることにした。既刊本は一八四冊であるが、まだ未刊である重要人物の伝記についても鋭意刊行を進める方針であり、その体裁も新形式をとることとした。

こうして刊行当初の精神に思いを致し、人物叢書を蘇らせようとするのが、今回の企図である。大方のご支援を得ることができれば幸せである。

昭和六十年五月

日本歴史学会

代表者　坂本太郎

北条泰時　上横手雅敬著
道元　竹内道雄著
北条重時　森幸夫著
親鸞　赤松俊秀著
北条時頼　高橋慎一朗著
日蓮　大野達之助著
阿仏尼　田渕句美子著
北条時宗　川添昭二著
一遍　大橋俊雄著
叡尊・忍性　和島芳男著
京極為兼　井上宗雄著
金沢貞顕　永井晋著
菊池氏三代　杉本尚雄著
新田義貞　峰岸純夫著
花園天皇　岩橋小弥太著
赤松円心・満祐　高坂好著
卜部兼好　冨倉徳次郎著
覚如　重松明久著
足利直冬　瀬野精一郎著
佐々木導誉　森茂暁著
細川頼之　小川信著
足利義満　臼井信義著
今川了俊　川添昭二著
足利義持　伊藤喜良著
世阿弥　今泉淑夫著

上杉憲実　田辺久子著
山名宗全　川岡勉著
一条兼良　永島福太郎著
亀泉集証　今泉淑夫著
蓮如　笠原一男著
宗祇　奥田勲著
万里集九　中川徳之助著
三条西実隆　芳賀幸四郎著
大内義隆　福尾猛市郎著
ザヴィエル　吉田小五郎著
三好長慶　長江正一著
今川義元　有光友學著
武田信玄　奥野高広著
朝倉義景　水藤真著
浅井氏三代　宮島敬一著
織田信長　池上裕子著
明智光秀　高柳光寿著
大友宗麟　外山幹夫著
千利休　芳賀幸四郎著
松井友閑　竹本千鶴著
豊臣秀次　藤田恒春著
足利義昭　奥野高広著
前田利家　岩沢愿彦著
長宗我部元親　山本大著
安国寺恵瓊　河合正治著

石田三成　今井林太郎著
真田昌幸　柴辻俊六著
最上義光　伊藤清郎著
前田利長　見瀬和雄著
高山右近　海老沢有道著
島井宗室　田中健夫著
淀君　桑田忠親著
片桐且元　曽根勇二著
藤原惺窩　太田青丘著
支倉常長　五野井隆史著
伊達政宗　小林清治著
天草時貞　岡田章雄著
立花宗茂　中野等著
宮本武蔵　大倉隆二著
小堀遠州　森蘊著
徳川家光　藤井讓治著
由比正雪　進士慶幹著
佐倉惣五郎　児玉幸多著
林羅山　堀勇雄著
松平信綱　大野瑞男著
国姓爺　石原道博著
野中兼山　横川末吉著
保科正之　小池進著
隠元　平久保章著
徳川和子　久保貴子著

酒井忠清　福田千鶴著
朱舜水　石原道博著
池田光政　谷口澄夫著
山鹿素行　堀勇雄著
井原西鶴　森銑三著
松尾芭蕉　阿部喜三男著
三井高利　中田易直著
河村瑞賢　古田良一著
徳川光圀　鈴木暎一著
契沖　久松潜一著
市川団十郎　西山松之助著
伊藤仁斎　石田一良著
徳川綱吉　塚本学著
貝原益軒　井上忠著
前田綱紀　若林喜三郎著
近松門左衛門　河竹繁俊著
新井白石　宮崎道生著
鴻池善右衛門　宮本又次著
石田梅岩　柴田実著
太宰春台　武部善人著
徳川吉宗　辻達也著
大岡忠相　大石学著
賀茂真淵　三枝康高著
平賀源内　城福勇著
与謝蕪村　田中善信著

三浦梅園　田口正治著
毛利重就　小川國治著
本居宣長　城福勇著
山村才助　鮎沢信太郎著
木内石亭　斎藤忠著
小石元俊　山本四郎著
山東京伝　小池藤五郎著
杉田玄白　片桐一男著
塙保己一　太田善麿著
上杉鷹山　横山昭男著
大田南畝　浜田義一郎著
只野真葛　関民子著
小林一茶　小林計一郎著
大黒屋光太夫　亀井高孝著
松平定信　高澤憲治著
菅江真澄　菊池勇夫著
島津重豪　芳即正著
狩谷棭斎　梅谷文夫著
最上徳内　島谷良吉著
渡辺崋山　佐藤昌介著
柳亭種彦　伊狩章著
香川景樹　兼清正徳著
平田篤胤　田原嗣郎著
間宮林蔵　洞富雄著
滝沢馬琴　麻生磯次著

調所広郷　芳即正著
橘守部　鈴木暎一著
黒住宗忠　原敬吾著
水野忠邦　北島正元著
帆足万里　帆足図南次著
江川坦庵　仲田正之著
藤田東湖　鈴木暎一著
二宮尊徳　大藤修著
広瀬淡窓　井上義巳著
大原幽学　中井信彦著
島津斉彬　芳即正著
月照　友松圓諦著
橋本左内　山口宗之著
井伊直弼　吉田常吉著
吉田東洋　平尾道雄著
緒方洪庵　梅溪昇著
佐久間象山　大平喜間多著
真木和泉　山口宗之著
高島秋帆　有馬成甫著
シーボルト　板沢武雄著
高杉晋作　梅溪昇著
川路聖謨　川田貞夫著
横井小楠　圭室諦成著
小松帯刀　高村直助著
山内容堂　平尾道雄著

江藤新平　杉谷　昭著
和宮　武部敏夫著
西郷隆盛　田中惣五郎著
ハリス　坂田精一著
森有礼　犬塚孝明著
松平春嶽　川端太平著
中村敬宇　高橋昌郎著
河竹黙阿弥　河竹繁俊著
寺島宗則　犬塚孝明著
樋口一葉　塩田良平著
ジョセフ＝ヒコ　近盛晴嘉著
勝海舟　石井　孝著
臥雲辰致　村瀬正章著
黒田清隆　井黒弥太郎著
伊藤圭介　杉本　勲著
福沢諭吉　会田倉吉著
星亨　中村菊男著
中江兆民　飛鳥井雅道著
西村茂樹　高橋昌郎著
正岡子規　久保田正文著
清沢満之　吉田久一著
滝廉太郎　小長久子著
副島種臣　安岡昭男著
田口卯吉　田口　親著
福地桜痴　柳田　泉著
陸羯南　有山輝雄著
児島惟謙　田畑　忍著
荒井郁之助　原田　朗著
幸徳秋水　西尾陽太郎著
ヘボン　高谷道男著
石川啄木　岩城之徳著
乃木希典　松下芳男著
岡倉天心　斎藤隆三著
桂太郎　宇野俊一著
徳川慶喜　家近良樹著
加藤弘之　田畑　忍著
山路愛山　坂本多加雄著
伊沢修二　上沼八郎著
秋山真之　田中宏巳著
前島密　山口　修著
成瀬仁蔵　中嶌　邦著
前田正名　祖田　修著
大隈重信　中村尚美著
山県有朋　藤村道生著
大井憲太郎　平野義太郎著
河野広中　長井純市著
富岡鉄斎　小高根太郎著
大正天皇　古川隆久著
津田梅子　山崎孝子著
豊田佐吉　楫西光速著
渋沢栄一　土屋喬雄著
有馬四郎助　三吉　明著
武藤山治　入交好脩著
坪内逍遙　大村弘毅著
山室軍平　三吉　明著
阪谷芳郎　西尾林太郎著
南方熊楠　笠井　清著
山本五十六　田中宏巳著
中野正剛　猪俣敬太郎著
近衛文麿　古川隆久著
河上肇　住谷悦治著
牧野伸顕　茶谷誠一著
御木本幸吉　大林日出雄著
尾崎行雄　伊佐秀雄著
緒方竹虎　栗田直樹著
石橋湛山　姜　克實著
八木秀次　沢井　実著

▽以下続刊